공부의 길

20 년   월   일

_______________________________ 님께

_______________________________ 드림

공부의 길

초판 1쇄 발행 2014년 5월 5일

지 은 이   김정환
발 행 인   권선복
편집주간   김정웅
편   집   조웅연·신지은
디 자 인   최새롬·강자경
마 케 팅   서선교
전 자 책   신미경
발 행 처   도서출판 행복에너지
출판등록   제315-2011-000035호
주   소   (157-010) 서울특별시 강서구 화곡로 232
전   화   0505-613-6133
팩   스   0303-0799-1560
홈페이지   www.happybook.or.kr
이 메 일   ksbdata@daum.net

값 25,000원
ISBN 979-11-5602-053-0   13370
Copyright ⓒ 김정환, 2014

도서출판 행복에너지는 독자 여러분의 아이디어와 원고 투고를 기다립니다. 책으로 만들기를 원하는 콘텐츠가 있으신 분은 이메일이나 홈페이지를 통해 간단한 기획서와 기획의도, 연락처 등을 보내주십시오. 행복에너지의 문은 언제나 활짝 열려 있습니다.

공부의 길

김정환 지음

Contents

1부

효율적인 학습법

2부 암기노트와 오답노트

　필자는 오랜 기간 동안 학생들을 가르치면서 공부를 잘하는 학생들과 못하는 학생들의 차이점을 찾을 수가 있었습니다. 학원에 다니고 따로 과외를 받는가의 차이가 아니라 자녀가 학교 선생님의 수업 내용에 집중하고 교과서 중심으로 공부하느냐에 달려 있습니다. 학원은 안 다니지만 학교 교과서를 반복 공부해야 우등생이 될 수 있습니다. 전교 1등을 향해 달려가는 학생은 교과서 이외에 다른 참고서와 문제집을 공부해야 합니다.

　필자는 학생들을 실제로 가르치면서 우등생을 만든 경험으로 이 책을 집필하였습니다.

　부모는 자녀에게 공부 학습법을 자세하게 설명해 주어야 합니다. 자녀가 공부 학습법을 정확하게 이해하여야 공부를 잘할 수가 있습니다.

　전반부에는 공부를 못하는 이유와 학습내용을 의미 기억으로 만드는 방법을 설명하고 자녀의 꿈을 그려 주고 공부를 잘해야 하는 이유를 설명하였습니다. 학생이 가져야 할 원칙과 부모가 자녀와 대화하는 언어 기술을 설명하였습니다.

　후반부는 학생이 공부를 하면서 학습내용을 요약하여 암기노트를 작성하고 활용하는 방법입니다. 학생이 중간고사와 기말고사, 모의고사 등의 시험에서 문제를 몰라서 틀렸거나 실수로 틀렸든지 상관없이 오답노트를 작성합니다. 그 오답노트를 활용하여 향후에는 이런 유사한 문제에서 정답을 찾아내야 합니다.

질문은 네이버 카페 http://cafe.naver.com/gongroad(공로드)에서 받습니다. 공부에 관한 상담과 오프라인 세미나 관련 문의는 alvfox@naver.com(알브팍스)로 해주시면 감사하겠습니다.

저자 김정환

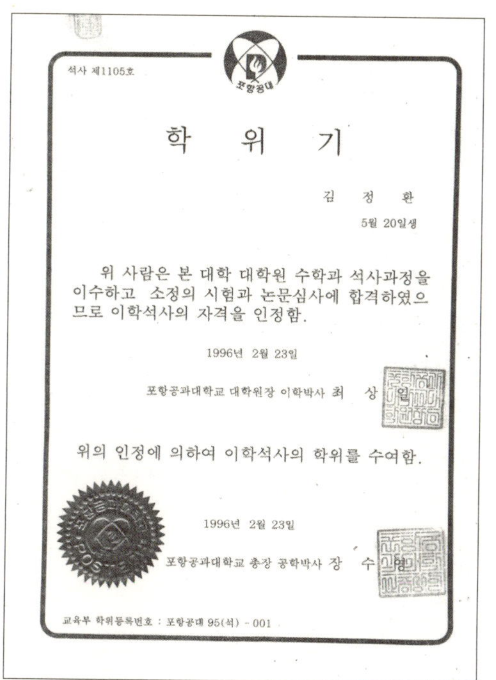

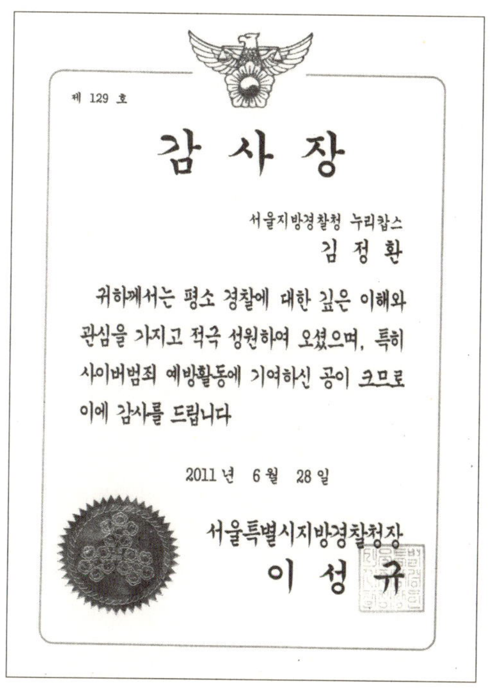

■ 기업인

– 김영철 동화세상에듀코 대표이사

■ 학원 원장

– 김정태 단국대 평생교육원 교수 (용인시 수지)

– 박성준 크리에이티브 영어학원장 (용인시 구갈동)

– 강승구 글셈 특목/영재 학원장 (익산시 고봉로)

– 정석철 창원미래탐구 원장 (창원시 성남동)

– 이지혜 아트 미술학원장 (인천시 논현동)

– 박미숙 드림인 미술학원장 (창원 명서로)

– 김해나 현대 어학원장 (평촌시 호계동)

– 백운기 강공 입시학원장 (서울 북가좌동)

– 이강식 사이언스 특목학원장 (서울 반포동)

– 김마리아 M 마스터 잉글리쉬 영어학원장

  (서울 목동)

– 김에스더 월드 잉글리쉬 어학원장 (인천 송도)

– 안정희 PAZ 과학입시전문그룹 원장 (서울 목동)

■ 의사

– 김상흠 분당차병원 영상의학과 교수 겸 의사

– 이동녕 세명대 한의학과 교수 겸 한의사

– 유성민 유한의원 한의사 (울산 옥동)

– 김종욱 스마일치과병원 치과의사 (서울 강남)

– 이태형 국제특허법인 변리사 (서울 강남)

■ 변호사/세무사

– 최상민 월드법인 변호사 (해외 자카트라)

– 최준호 텍스홈앤아웃 세무법인 세무사

  (서울 강남)

- **학교선생님**

  – 김정수 수학교사 (민족사관고, 횡성군)

  – 김기화 수학교사 (동중 담임 선생님)

  – 박흥수 국어교사 (학성고 담임 선생님)

  – 심상희 음악교사 (천안장학사)

- **유치원**

  – 이부미 메이플베어 캐나다교육원
  영어 유치원 원장 (성남 이매동)

  – 김기립 신사임당 유치원 원장 (서울 잠실)

- **동창회**

  – 이상탁 재경 울산 향우회 회장

  – 황영달 재경 학성고 동문회 회장

  – 박진휘 재경울산 중앙고동문회 이사 겸
  디자인 스퀘어월드 대표

  – 홍문수 울산여상 총동창회 회장

  – 김부조 시인 겸 칼럼니스트

- **대학교 법인 청소년 영어 교육기관**

  – 이영란 서강대학교 언어 교육프로그램 SLP
  (Sogang Language Program) 학당 원장

■ 김영철 (동화세상에듀코 대표이사)

대한민국에서 태어나 성인이 되기까지 우리 아이들이 받는 학습에 대한 스트레스는 가히 세계 최고 수준이라 할 만합니다. 한창 자신이 하고 싶은 것을 하며 꿈의 나래를 맘껏 펼쳐야 할 시기에 좁은 교실이나 독서실 구석에 앉아 교과서와 씨름하는 아이들을 바라볼 때마다 무척 가슴이 아픕니다. 그 아이들을 가르치는 부모나 교육자가 받는 스트레스 또한 만만치 않습니다. 그 교육열이 현재의 대한민국의 만든 원동력이었지만 이제는 아이들이 더 행복한 환경에서 공부할 수 있는 밝은 미래를 내다볼 시기가 아닌가 생각됩니다.

그런 까닭에 책 『공부의 길』이 세상에 나온 것이 무척 반갑습니다. 현재 우리 교육 실정이 가장 알맞은, 학생과 부모 그리고 교육자 모두에게 꼭 필요한 교육법, 학습법만을 담은 책이기 때문입니다. 셀 수 없을 만큼 많은 우등생을 제자로 둔 저자의 열정이 고스란히 담겨 있어 한 명의 부모, 한 명의 교육자로서 많은 공감을 했습니다. 이 한 권의 책이 천문학적인 사교육비용으로 가계가 흔들리는 현 상황을 개선하는 데 조금이라도 도움이 되지 않을까 하는 생각도 들었습니다.

교육은 백년대계百年大計라 했습니다. 이렇게 참된 교육 환경을 위한 비전을 열정적으로 제안하는 분들이 하나둘 늘어간다면 우리 아이들이 늘 밝은 미소 속에서 공부하게 될 날이 반드시 올 것이라고 믿습니다. 다시 한 번 저자이신 김정환 원장님께 축하의 말씀과 함께 감사의 마음을 전합니다.

2014년 4월 educo 동화세상 에듀코

■ **김정수 수학교사 (민족사관고, 횡성군)**

- 최상의 수학경시대회 및

  특목고 대비서 매스코어 영재수학 저자

- 민사고수학경시대회 출제위원

『공부의 길』 학습법을 이용하면 수학의 기본 개념을 쉽게 이
해 하기가 쉬워 응용문제를 풀 수가 있습니다. 응용문제를 풀
다가 틀린 문제는 오답노트에 적어 공부를 하면 수학 경시 대회 시험에서 우수한 성
적을 받을 수가 있습니다.

■ **김정태 단국대 평생교육원 교수 (용인시 수지)**

- 단국대 평생 교육원에서 공부 학습법 수업

- 강의 수업법 연구

선생님이라면 누구나 가지고 있는 고민 중의 하나가 어떻게
하면 학생들에게 쉽고 재미있게 수업을 진행할까, 정해진 시
간 동안 원하는 만큼 진도를 나갈 수 있을까, 수업을 들은 학
생들이 100% 이해할 수 있도록 할 수 있을까? 등등 모두 학생들을 위한 고민을 하고
있습니다. 이에 답하듯 시중에는 많은 학습 방법들이 소개되고 있는데 자기 주도 학
습 집중학습 맨토링 수업 등 많은 방법을 동원하여 이해력을 높이려고 하고 있습니
다. 지금 정부도 스토리텔링과 스팀형 교재를 사용하여 아이들의 창의성을 높여서
창조적 인간을 만들려고 노력을 기울이고 있습니다.
이런 고민에 한발 앞서 우리 아이들과 학부모님들과 선생님들의 고민을 해결해 주
시는 이 책이야말로 우리가 기다리던 해답을 담은 책이라고 생각합니다. 평소에 존

경하던 선생님께서 책을 집필하신단 소식에 이제 우리나라에도 수학자가 들려주는 진정한 수학 교수법을 한 수 배울 수 있겠다고 생각하고 더불어 대치동에 소문난 그 위대한 교수법을 책을 통해 접할 수 있게 된 점, 강사의 한사람으로 진정 기쁘게 생각하고 있습니다. 학원 강사님들과 학교 선생님들 또한 우리 아이들을 생각하는 학부모님들 모두 김정환 선생님의 교수법을 잘 듣고 진정한 뜻을 알아서 우리 아이들 꿈을 키우는데 밑거름이 될 수 있기를 진심으로 기원합니다.

■ **박성준 크리에티브 영어학원 원장 (용인시 구갈동)**

『공부의 길』의 영어 학습법에 의해 공부를 하면 영어를 잘할 수가 있습니다. 특히 독해는 단시일 내에 영어 실력을 키울 수가 있습니다.

단어는 영어 독해 문장 속에서 쉽게 암기해야 합니다.

■ **김마리아 M 마스터 잉글리쉬 영어학원 원장 (서울 목동)**

  – 토플, 토익 수업, 수능입시, 특목고, 내신일체, 원어민 수업

대치동, 압구정, 강남, 목동, 평촌, 대한민국에 학원의 메카인 곳에서 인정을 받은 '김정환 선생님'의 『공부의 길』!!
이 책에는 분석적이고, 체계적인 수학적 사고에 맞는 공부 방법이 있습니다. 최고만을 고집하는 교육자! 자녀의 교육에 최고만을 고집하는 우리 학부모님들은 『공부의 길』 책 한 권으로 수학과 영어의 교육방법을 통해 원하는 바를 이룰 수 있다고 자신 있게 자부합니다.

- **김에스더 월드 잉글리쉬 어학원 원장 (인천 송도)**

『공부의 길』의 영어 학습법에 따라 영어 문장을 반복하여 공부를 합니다. 영어는 따라 읽고 청취하고 입으로 말을 하면서 해야 합니다.

- **김해나 현대 어학원 원장 (평촌시 호계동)**

영어는 자주 따라 읽고 입으로 말을 하며 공부를 해야 합니다. 『공부의 길』에 나온 영어 학습법은 근래 우리 학생들이 영어에 대해 고민하는 부분들 정확하게 짚어 내고 그 해결책을 제시하고 있습니다. 『공부의 길』 학습법이 가장 좋은 방법입니다.

- **강승구 글샘 특목/영재 학원 원장 (익산시 고봉로)**

  − KMO 한국 경시 대회에 다수의 학생들이 입상

  − 영재반 직접 강의

학생은 수학의 개념을 정확하게 알아야 합니다. 개념을 이해한 후에는 비슷한 문제를 풀어 그 개념을 더욱더 심도 있게 이해합니다.

그러고 나면 응용문제는 쉽게 풀릴 것입니다.

■ 정석철 창원미래탐구 원장 (창원시 성남동)

국사는 역사적인 배경을 중심으로 공부합니다.『공부의 길』에
서 지도로 한국의 역사를 공부하는 것은 매우 좋습니다.

■ 이지혜 아트미술학원 원장 (인천시 논현동)

– 유치원생, 초등학생을 미술 수업을 하여 우등생

우뇌는 예술과 창작을 깨우치고 좌뇌는 논리를 담당합니다.
공부를 하는 데 있어서 이 두 가지가 적절히 잘 조화를 이루
었을 때 우리는 보다 완벽한 상승효과를 기대할 수 있습니다.
좌뇌가 발달된 학생은 논리적인 사고능력이 우월합니다. 하
지만 우뇌를 개발시켜주면 창의력 활용 문제들을 더 잘 소화할 수 있게 됩니다.
두뇌는 자꾸 사용하는 만큼 개발되는 부분이 있습니다.『공부의 길』이 책 안에 그 해
답이 있습니다.

■ 박미숙 드림인미술학원 원장 (창원 명서로)

– 중학생과 고등학생에게 미술을 가르쳐 과학 영재인

학생들에게 예술을 가르쳐서 좌뇌와 우뇌를 전부 사용하게
해야 합니다. 그림을 잘 그리면 우뇌가 발달되어 공부를 잘할
수가 있습니다.
『공부의 길』에서 두뇌를 잘 알아야 합니다. 두뇌를 잘 아는
학생이 우등생이 됩니다.

■ **이강식 사이언스 특목 학원 원장 (서울 반포동)**

　– 중학생 영재, 고등학생 영재

수학은 개념을 확실하게 알아야 합니다. 그 개념 속에 응용문제를 풀 수 있는 실마리가 숨어 있습니다. 학생은 문제의 실마리를 찾아내야 합니다. 그래야만 영재반에서 우등생이 될 수 있습니다.

■ **백운기 강공 입시학원 원장 (서울 북가좌동)**

　– 재수생 수학 강의, 단과반 최단 등록

재수생 학생은 모의고사에서 틀린 문제를 찾아내어 오답노트를 작성해야 합니다. 그래야만 이후에 응시하는 모의고사에서 유사문제를 맞출 수가 있습니다. 각각의 과목별로 암기노트와 오답노트를 만든다면, 올해에는 명문대에 진학할 수 있습니다.

■ **안정희 PAZ 과학입시전문그룹 원장(서울 목동)**

　– / 과학적 학습 비법 / 수시지원전략 / 과학논술 / 입시컨설팅 /

　– / "물리학습의 시작은 언어적 논리성을 익히는 것이다." /

공부하는 방법을 배우지 않고 공부하다 보면 잘 되겠지 라던지 무작정 좋은 학원이나 과외를 통해 잘 가르치는 선생님이 말씀해주시는 대로 하면 성적이 향상되겠지 하며 모든 학생들과 학부모들은 막연한 미래만을 생각합니다. 현실의 조급함에 아이를 매서운 학업과 입시로 내몰아 무감각적인 아이들로 만들어 버리는 것은 아닌지 항상 걱정이 됩니다. 공부라는 것에도 방법이 있고, 그 통합적인 사고방식과 행동양식은 나름의 통계로 확인된 바 있습니다. 공부하는 법을 배워야 합니다. 어떻게 공부를 해야 하는 것인지 알아야 합니다.

단순히 예습을 하고, 그런 뒤 수업을 들어 학습내용을 제시받고, 복습과 숙제를 확인하는 정도로 아이가 좋은 미래를 살고, 본인의 꿈과 희망을 이룰 순 없을 것입니다.

생각이 변해야 하고 방법이 변해야만 합니다.

학부모님들이 우리 아이가 성적향상과 좋은 미래를 만들기를 원하신다면 먼저 시작하셔야 합니다. 공부하는 법을 배워야 합니다. 『공부의 길』은 학부모님들이 바른 교육 방법의 변화를 위한 "참" 길이 될 것입니다.

- **김상흠 분당차병원 영상의학과 교수 겸 의사 (성남 분당)**

  화학은 개념을 이해하고 암기해야 합니다. 생물은 도표를 그려 가면서 공부를 해야 합니다. 화학과 생물의 암기노트를 활용하여 우등생이 될 수 있습니다.

- **이동녕 세명대 한의학과 교수 겸 한의사 (제천시 세명로)**

  공부에는 왕도가 없으니, 그냥 열심히 하라고 한다. 그러나 공부하는 학생들을 잘 관찰하면 그냥 열심히만 한다고 되지는 않는다.

같은 시간을 공부하여도 이해도나, 학습량이나, 암기량 등이 매번 다르다. 열심히 공부하지만 학업 성취도가 낮은 학생이 있다. 이런 학생들은 대개 학습법에 문제가 있는 경우가 많다. 문제점을 알면 해결책은 있다. 저자 김정환이 저술한 『공부의 길』에는 그 방법이 있다.

수학자인 저자가 십여 간의 강의 경험과 수학적 분석력을 바탕으로 저술한 이 책에는 다양한 학습비법을 소개하고 있다. 이 책은 수험생에게 있어 좋은 지침서가 될 것이라 생각한다.

■ **유성민 유한의원 한의사 (울산 옥동)**

공부는 무작정하는 것이 아닙니다. 체계적으로 계획을 세워 공부를 해야 합니다. 『공부의 길』에서 공부 스케줄 짜는 방법이 있습니다.

학생은 공부 스케줄을 정하여 공부하면 우등생이 될 수 있습니다.

■ **김종욱 스마일치과병원 치과의사 (서울 강남)**

과학은 그래프를 그려 가면서 공부를 해야 합니다. 과학은 기본 개념을 이해하고 난 후에 반복적으로 학습내용을 공부합니다. 학생은 예습을 하고 수업을 들으면 쉽게 이해가 됩니다.

"예습 -〉 개념 이해 -〉 복습" 순서로 공부를 하면 우등생이 될 수 있습니다.

- **이태형 국제특허법인 변리사 (서울 강남)**

수학은 기본 개념을 이해 후에 산술 계산을 정확하게 해야 합니다. 수식 계산을 실수하여 틀린 문제는 오답노트에 작성하여 이런 문제가 더 이상 틀리지 않아야 합니다. 과학은 실험에 의해 공부를 해야 합니다. 『공부의 길』에서 제시한 대로 부모는 자녀가 많은 경험을 할 수 있도록 유도해야 합니다.

- **최상민 월드법인 변호사 (해외 자카트라)**

공부를 오랜 시간 동안 한다고 해서 잘 되는 것이 아닙니다. 내가 제대로 목표를 정하고 공부를 하는지를 되새김질해야 합니다. 큰 목표를 정하여 꾸준히 공부를 하다 보면 목표가 달성되어 있을 겁니다. 『공부의 길』에서 제시하는 방법대로 공부 스케줄을 정해서 공부를 하면 우등생이 될 수 있습니다.

- **최준호 세무사 텍스홈앤아웃 세무법인 (서울 강남)**

복잡한 수학 계산을 정확하게 해야 합니다. 『공부의 길』에서 제시하는 방법대로 수학은 기본 개념을 이해하고 공식을 암기노트에 작성하여 자투리 시간을 활용하여 수학 공식을 암기합니다. 그래야만 어려운 응용문제도 쉽게 풀 수가 있습니다.

■ **김기화 수학교사 (동중 담임 선생님)**

누구나 '공부를 좀 더 잘해서 자신의 꿈을 이루고 싶다.' 는 바람을 가지고 있을 것이다. 저자는 효과적인 학습 방법과 암기노트와 오답노트 활용을 통해 배운 것을 좀 더 오래 기억하는 학습법을 자신의 경험을 토대로 제안하고 있다. 이 책이 자녀를 가진 학부모에겐 자녀들의 학습 지도의 안내서가 될 것이며 학생들에겐 최소의 노력으로 최대의 효과를 거두는 길잡이가 되리라 확신한다.

■ **박흥수 국어 (학성고 담임 선생님)**

시와 수필은 그 시대 상황을 제대로 알아야 이해할 수가 있습니다. 『공부의 길』에서 제시하는 방법대로 국어 공부를 하면 우등생이 될 수 있습니다.

■ **심상희 음악교사 (천안장학사)**

학교 현장에서 학생들이 가장 바라는 것이 무엇이냐고 물었을 때 "공부를 잘하고 싶다."라는 답변이 가장 많음을 확인하는 순간 적지 않게 놀란 적이 있다. 성적이 상위권이든 중위권이든 하위권 학생이든 심지어 문제 학생조차도 모두가 공부를 잘하고 싶다는 것이다.

그만큼 대한민국의 학생과 학부모의 최대 관심사는 공부를 잘해서 좋은 대학에 진학하고 싶다는 것임을 반증하고 있다. 그런데 공부를 잘하기 위해서는 여러 가지 조건들이 있다. 지적능력(두뇌), 학습 동기와 목표, 학 습환경, 학습량, 집중도, 체력, 부모의 역할 등의 학습변인이 존재한다.

'열등생을 우등생으로 변화시킨다.'는 목표를 가지고 집필한 김정환 선생의 『공부의 길』은 효과적인 학습법뿐만 아니라 공부를 하는 근본적 이유를 말해주고 있다. 공부를 못하는 원인과 분석, 공부를 잘하게 하는 학부모의 역할, 장래 희망과 목표설정, 오답노트 활용법, 학습 플랜 작성법 등 구체적 실행 방법을 제시하면서 저자 자신의 경험을 토대로 공부에 필요한 다양한 내용들을 풍부하게 수록하고 있다.

따라서 저자가 오랜 시간 찾아온 이 방법을 독자들이 믿고 따른다면 스스로 공부할 수 있도록 자기 주도적 학습력selflearning ability을 기르는 절호의 기회를 잡을 수 있을 것이다.

이 책은 다양한 공부 방법을 제시함으로써 학생들에게 꿈과 희망을 갖도록 내적인 동기를 일으킬 수 있는 알찬 내용들을 가득 담고 있다. 특히 남의 이야기가 아닌 필자 자신의 경험담은 독자들에게 커다란 용기와 자신감을 안겨 줄 것이다.

■ **이부미 메이플베어 캐나다교육원 영어 유치원 원장 (성남 이매동)**

김정환 저자의 이 책은 열심히 공식대로만 살아왔던 우리 시대에서 이제는 스스로 문제를 풀고 해결할 수 있는 창의적 수학능력시대에 가장 적합한 솔루션을 제시하고 있다. 우리 아이들 한 명, 한 명이 독자적이고 무한한 능력을 가진 친구라는 것을 부모님들이 깨달을 수 있는 좋은 교훈이 될 것이다.

■ **김기립 신사임당 유치원 원장 (서울 잠실)**

유치원생의 눈높이에 맞는 수업을 해야 합니다. 그래야만 유
치원생 아이들이 공부 내용을 쉽게 이해할 수가 있습니다.
『공부의 길』에서 어머니가 자녀에게 어떤 방식으로 대화를
나눌 수 있는 방법을 제시합니다. 유치원 자녀에게 꿈과 희
망을 심어 주어 상급학교에 진학하여 우등생이 될 수 있도록
합니다.

■ **이상탁 재경 울산 향우회 회장**

공부는 역시 반복 학습을 해야 합니다. 『공부의 길』에서 제시
하는 방법대로 예습을 하고 수업의 기본 개념을 이해 후에 복
습을 합니다. 이런 방식으로 공부를 하면 우등생이 될 수 있
습니다.

■ **황영달 재경 학성고 동문회 회장**

공부의 내용을 무작정 암기할 것이 아니라 기존에 기억하는
것과 공부의 내용을 연관 지어 암기해야 합니다. 『공부의 길』
에서 제시하는 연상 기억법은 자녀가 공부를 잘할 수 있도록
해 줄 겁니다.

- **박진휘 재경울산 중앙고동문회 이사 겸 디자인 스퀘어월드 대표**

『공부의 길』은 음악을 감상하면서 공부를 하는 게 좋습니다. 음악 감상이 마음을 안정시키고 공부에 집중할 수 있도록 해 줍니다. 어머니께서 견과식을 조리하여 자녀에게 먹이면 더욱더 공부를 잘할 수가 있습니다.

- **홍문수 울산여상 총 동창회 회장**

공부를 오래 하게 되면 많이 지칠 수가 있습니다. 산과 들로 나아가 마음을 정화하여 공부방에서 공부합니다. 특히 자녀의 공부방 배치는 『공부의 길』 방법대로 하시면 됩니다. 머리가 좋아지는 견과식이 있습니다. 어머니는 견과식 음식을 조리하여 자녀에게 해 주어야 합니다.

- **김부조 시인 겸 칼럼니스트**

'열등생을 우등생으로 변화시킨다.'는 큰 목표를 위해 발간된 『공부의 길』은 저자 김정환이 사교육 현장에서 오랫동안 학생들을 지도해 온 생생한 경험의 결실이다. 이 책 속에는 필자가 독자들을 상대로 자기 주도 학습 방법의 동기를 유발시키려 심혈을 기울인 흔적이 즐비하다. 따라서 필자가 오랜 시간 꾸준히 찾아온 이 방법을 독자들이 믿고 따른다면 자기 주도적인 양질의 학습 방법을 터득할 수 있는 절호의 찬스를 잡을 수 있을 것이다.

이 책 속에는 학생을 바꾸는 것이 아닌, 새로운 공부 방법을 시도함으로써 학생들에게 밝은 희망과 목표를 향한 동기 부여를 줄 수 있는 알찬 내용들이 가득 차 있다. 특히 다양하게 수록된 정환 원장의 경험담은 독자들에게 커다란 용기와 자신감을 듬뿍 안겨 줄 것이다.

■ **이영란 서강대학교 언어 교육프로그램 SLP**

(Sogang Language Program) 학당 원장

– Think and Act and Dream in English

– (사회적, 학문적 영어 능력을 모두 갖춘 진정한 영어실력의 완성)

『공부의 길』에서 제시한 방법대로 영어 공부를 하게 되면 현명하게 생각하고, 지혜롭게 행동하여 창의적으로 꿈꾸는 학생이 될 것입니다. 학생이 큰 꿈을 가지고 공부를 열심히 하게 되면 세계적인 인재로 자라 날 수 있습니다.

학생들은 공부에 싫증이 나서 자신감을 잃고 공부를 포기하는 게 오늘날의 현실입니다. 자기 주도
로 공부하면서 양질의 공부 학습 방법을 찾아야 됩니다. 필자는 이러한 학습 방법을 찾아왔습니다.
학생을 바꾸는 것이 아니라 이전에 해 오던 공부 방식이 아닌 새로운 공부 방법을 시도해야 합니다.

1부

효율적인
학습법

Chapter 01

공부를 못하는 이유와 공부법

1) 공부를 못하는 학생

가) 공부에 관한 학생들의 하소연

필자는 사교육 현장에서 오랜 기간 동안 학생들을 가르쳐 왔습니다. 수학을 가르치는 동안에 많은 학생들이 다음과 같은 질문을 해 왔습니다.

첫째, 저는 머리는 좋은데 왜 학교 성적은 올라가지 않나요?

둘째, 저는 공부에 많은 노력을 하는데 성적은 항상 제자리입니다. 어떻게 공부를 해야 하나요?

셋째, 초등학교 때의 성적은 상위권이었습니다. 그런데 중학교에 진학 후에는 왜 성적이 올라가지 않나요?

넷째, 초등학교 시절부터 상위학년의 선행을 2년 정도 앞질러 왔습니다. 그런데 왜 그 학년에서는 수학성적이 안 나오나요?

학생들과 공부가 잘되지 않는 문제와 성적이 올라가지 않는데 방법에 관하여 필자는 상담을 했습니다. 학생의 잘못으로 여기고 무모한 도전과 실패를 반복해 오고 있었습니다. 학생들은 공부에 싫증이 나서 자신감을 잃고 공부를 포기하는 게 오늘날의 현실입니다. 자기 주도로 공부하면서 양질의 공부 학습 방법을 찾아야 됩니다. 필자는 이러한 학습 방법을 찾아왔습니다. 학생을 바꾸는 것이 아니라 이전에 해 오던 공부 방식이 아닌 새로운 공부 방법을 시도해야 합니다. 그래야 성적이 오릅니다.

주변 사람들의 기대에 따라 학업 성적이 달라진다

교육학과 교수님이 다음과 같은 실험을 했습니다.

고등학교 1학년 학생을 성적과 학습태도와 무관하게 무작위별로 선발하여 우수반과 노력반으로 2개 반으로 나누었습니다. 우수반 학생의 선생님에게는 "이 학생들은 매우 성실하고 학습태도가 좋아서 우수한 학생이다."라고 이야기했습니다. 노력반 학생의 선생님에게는 "이 학생들은 불성실하고 학교 성적이 나쁘며 다른 학생들에게 나쁜 영향을 미칩니다."라고 이야기했습니다. 각각의 선생님들은 아침 조회시간과 종례시간에 이런 식으로 학생들에게 이야기를 했습니다.

학교 시험이 끝난 이후에 보니 우수반 학생들은 지난번보다 성적이 좋아졌습니다. 그러나 노력반 학생들은 지난번보다 성적이 나빠졌습니다.

학생들은 기대하는 사람들에 의해 학습 행동이 달라질 수 있습니다.

나) 공부 내용을 빨리 잊어버려 기억이 나지 않는 학생들의 이야기

공부를 하는 학생이라면 다음과 같은 경험을 해 보았습니다.

첫째, 국어 공부를 평상시에 열심히 했습니다. 막상 시험 당일에는 국어 공부 내용이 기억이 나지 않습니다.

둘째, 영어 단어와 숙어, 독해 공부를 했습니다. 며칠 뒤에 다시 영어 공부를 하다 보면 독해 내용과 단어 뜻이 아예 기억이 나지 않습니다.

셋째, 수학과 과학의 기본 개념과 공식을 힘이 들게 공부했습니다. 상위 학년으로 올라 가서는 무슨 공부를 했는지를 알 수가 없습니다.

넷째, 1년 전에 공부한 내용이 올해에도 마찬가지로 처음 배우는 생소함이 느껴집니다.

학습 방법과 습관

공교육은 학교에서 배운 내용을 어느 정도 이해하고 활용해서 시험에서 성적을 잘 내는가에 중점이 되어 있습니다. 그렇다면 시험은 학생이 수업 내용을 기억 정보를 어떻게 활용하는지 확인하는 정보처리 능력을 테스트하는 것입니다.

그렇다면, 학생들은 어떻게 공부를 했길래 공부 내용을 잘 기억하지 못하는 것일까요?

필자는 학생들이 어떤 방식으로 공부했는지를 조사했습니다. 그런데 학생들은 두뇌의 특징을 모르고 공부 내용을 무조건 암기하는 방식으로 공부를 해왔다는 사실을 알게 되었습니다.

필자는 학생들이 왜 이런 문제를 어떻게 해결할 수 있을까 고민을 많이 했습니다. 그래서 필자가 공부를 해온 방식은 무엇일까? 알아보니, 필자는 자기 주도 학습 방법으로 공부를 해왔습니다. 그리고 공부 내용을 잘 암기하는 방법을 알고 있습니다.

다) 공부를 못하는 학생의 전통 학습

필자는 두뇌를 이용하지 않는 학습 방법을 전통 학습이라고 부르겠습니다. 두뇌를 모르고서 공부 내용을 무조건 암기하는 방식을 전통 학습이라고 합니다.

전통 학습에서 성공하기 위해서는 노력하는 시간과 지능지수, 사교육입니다.

첫째, 노력론은 바로 공교육의 성적과 관련이 있다고 여깁니다. 중위권 학생들에게는 시간을 투자해서 공부에 노력을 많이 합니다. 그러나 상위권으로 갈수록 공부 노력의 효과는 성적에는 크게 영향력이 미치지 않습니다.

중위권 학생들은 두뇌를 모르고서 공부하는 시간의 양으로 공부를 합니다. 공부하는 시간이 무작정 많다고 해서 성적이 잘 나올 수는 없습니다. 공교육의 시험은 수업 내용을 기반으로 활용하는 문제가 시험에 출제됩니다. 중위권 학생들은 공부시간이 많아서 공부량은 많습니다. 그래서 중위권 학생들은 시험문제 중에서 기본문제를 맞추어서 중위권 성적을 유지합니다. 학생이 상위권 성적을 받으려면 시험문제의 기본 문제 외에 활용 문제를 맞추어야 합니다.

상위권 학생들은 스스로 두뇌의 특징을 터득해서 활용 문제를 맞춥니다. 대체 두뇌의 특징은 무엇일까, 이런 설명은 뒷부분에서 하도록 하겠습니다.

둘째, 학생의 지능지수입니다. 지능지수와 성적과 관련은 있습니다. 학생의 지능지수가 높으면 당연히 공부는 잘할 수가 있습니다. 지능지수가 높은 학생은 학습 방법을 바꾸면 공부를 더 잘할 수가 있습니다. 암기노트와 오답노트를 활용하면 어려운 시험에서도 합격할 수가 있습니다.

셋째, 사교육을 활용하는 것입니다. 학생은 학원에 가서 부족한 과목을 배웁니다. 그런데 명강사가 수업 내용을 가르친다고 할지라도 학생이 배우려는 자세가 없으면 수업은 별 소용이 없어집니다.

공부 과정이 중요

필자가 오랜 기간 동안 초등학생과 중학생, 고등학생에게 학습지도를 하면서 느낀 것 중의 하나는 대부분의 가정에서 교육목표는 확실하지만 목표에 접근하는 방법이 없다는 것입니다. 정작 부모와 자녀는 학습 방법을 모르고 있었습니다. "공부하는 과정보다는 결과를 중요시하는 부모님"은 자녀의 시험 성적에 관심을 가지고 있었습니다. 공부하는 과정에서 자녀의 마음을 이해해 주고 헤아려 주며 학습법을 체크하고 업그레이드하는 부모님은 거의 없었습니다. 자녀의 공부 학습 방법이 좋아야 공부 향상 효과가 나오는데 아쉽게도 기본 원칙을 가진 부모님은 없었습니다. 따라서 사교육비는 고비용 저효율의 표본이 되고 말았습니다. 아마도 필자도 학생들을 가르치지 못했으면 학습 방법을 가지고 있지 않았을 겁니다. 그러나 필자는 어릴 때부터 공부해 온 학습 방법과 그동안 대치동에서 가르쳐 온 경험을 토대로 공부 학습 방법을 만들었습니다. 학생 스스로 공부할 수 있는 자기 주도 학습법을 실행하였더니 학생 성적이 오르기 시작했습니다. 더군다나 학생들의 만족도는 무척이나 컸습니다.

라) 공부 잘하는 의미 학습과 암기노트와 오답노트

이제부터는 공부의 내용에 의미를 기반으로 하는 학습 방식으로 공부를 해야 합니다. 이런 방식을 의미 학습이라고 부르겠습니다.

자기 주도 학습은 학습의 욕구를 파악하여 공부의 목표를 설정하고 학습내용과 방법을 설정하여 평가를 합니다. 자기 주도 학습은 학생 스스로 공부를 잘할 수 있도록 해 줍니다.

공교육의 수업을 들으면서 암기노트를 만들어야 합니다. 그 암기노트에 선생님의 설명과 참고서의 내용을 추가하여 적습니다. 평상시에 공부하다가 틀린 문제는 오답노트에 작성합니다. 암기노트와 오답노트는 학생들의 실수를 줄이고 성적을 올려 줄 것입니다.

Tip
중 하위권 학생의 공부 방법

중 하위권 학생들은 공부를 포기하지 않고 꾸준히 공부해야 합니다. 학생들은 학교 수업 시간에 선생님의 말씀을 잘 들어야 하며 교과서 중심으로 공부합니다. 교과서를 이해 후에 문제집으로 공부합니다. 문제집 위주로 공부를 하게 되면 교과서의 기본 내용 없이 바로 실전 문제를 들어 가게 되어 그 문제는 잘 풀지만 시험문제는 풀기가 어렵습니다. 중 하위권 학생들은 교과서 중심으로 공부를 한다고 하여 부끄러워할 필요가 없습니다. 본인 실력대로 공부를 해서 성적을 올리면 그만입니다.

Advice
정환 원장의 경험 : 의미 학습

필자는 학교 공부를 할 때에, 이 과목이 재미있다고 여기고 공부를 했습니다. 싫어하는 과목도 억지로 공부를 하기보다는 관심을 가지려고 노력을 많이 해 왔습니다.
관심을 가진다는 것은 공부 내용에 의미를 주는 것입니다. 내용에 의미를 준다는 것은 바로 머리가 활성화되어 그 과목의 내용을 잘 이해할 수 있는 것입니다. 이게 바로 의미 학습입니다. 필자도 의미 학습을 스스로 터득했습니다.

2) 학생들의 공부 역전 기회

학생은 현재 공부하려는 이유와 스스로 공부할 수 있는 방법을 배워야 합니다. 그리고 수업 시간의 핵심 내용을 선택해서 암기노트에 적어 자투리 시간에 암기노트의 내용을 공부해야 합니다.

머리가 좋지 않다고 생각하는 학생과 성적이 안 나오는 학생도 암기노트와 오답노트를 활용하면 자연스럽게 성적이 올라 갈 것입니다.

학생의 목적은 무엇일까요? 바로 그것은 공부입니다. 학생은 왜 공부를 해야 하나요? 그것은 학생의 장래 희망 목표대로 이루어 가는 것입니다.

첫째, 공부는 학생을 가치 있고 소중한 인간으로 만들어줍니다. 누구를 위하여 공부를 할 수도 있지만 우선적으로 학생 즉 본인에게 초점을 맞춥니다. 학생은 "나는 누구인가?", "어떻게 살아가야 하는가?" 등을 배우고 깨닫게 됩니다. 끊임없는 노력을 하여 학생의 존재 가치를 높여야 합니다.

둘째, 공부는 학생의 꿈과 희망을 이루게 해줍니다. 학생이 공부를 잘할수록 꿈과 희망이 커집니다. 그러나 공부를 못하게 되면 꿈과 희망은 줄어듭니다. 그래서 장래 희망이 분명하지 않은 학생은 공부를 못하는 학생일 것입니다. 학창시절의 이상과 비전은 바로 책상 위에서 이루어집니다.

셋째, 공부는 좋은 친구를 사귈 기회를 제공합니다. 공부를 잘하는 상위권의 학생들은 상위권끼리 어울리고 하위권 학생들은 하위권끼리 친하게 지냅니다. 특별한 경우를 제외하고는 전교 1등과 꼴찌가 친구가 되는 경우는 거의 희박합니다. 학생이 특수 목적 고등학교 또는 자립형 사립고에 진학하면 저절로 친구가 됩니다. 훗날 이런 친구들은 인생을 살아가는데 큰 자산이 됩니다. 명문대에 진학하면 자연스럽게 그들과 같이 동문 친구가 됩니다.

넷째, 공부는 학생에게 숨겨진 잠재 능력을 찾아 줍니다. 학생이 공부를 올바르게 하지 못해 학생의 잠재 능력을 발견하지 못합니다. 잠재 능력을 발견하지 못한 학생은 우리 인류에게는 커다란 손실이 될 겁니다. 가장 안타까운 것은 학생이 능력이 있는데도 불구하고 잠재 능력을 찾아내는 방법을 몰라서 낭비하는 것입니다.

한자 공부 방법

한자는 공부하려면 부수를 알아야 합니다.
한자는 뜻글자입니다. 한자의 뜻은 부수가 설명합니다. 한자는 상형자와 지사자로 이루어지고 부수와 부수가 합하여 구성이 됩니다. 한자는 형성자는 70%이고 회의자는 회의자에 부수를 하나 더한 글자입니다. 회의자는 뜻과 뜻이 합해지고 부수와 부수가 합해져서 만들어진 글자입니다.
한자의 부수 214개를 이해하고 암기합니다. 모르는 한자는 부수를 분해하여 무슨 글자이고 뜻을 추정할 수 있습니다.

다섯 번째, 공부는 학생이 다른 사람에게 봉사하는 방법을 가르쳐 줍니다. 이 사회에서 소외된 사람을 챙겨 주고 잘 이끌어 줄 수 있는 능력을 학생은 키워야 합니다.

곤충 애벌레는 일정 기간이 지나면 자연의 법칙에 의해서 나비로 탈바꿈합니다. 그렇다면 인간은 세월의 흐름에 의해 자연스럽게 지성인으로 바뀔 수가 있을까요? 인간은 오로지 공부의 배움을 통해서 변화가 될 것입니다. 공부는 인간의 생각을 바꾸게 합니다. 생각이 바뀌면 행동이 저절로 바뀌게 됩니다.

학생은 공부를 잘하려면 두뇌의 원리를 이해해야 합니다.

일반적으로 사회에서 성공하신 분들은 다음과 같은 방식으로 공부를 해왔습니다.

첫째, 성공하신 분의 공부 방법을 가지고 있습니다.

둘째, 학습의 욕구가 강하고 공부의 목표가 있었습니다. 자기 주도 학습 방법으로 공부를 했습니다.

셋째, 공부의 내용에 의미를 두는 방식인 의미 학습법으로 즐거운 마음으로 공부를 했습니다.

넷째, 공부의 핵심 내용을 선택하여 암기노트와 오답노트를 작성하여 공부했습니다.

잘못된 학습 방법

학생은 공부를 할 때에는 깊이 있게 해야 하는데, 공부를 수박 겉핥기 식으로 하는 학생들이 간혹 있습니다. 이런 학생들은 성적이 높지 않습니다. 아마도 중 하위권 학생들일 겁니다. 노력은 우등생 학생보다 많이 하지만 성적은 향상 되지 않고 오히려 떨어집니다. 겉만 훑어보는 공부를 하고 있기 때문입니다.
주로 공부를 잘하지 못하는 학생들이 다음과 같은 방법으로 공부를 하고 있습니다.

첫째, 학습내용에 나오는 개념의 뜻을 모르고 있습니다.
수학 함수의 의미를 모르고 제대로 설명을 못 합니다. 영어의 관계사를 정확하게 알지도 못 하면서 독해를 하려고 합니다. 개념을 설명할 수 없다면 학생의 실력이 쌓여지지 않고 깨진 항아리처럼 쭈욱 빠져나가 버립니다. 모래 위의 집이 되어 시간이 지나 버리면 학습내용을 아예 통째로 잊어버립니다.

둘째, 학습내용의 맥을 알 수 있는 전반적인 관점이 없습니다.
현재 배우고 있는 내용은 잘 알고 있지만, 학습내용의 맥을 알 수 있는 전반적인 관점은 없습니다. 쉬운 내용은 알지만 조금 어려운 내용은 포기해서 전체 내용을 모르고 있는 상태입니다. 한마디로 말을 해서 학습내용의 중요 포인트를 못 잡고 있습니다. 전제를 보는 관점을 가지려면 교과서의 내용을 충분히 읽고 복습해야 합니다.

셋째, 개인 과외와 사교육을 공부의 중심으로 생각하고 있습니다.
공부는 학생 스스로 하는 것입니다. 개인 과외와 사교육의 학원 강의를 통해 학생이 개념을 파악하고 이해하는 것이 좋습니다. 이후에 학생은 스스로 학습내용을 복습해야 합니다. 학생은 선생님의 설명을 듣고 안다고 착각하여 따로 공부를 하지 않으면 겉만 훑어보는 공부가 됩니다. 특히 수학 문제는 선생님이 문제를 열심히 풀고 해답까지 구합니다. 이 공부는 선생님이 하신 것이지 절대로 학생이 수학 공부를 한 게 아닙니다.

가) 학생의 기억프로그램

학생은 사람의 머리를 제대로 알고 거기에 맞추어 공부를 합니다. 사람의 머리에는 고유한 기억 프로그램이 있습니다.

다음은 두뇌 기억 프로그램입니다.

첫째, 머리는 독자적으로 움직이는 매우 복잡한 시스템입니다.

둘째, 기억은 무작정 반복되는 내용은 받아들이지 않고, 기억은 두뇌 스스로 판단 후의 필터링 결과입니다.

셋째, 수업 내용을 잊어버리는 것은 두뇌에 저장된 기억 프로그램이 정보처리 과정을 걸친 후의 결과입니다.

나) 의미기반 학습을 관심

학생이 공부를 할 때에 공부의 내용이 이전에 경험한 기억의 일부분을 떠오르게 됩니다. 이런 기억과 공부의 내용을 연계시켜 공부 내용에 의미를 두어 내용을 오랜 기간 동안 머리에서 기억할 수 있게 합니다. 이게 바로 의미 학습입니다. 학생은 공부를 잘하려면 머리의 기억 프로그램을 활용을 잘해야 합니다.

이제부터라도, 다음과 같이 관심을 가져 보도록 합니다.

첫째, 공부 학습법에 관심을 가져 봅니다.

둘째, 이전의 기억과 공부의 의미와 연계시켜서 호기심을 가져 봅니다.

셋째, 공부 내용을 잊어버리지 않기 위해서는 어떻게 해야 하는가? 학생은 노력을 해야 하는가? 학생은 어떻게 공부를 해야 하는가? 이렇게 의문을 가져 봅니다.

개념 이해와 정의법

학생들은 원리 이해 중심으로 공부를 하지 않습니다. 원리를 깨우치기 위해서는 고민하고 자료를 검색 해야 합니다. 학생은 원리를 검색하고 확인하는 습관이 안 되어 있고 선생님 또는 다른 학습 전문가에게 원리를 질문하는 것이 생활화되어 있지 않습니다. 원리를 깨우쳐 갈 때 공부가 재미 있다는 사실을 학생이 스스로 느껴야 합니다. 그러나 학생은 그저 반복 학습으로 공부를 하고 있는 것이 현실입니다.

대체 개념 이해는 무엇인가요? 개념 이해는 낱말 뜻을 이해하고 생활 속에서 언어로 사용해야 합니다. 그리고 개념 이해는 규칙과 원칙을 알고 있다는 것입니다. 예를 들어, 수학의 공식은 정의에서 시작하여 계산하는 과정을 알아야 합니다. 원칙은 원리가 만들어지는 법칙입니다. 수학의 공식만 암기할 게 아니라 그 공식이 유도되는 과정까지 이해하고 외워야 합니다.

학생은 무조건 외우는 공부를 하지 말고 개념과 원리 이해 중심으로 공부를 합니다. 이렇게 공부를 해야만 학생이 공부가 재미있고 흥미 있는 일이라는 생각을 합니다.

4) 문제 상황과 해결전략의 예제

소현이가 학교 시험을 보고 나서, "평상시에 공부를 열심히 했는데, 왜 시험 시간에는 기억이 안 나는지 모르겠단 말이야. 도대체 뭐가 문제지?"라고 고민을 하고 있습니다.

소현이는 시험 시간에 학습내용이 기억이 나지 않는 것이 문제입니다. 소현이가 시험문제를 어떤 사고 과정으로 공부를 했을까요?

가) 소현이는 어떤 방법으로 해결해야 하나?

해결과정1	초기 문제 적어 보기 → 먼저 순간적으로 느껴지는 문제를 적습니다.

해결과정2	반문하며 이유 적기 → 문제가 왜 발생했는지를 적습니다.
해결과정3	핵심어와 관계어 찾기 → 핵심이 되는 단어를 적어 보고 그 핵심어에 관계되는 단어를 적습니다.
해결과정4	진짜 해결 문제 정하기 → 무엇을 해결해야 하는지를 최종적으로 결정합니다.

나) 소현이는 어떻게 했을까?

소현이의 문제를 해결과정에 맞춰 적어 보면 다음과 같습니다.

해결과정1	최초 문제 적어 보기 → 공부한 만큼 성적이 나오지 않는다.
해결과정2	반문하며 이유적기 1) 왜 좋은 결과가 나오지 않았을까? → 노력을 적게 했기 때문입니다. 2) 왜 노력을 적게 했다고 생각 하나요? → 시험결과가 나빠서 공부하는 노력이 적었다고 생각합니다. 3) 다른 이유는 있나요? → 집중력이 떨어졌기 때문입니다. 4) 집중력과 공부는 무슨 관계가 있나요? → 의미 학습 방법으로 공부를 하면서 집중을 해야 합니다. 5) 그렇다면 공부하면서 집중을 잘하지 못 했다는 것인가? → 전통 학습 방법으로 무작정 학습내용을 외웠습니다. 6) 힘들게 했다는 것은 무엇을 말하는가? → 무조건 읽고 쓰고 반복했기 때문입니다. 7) 그렇다면 공부 방법에 문제가 있다는 것은 아닌가? → 그럴 수 있습니다. 의미 학습 방법으로 공부를 해야 합니다.

해결과정3	핵심어와 관계어 찾기 – 핵심어 : 공부 방법, 공부, 이해, 기억, 전통 학습, 두뇌 학습, – 관계어 : 개선합니다. 체계적으로 배우거나 생각해 봅니다. 노력합니다. 　　　　　　친구들에게 물어봅니다.
해결과정4	진짜 해결문제 정하기 –〉공부 방법을 더욱더 효과적으로 개선해야 합니다. –〉의미 기반의 학습법으로 해야 합니다.

Tip　오감을 이용해서 공부해야 한다

필자가 가르치는 학생 중에 신영이라는 학생이 있습니다. 고1 여학생인데, 실력이 좀처럼 늘지 않았습니다. 필자는 신영이가 머리는 나쁘지는 않은데, 왜 실력이 늘지 않을까 고민을 많이 했습니다. 신영이가 공부하는 방법을 자세히 지켜본 결과, 신영이는 오로지 눈으로만 교과서 문제를 풀고 있었습니다. 교과서를 눈으로 보고 읽으면서 공부를 하고 있었습니다.

필자는 이런 신영의 공부 방법을 머릿속으로 생각하고 눈으로 보고, 입으로 소리 내어 읽고, 암기노트에 쓰고, 귀로 확인하는 방식으로 변경을 시켰습니다. 신영이가 학습내용을 입으로 표현하도록 유도했습니다. 공부 내용을 복습하면서 입으로 말을 하면서 표현하도록 시켰습니다.

신영이는 공부한 내용을 머릿속에서 정리하고 저장된 내용을 입으로 다른 사람에게 설명을 해주어야 합니다. 다른 사람이 없으면 신영이 홀로 독백으로 공부 내용을 표현하도록 시켰습니다.

공부 내용을 완전히 이해하지 못하면 학생 입으로 절대로 이야기할 수가 없습니다. 제일 확실한 공부 방법은 학습내용을 눈으로 보고, 손으로 암기노트에 쓰고, 입으로 읽으면서 귀로 확인해야 합니다.

신영이는 몇 개월을 이런 방식으로 공부를 했더니, 비로소 학교 성적이 향상되었습니다.

공부를 잘하게 하는
음악

자녀들이 MP3로 음악을 들으면서 공부를 합니다. 부모 입장로서는 음악이 공부에 방해가 된다는 사실을 알고 있지만 자녀에게 뭐라고 이야기를 하기가 어렵습니다. 이럴 때에는 최신 음악보다는 공부에 집중 할 수 있는 음악을 추천해 주는 게 좋습니다.

1) 집중력을 향상시키는 음악

보통 빠르기의 2비트, 3비트의 곡으로 차분하게 연주되는 곡입니다. 각 곡의 구성에 맞게 파도소리와 새소리 등의 자연음이 깔려 있어 두뇌에는 알파파가 발생되어 집중력 향상에 큰 효과를 볼 수 있습니다.

- 바다의 공주(Princess of the Sea, 마크 브라켄)
- 세레나데(슈베르트)
- G선상의 아리아(바흐)

2) 스트레스를 해소하는 음악

현악기의 시원한 움직임이 느껴지는 음악과 답답한 사람들의 마음을 풀어주는 전래음악을 들으면 스트레스가 해소됩니다. 이런 음악에는 바람 소리, 계곡 물소리 등의 자연음이 결합되어 있습니다.

- 화를 내지 마세요(Don't get Excited) 전래음악
- 난나(파야 쉰들러)
- 즐거운 여행(Bon Voyage, 반델리스)

3) 편안한 휴식을 위한 음악

차분하고 조용한 멜로디는 편안함을 느끼게 해 주며 두뇌가 휴식을 취하도록 합니다. 이런 멜로디에 파도 소리나 새소리 등의 자연음이 섞어 주면 어머니의 뱃속에 들어 있는 것처럼 안정감을 느끼고 불안하고 흥분된 마음이 가라앉습니다.

- 슬리브 무곡(드보르)
- 로망스(서양 전래음악)
- 카르멘의 하바네라(비제) 오페라

자녀를 공부 잘하게 하는 부모 역할

1) 자녀를 공부 잘하게 하는 부모의 역할

부모는 자녀가 공부할 수 있도록 가만히 바라만 보고 있어도 안 됩니다. 부모 욕심에 의해 무작정 자녀에게 공부하라고 하여도 소용이 없습니다. 부모는 공부에 뒤처진 자녀를 보면 답답함과 안타까움이 듭니다. 그렇다고 해서 부모가 먼저 나서서 공부를 앞으로 끌어 주고 뒤에서 밀어주고 싶은 마음이 드는 것은 당연합니다.

그러나 부모가 자녀를 억지로 끌고 가는 순간 자녀는 인생의 주인공이 아닌 조연급으로 전락합니다. 자녀를 대신 달려 주고 어루만져 주고 싶은 마음이 들더라도 차분하게 자녀가 먼저 공부에 관해 나서 주기를 기다려야 합니다. 부모는 자녀의 공부 속도에 맞추어 함께 나아가야 합니다.

우리 사회에서 공부를 못하고 싶어 하는 학생은 단 한 명도 없을 것입니다. 누구나 모든 학생들은 공부를 잘해서 성취감을 느끼고 부모와 학교 선생님, 친구들에게 인정을 받고 싶어 합니다. 그래서 공부 못하는 자녀에게 필요한 것은 벌칙과 무시가 아닙니다. 부모는 자녀의 학습성과가 떨어지는 문제점을 파악해서 해결 방법을 찾아야 합니다.

지식에 대한 갈망

인도의 사회 운동가 비보바 바브가 다음과 같이 주장합니다.

"교육은 학생들의 머리에 정보를 채워주는 것이 아니라 지식에 대한 갈망을 불려 일으켜 주는 것입니다. 진정한 교육은 학생들이 스스로 체험하고 느끼면서 학습내용을 소화해 내도록 도와주는 일입니다."

다음은 부모가 좋은지를 알 수 있는 테스트입니다.

문 항	Yes	No
1) 부모는 하루에 1회 이상 자녀를 칭찬하는가?	1	0
2) 부모는 자녀를 성인 대접 해주는가?	1	0
3) 부모는 자녀가 언제든지 상담을 원하면 응대해 주겠는가?	1	0
4) 부모는 의사결정을 내릴 때에 자녀의 의견을 반영하는가?	1	0
5) 부모는 자녀에게 하는 요구가 합리적인가?	1	0
6) 부모는 자녀들을 평등하게 대하는가?	1	0
7) 자녀에게 부모의 감정을 정직하게 이야기해 본 적이 있는가?	1	0
8) 부모는 주중에 시간을 정하여 자녀와 학습 공부에 대해 이야기를 해 본 적이 있는가?	1	0
9) 기분이 나쁠 때에 부모는 자녀에게 평정심을 가지고 대했는가?	1	0
10) 부모의 의사를 자녀에게 논리 정연하게 설명한 적이 있는가?	1	0
점수 합계		

- 7점 이상 : 자녀에게 좋은 부모가 될 수 있습니다.
- 4점 이하 : 자녀를 대하는 부모의 태도와 방법을 다시 한번 생각 해 봐야 합니다.

부모는 자녀에게 용기와 힘을 주어야 합니다.

그래서 부모는 다음과 같은 역할을 해야 합니다.

가) 부모는 자녀에게 미래에 대한 안목을 키워준다

사회에서 발생하는 사건이 있을 때에 부모는 자녀에게 원인을 분석하고 결과를 예상하라고 합니다. 비록 자녀가 그 사건에 잘 알지 못하더라도 부모는 자녀의 이야기를 끝까지 들어줍니다.

자녀의 예상은 다음과 같은 결과를 일으킵니다.

첫째, 자녀의 머리는 추리력과 분석력을 발달시킵니다. 신문 만화는 이 사회의 축소판입니다. 그래서 부모는 자녀가 만화를 읽게 하여 현재 사회의 현상과 사건에 관하여 말을 하도록 합니다.

둘째, 자녀가 신문의 사설기사와 머리기사를 읽게 합니다. 이 사설과 머리기사 속에서 사회의 흐름을 예상하게 합니다.

자녀가 신문을 매일 읽으면 사회의 사건과 현상을 알 수 있으며 미래에 관한 일을 예상할 수가 있습니다. 두뇌는 상상과 현실은 구분하지 않으며 상상은 머리에서 이루어지기 때문에 무한정 가능합니다. 상상의 힘은 지식의 힘보다 강합니다. 머리는 사람이 상상하는 정보가 들어오면 그것을 현실에서도 이루어질 수 있도록 만들기 때문입니다. 이러한 상상이 사람의 목표라고 볼 수 있습니다. 사람은 이런 목표 달성을 위해 노력을 많이 해야 합니다.

사람의 머리는 약 10% 이상 사용하지 못합니다. 나머지 90% 머리의 영역을 사용할 수는 있나요? 상상은 사람의 상상력에 의하여 90%의 머리 영역을 사용하게끔 합니다.

막연한 상상은 쓸데없는 망상이 되겠지만, 목적이 있는 상상은 꿈을 이루게 하는 중요한 요소가 됩니다.

나) 부모는 자녀에게 독서의 기쁨을 알게 한다

사람의 인생 가치를 알려면 책을 읽어야 합니다. 독자는 책 속에서 작가의 생각과 또 다른 사람과의 만남을 간접적으로 겪습니다. 자녀의 꿈은 책을 읽을수록 커집니다. 독서를 통해 자녀는 장래 희망을 정할 수 있습니다. 어릴 때 책에서 감명받은 기쁨은 성인이 되고 난 후에도 그 당시의 감명은 두뇌에 남아 있습니다.

배움은 즐거운 일

유대인들은 3살 자녀에게 탈무드를 가르칩니다. 부모는 책장에 꿀물 한 방울을 떨어뜨린 후에 자녀에게 책에 묻힌 꿀을 먹도록 합니다. 자녀는 꿀물의 달달한 맛으로 탈무드의 배움이 즐거운 일이라고 생각합니다.
부모는 자녀에게 배움은 즐거운 일이라고 여기도록 해야 합니다.

교육은 가르치는 사람에 의해 달라질 수 있다

철학자 칸트는 다음과 같이 이야기합니다.
"교육은 학부모와 교사의 수준에 달려 있습니다. 교육은 인간을 인간답게 형성시키는 작용입니다."
가르치는 사람에 따라서 배우는 학생은 달라질 수가 있습니다.

초등학교 시절에는 자녀의 장래 희망을 정할 만큼의 중요한 시기입니다. 그리고 초등학교 시절의 친구사이에서 인간관계를 배웁니다. 초등학생 시절에 책을 읽은 감동과 중학교 시절에 동일한 책을 읽어도 감동은 달라질 수가 있습니다. 학생은 각각의 학년에 맞추어 책을 읽어야만 합니다.

초등학교 시절에 읽어야 할 책이 있으며 중학교 시절에 읽어야 할 책이 있습니다. 학년과 자녀의 나이에 적당한 책을 읽게 하여 자녀가 독서를 하여 감동을 받도록 해야 합니다. 자녀는 독서의 기쁨을 알게 됩니다.

부모는 자녀가 어느 책을 읽는지를 관심 가지고 그 책을 읽고 난 후의 감동을 이야기합니다. 자녀에게 독서를 하여 감동의 기쁨을 맛보고 난 후에 자녀 스스로 독서를 하도

록 유도해야 합니다. 그래야만 초등학교 시절에 읽은 책에서 받은 감동의 지식은 성인
이 된 후에도 두뇌에 남아 있습니다.

독서의 감동

초등학교 시절에 알렉상드르 뒤마의 춘희라는 소설을 읽었습니다. 초등학교 시절에는 별다른 감
동이 없었고, 단지 책을 읽는 것만으로 만족했습니다. 그러나 고등학교 시절에 춘희의 소설을 읽
고 많은 눈물을 흘렸습니다. 아마도 필자는 정신적으로 성숙이 늦은 듯합니다.

다) 자녀에게 공부의 기쁨을 알게 하라

부모들은 자녀들에게 무조건 "공부해라."라고 하지 말아야 합니다. 부모의 잔소리는
자녀의 두뇌에 "공부는 지겨움"이라고 되어 버립니다. 이때부터 자녀는 공부를 하기 싫
어합니다.

자녀에게 독서의 기쁨을 알게 했으면 이제부터 부모는 자녀에게 교과서을 읽게 하여
새로운 지식을 알게 되는 기쁨을 줘야 합니다. 자녀는 교과서의 개념을 이해 후에 원
리를 알게 됩니다. 그 원리에 기반한 새로운 사실을 알게 되어 교과서의 지식이 두뇌에
저장되는 기쁨을 자녀가 느껴야 합니다.

지식의 기쁨을 자녀가 알게 되면 부모가 공부하라고 말을 하기 전에 자녀 스스로 공
교육의 공부를 하게 됩니다.

독서는 불완전한 인간을 완전한 인간으로 만든다

철학자 베이컨은 "독서는 불완전한 인간을 완전한 인간으로 만듭니다."라고 했습니다. 또 "가난한 자는 책으로 말미암아 부자가 되고 부자는 책으로 말미암아 존귀해 집니다." 라는 말도 있습니다. 이처럼 인간을 더욱 완전하고 아름답게 완성시켜 주는 것이 독서입니다. 학생은 학창시절 많은 독서를 통해 성숙한 사회인으로 자랄 준비를 해야 합니다.

자녀와 함께 서점에 가자

초등학생 5학년 하빈이는 부모랑 같이 서점에 갑니다. 하빈이는 가장 관심이 있는 분야로 달려 갑니다. 부모는 하빈이의 관심이 있는 분야를 알 수가 있습니다. 부모는 하빈이에게 전집으로 책을 사 주는 것 보다는 단행본의 책을 구매하는 게 좋습니다.
하빈이가 지금은 관심이 있지만 나중에 싫증을 낼 수가 있기 때문입니다. 하빈이가 관심이 있는 책을 다 읽고 나면 부모는 반드시 하빈이랑 대화를 해야 합니다. 그리고 부모는 하빈에게 논리적으로 말을 할 수 있도록 유도합니다. 그럼 하빈이는 자연스럽게 논리적으로 이야기를 할 것이고, 자연스럽게 독서의 기쁨을 알게 됩니다.

라) 목표가 분명한 아이로 키워라

자녀가 무슨 일을 할 때에 부모는 자녀에게 목표를 설정하도록 해야 합니다. 사소하고 단순한 일이라고 할지라도 가능한 목표를 세워 그 일을 하도록 해야 합니다. 더군다나 자녀가 공부를 할 때에는 더욱더 목표를 설정하도록 유도해야 합니다.

자녀에게 목표가 없으면 얼마나 지겹고 힘이 들 겁니다. 인생의 큰 목표만이 아니라 작은 일을 할 때에도 목표를 정하여 자녀가 그 목표를 성취하도록 합니다. 그러다 보면 자녀는 목표의 달성감을 알 것입니다. 그러면 저절로 자녀는 목표를 설정하여 공부를 할 것입니다. 자녀에게 시험을 목표로 설정하지 않도록 해야 합니다. 시험은 작은 목표에 불과합니다. 자녀의 장래 희망을 이루기 위해 시험은 거쳐 가야 할 관문입니다. 자녀는 만사에 최선을 다하는 사람으로 변해야 합니다.

배움은 꿀처럼 달다

자녀의 교육은 정확한 이론만으로 되는 것이 아니라 자녀의 무한한 학습 노력과 반복 학습으로 실현됩니다. 부모들은 자녀가 미래 사회의 주인공의 될 수 있도록 공부시켜 주어야 하며, "새로운 내용을 배우는 즐거움은 꿀처럼 달다."는 것을 깨우쳐 주어야 합니다.

자녀에게 구체적인 학습지도, 학습상태의 정기적인 확인, 효율적으로 공부하는 방법 등 자녀의 초등학교 시절부터 공부 학습에 대한 관심과 학습지도는 사랑하는 자녀를 배움의 세계로 인도합니다.

마) 계획을 세우고 스스로 약속을 지키도록 가르쳐라

자녀들의 공부 학습태도는 스스로 만들어지는 것이 아닙니다. 부모가 생활 속에서 모범을 보여 자녀들이 부모의 생활 습관을 배우도록 해야 합니다. 부모는 자녀에게 습관과 태도, 행동, 삶의 가치관을 가르치면서 자녀의 롤모델이 되어야 합니다.

부모는 단지 말로만 자녀를 가르칠 것이 아니라 부모 스스로 삶의 목표를 정하고 그 목표를 성취할 계획을 세워야 합니다. 부모도 그 계획에 따라서 살아가야 합니다.

자녀의 두뇌는 유전자적으로 부모에게 물려받았습니다. 그러므로 부모가 원하는 자녀의 모습이 있으면 그 모습을 부모가 먼저 실천해야 합니다. 그래야만 자녀들은 부모의 계획된 모습을 보고 배울 것입니다. 자녀의 두뇌는 부모의 행동으로 목표를 세워 계획을 짜고 공부 계획대로 실천 할 것입니다.

부모는 자녀에게 약속을 반드시 지키라고 강요할 것이 아니라 부모가 먼저 자녀에게 약속한 것을 지켜야 합니다. 자녀도 그 약속을 지키려고 노력할 것입니다.

교육을 잘 시키는 부모

부모는 자녀가 공부를 못 하는 이유가 무엇인지 조사합니다. 공부를 잘 못하는 이유들을 조사하면 공부를 잘하게 하는 방법이 무엇인지 저절로 알게 됩니다.
야구는 중요한 포지션이 투수입니다. 좋은 투수가 되려면 체력, 구속, 제구력 등이 필요합니다. 잘못된 자세에서는 절대로 좋은 투구가 나오지 않습니다. 공부도 이와 마찬가지로 단순 암기 위주 방법과 학원 위주, 문제집 위주 공부 방법으로는 성적이 향상 되지 않습니다. 학생은 최소의 노력으로 최대의 효과를 거두어야 합니다. 공부 방법은 개념과 원리이해와 정의법, 단어와 숙어 암기, 한자를 외워야 합니다.

자녀는 어렸을 때부터 약속을 지키는 습관을 키워 주어야 합니다. 그러기 위해서는 부모가 먼저 자녀와의 작은 약속이라도 반드시 지켜야 합니다.

자녀가 스스로 한 약속을 잘 지킬 수 있도록 하기 위해서는 계획을 세우고 목표대로 이루어 나가는 기쁨을 알 수 있도록 부모가 자녀를 도와주어야 합니다.

다른 사람 앞에서 발표하기

한국의 대기업 S그룹의 인사 담당자는 다음과 같이 이야기합니다.
"신입사원 중 고득점 합격자에게는 이런 특이한 사항이 있습니다. 그것은 바로 사교육의 현장에서 학생들에게 공부를 가르친 경험이 있거나 방문 과외 가정교사 경험이 있는 사람들이라는 겁니다."
필자는 '왜 다른 사람에게 가르친 경험이 있는 사람이 신입사원의 고득점자일까?' 고민을 했습니다. 아마도 남을 가르쳐 본 경험이 있는 신입사원은 학습내용을 정리하는 지적 능력이 향상이 되었을 것입니다.
실제로 사람이 지식을 단순히 머리에 저장되어 알고 있을 때와 그 사람이 다른 사람에게 저장되어 있는 지식을 설명하고 가르치면 자연스럽게 기존의 학습내용이 정리가 됩니다.
남을 가르친다는 것은 학생이 알고 있는 지식을 말로 표현해서 정리한다는 것입니다.

교육에 의해 사람이 된다

루소는 다음과 같이 이야기합니다.
"교육에 의해 인간은 사람이 됩니다."
학생은 교육에 의해서 점차적으로 인격이 형성되어 사람이 됩니다.

바) 자녀의 생각을 정확하게 말하는 사람으로 키워라

자녀는 이 사회에서 일어나는 사건을 깊이 생각하여 그 사건에 관하여 생각을 부모에게 이야기하도록 해야 합니다.

자녀의 생각을 정확하게 주장하게 하고 상대방의 생각을 존중하여 귀담아들어 줄 수 있는 사람이 되게 해야 합니다.

우리 사회에서도 자신의 생각과 주장을 정확하게 표현하는 사람은 그리 많지 않습니다.

자녀의 생각을 정확하게 주장함은 물론 상대방의 생각을 존중하여 진지하게 경청할 줄 아는 사람입니다. 여러 사람들의 의견을 잘 취합하여 올바르게 판단하고 자기의 주장을 펼치는 사람이 이 사회의 리더가 됩니다.

자기주장이 분명하고 설득력 있게 말하는 아이들은 크게 성공한 기업가나 전문가가 될 수 있습니다. 부모는 자녀에게 예절을 갖추어 생각을 말하는 방법을 가르쳐야 합니다.

자녀가 책을 읽을 때에 이해가 안 되는 부분이 나오면 부모에게 질문할 수 있는 분위기를 만들어 주고 자녀의 생각이 계속 확장될 수 있도록 도와주어야 합니다.

부모는 자녀에게 지혜로운 질문을 해야 한다

공부는 머릿속에 지식을 저장하고 있는 것입니다. 머리에 지식을 저장하려면 저장하는 방법을 알아야 합니다. 지식은 생각 작용을 통해 머릿속으로 들어갑니다. 따라서 생각을 많이 할수록 공부를 잘하는 자녀가 될 것이고 생각을 안 할수록 공부를 못하게 됩니다.

자녀는 배운 내용들을 끊임없이 생각하고 머릿속으로 정리하는 작업을 해야 합니다. 부모는 자녀에게 적절한 질문을 하여 자녀는 그 질문에 관한 진지한 생각을 할 수 있도록 유도합니다. 부모는 자녀가 신중하게 생각 한 후에 대답할 수 있도록 지혜로운 질문을 할 줄 알아야 합니다.

에디슨은 항상 궁금함을 가졌다

발명가 에디슨은 어린 시절부터 항상 "why"라는 질문을 가족들에게 했습니다. 에디슨은 어떤 일의 결과에 대해 그대로 이해하기보다는 "왜 그렇게 나왔을까?"에 대해 호기심을 가지게 되었습니다. "선생님, 하늘의 별은 모두 몇 개인가요?" 에디슨이 이런 엉뚱한 질문을 하여 학교에서 쫓겨나게 되었습니다. 에디슨의 지적 호기심으로 인해, 그는 1천 93개의 발명품을 만들게 되었습니다.

사) Why라는 의문을 품는다

부모가 여기에는 사소한 일이지만 자녀들은 호기심이 많기 때문에 '왜 이럴까?', '무엇일까?', 라는 궁금증을 품고 계속 질문을 하게 됩니다. 이런 현상은 자녀가 두뇌 성장을 해 가고 있는 증거입니다. 자녀의 두뇌는 무한정으로 커 나갈 것입니다.

자녀들이 무슨 일이 되었건 'Why'라는 의문을 갖게 되면 미지의 세계에 대한 탐구심과 상상력을 통해서 미래에 대한 폭과 깊이가 넓어집니다.

자녀가 어떤 꿈을 가지고 있느냐에 따라서 자녀의 미래는 크게 달라집니다. 자녀들의 꿈은 성장해 가면서 계속 바뀌게 됩니다. 그러나 자녀의 꿈은 두뇌가 아는 범위에서 정도껏 달라질 것입니다.

부모는 사물이나 현상에 대해 'Why'라는 의문을 얼마나 갖는가에서 자녀의 가능성을 보아야 할 것입니다.

부모는 자녀가 '왜'라는 의문을 갖기 전에 많은 지식을 자녀의 머릿속에 저장시키려고 하지 말아야 합니다.

아) "Yes"와 "No" 가 분명한 아이로 키워라

부모들도 "No"라고 단호하게 거절해야 할 때 "No"라고 하지 못하고 얼떨결에 "Yes"라고 답하고는 후회하는 경우가 종종 있습니다.

부모가 먼저 "Yes"와 "No"를 분명히 구별하여 살아가는 것이 무엇보다 중요합니다. 뿐만 아니라 그렇게 살아가는 것이 즐겁습니다. 마지못해 한다면 얼마 가지 못할 것입니다.

자녀들이 "Yes"와 "No"를 구별하는 것이 몸에 배어서 성장해야 합니다.

소크라테스의 문답식 교육 방법

"너 자신을 알라."를 주장한 소크라테스 철학자가 있습니다. 소크라테스는 교육방법에 관심이 많이 있었습니다. 그의 어머니는 산모가 애를 낳을 때 도와주는 산파입니다. 소크라테스는 직접 사람들에게 지혜를 가르치는 것이 아니라 대화를 통해 상대방이 스스로 지혜를 터득하도록 도움을 주기 때문에 그 역할이 산파와 비슷합니다.

그래서 소크라테스의 문답법을 산파술이라고 부릅니다.

소크라테스의 제자가 소크라테스에게 다음과 같이 질문했습니다.

"스승님 저 세상이 있습니까?"

소크라테스는 제자에게 이렇게 물었습니다.

"낮이 있으면 무엇이 있느냐?"

"밤이 있습니다."

"하늘이 있으면 무엇이 있느냐?"

"땅이 있습니다."

"남자가 있으면 뭐가 있느냐?"

"여자가 있습니다."

"선이 있으면 뭐가 있느냐?"

"악이 있습니다."

"이 세상이 있으면 무엇이 있겠느냐?"

"저 세상이 있습니다."

제자는 스승인 소크라테스의 문답 대화로 크게 깨우침을 얻었습니다. 그제서야 제자는 저 세상이 있다는 사실을 알게 되었습니다.

상대방과의 연속적인 질의 문답을 하다 보면 저절로 머릿속의 내용들이 정리 정돈됩니다. 본인 스스로 문제의 해답을 찾게 되었습니다. 이런 질의응답, 문답 방식이 바로 산파술입니다

전뇌식

전뇌식은 머리가 좋아하는 음식입니다. 전뇌식으로 자녀의 지능지수를 높일 수가 있습니다. 과학자들은 자녀에게 좋은 영양분을 섭취하고 두뇌에 적절한 자극을 하면 두뇌는 무한하게 좋아질 수 있다고 합니다.

1) 머리가 좋아지는 식생활 습관

1. 자녀에게 조금 부족하게 먹입니다. 배가 부르면 머리 회전이 둔해 집니다.
2. 밥을 오랫동안 씹어 먹으면 치아 활동이 두뇌에 좋은 영향을 미쳐 자녀의 지능이 좋아집니다.
3. 아침 식사는 반드시 해야 합니다. 두뇌의 기능을 발휘하려면 많은 영양소가 필요합니다.
4. 칼로리는 높고 영양가는 낮은 인스턴트 음식은 피해야 합니다.
   인스턴트 음식은 자녀의 지능지수를 떨어뜨립니다.
5. 자녀에게 육류보다는 생선을 많이 먹이고 요리할 때 소금보다 식초를 많이 넣습니다.

2) 머리가 좋아지는 식품들

1. 기억력을 좋게 하는 레시틴 식품 : 두부, 청국장, 된장, 호두, 잣
2. 두뇌에 활력을 주는 지방 식품 : 깨, 호두, 콩, 정어리
3. 두뇌 회전을 빠르게 해 주는 단백질 식품 : 우유, 두유, 김, 다시마, 미역, 생선, 조개류
4. 두뇌 에너지원이 되는 식품 : 쌀, 보리, 고구마, 감자, 메밀
5. 생각하는 힘을 키워 주는 비타민 B 식품 : 소맥배아, 효소, 녹황색 채소, 멸치, 뱀장어, 정어리, 콩
6. 스트레스를 해소하는 비타민 C 식품 : 토마토, 귤, 당근, 오렌지, 레몬, 녹황색 채소, 고구마, 김
7. 공부가 잘되게 해주는 비타민 E 식품 : 깨, 현미, 녹황색 채소, 소맥배아
8. 집중력을 높여주는 칼슘 식품 : 멸치, 깨, 두유, 호두, 우유, 콩

자녀가 좋아하는 부모의 언어기술

1) 부모는 원칙을 정해 지킨다

부모는 원칙이 없으면 어려움을 당할 때 중심이 잡히지 않습니다. 부모는 닥친 상황에 따라 이 원칙이 바뀌어서는 안 됩니다. 어떤 곳에서도 원칙이 변하지 않는 굳건한 부모는 건강한 가정으로 만들 것입니다. 원칙이 바로 선 가정은 어려운 사건이 일어나도 무너지지 않고 극복합니다.

그렇다면 부모는 무엇을 원칙으로 삼아야 할까요? 그것은 부모가 오랜 세월을 통해서 경험으로 배운 삶의 지혜입니다. 그리고 평소 주변 사람들에게 자주 말을 하는 게 있을 겁니다. 이것을 바로 원칙으로 정하면 됩니다.

부모는 자녀가 보는 앞에서 원칙을 정하고 이 원칙을 반드시 지켜야 합니다. 그러면 자녀도 이 원칙을 지킬 것입니다. 자녀는 부모와 정한 약속도 지킬 것입니다.

Tip **"최선을 다하자!"는 원칙을 세우자**

카터 대통령은 해군 사관학교 생도 시절에는 공부를 열심히 하지 않았습니다. 보통의 학생에 불과했습니다. 그러는 어느 날이었습니다. 핵 잠수함 승선을 할 때에 리코버 제독과 카터 생도는 면담을 했습니다.
"귀관은 해군사관학교 졸업 할 때에 몇 등을 했나?"
"네, 820명 중에 59등으로 졸업했습니다."

2) 부모는 자녀에게 가능성을 주자

부모는 자녀들과 이야기를 할 때에 희망을 줄 수 있는 언어로 대화를 해야 합니다.

자녀가 장래 희망과 꿈을 부모에게 이야기를 할 때에 다소 황당한 일이라고 여길지라도 부모는 자녀에게 격려를 해야 합니다.

부모의 희망언어를 들으면 자녀들은 긍정적으로 변합니다. 그래서 장래 희망을 이룰 수 있는 가능성이 늘어납니다.

● 불가능을 줄 수 있는 기존언어 희망언어로 바꾸기 ●

구분	기존 언어	희망 언어
목표 설정	그런 목표도 좋지만 그것은 불가능하다. 현실 가능한 목표를 세워라!	그래, 할수 있다. 최선을 다해 봐라!
선입관	한계나 틀을 짓는다.	마음껏 펼칠 수 있도록 해야 한다.

부모의 많은 관심은 자녀를 침묵하게 만든다

고등학교 1학년 영철이는 공부를 잘하는 모범생입니다. 학교 수업이 마치면 곧장 집으로 돌아오는 착한 학생입니다. 그리고 영철이는 어머니가 챙겨 주시는 간식을 먹고 바로 학원으로 가서 공부를 합니다.

영철이의 어머니는 영철이에게 매우 헌신적입니다. 항상 영철이가 학교에서 돌아오는 시간에 맞추어 간식을 준비해 주십니다. 야간 자율학습을 할 때에는 따뜻한 보온도시락을 학교에 가져다 주십니다.

이런 영철이가 어느 날 학교 수업이 끝나고 저녁 늦게까지 집에 돌아오지 않았습니다. 영철이는 어머니에게 시험공부를 하고 난 후에 늦게 오겠다는 휴대폰 문자메지시만 보내고 연락을 끊었습니다.

영철이 어머니는 영철이를 찾으러 학교와 PC방, 동네 놀이터를 갔습니다. 그 시간에 영철이는 다른 학교의 농구대 아래에서 친구들과 더불어 농구 시합을 재미나게 즐기고 있었습니다.

집에 돌아온 영철이는 어머니에게 꾸중을 많이 들었습니다. 그리고 영철이는 어머니에게 아무런 말을 안 하고 그냥 방에 들어가고 말았습니다.

3) 부모의 끊임없는 사랑과 믿음으로 바꾸자

두뇌는 다음과 같은 특징이 있습니다.

구분	설명
실현	잠재의식 속에 입력된 목표는 현실상에서 실현된다.
잠재의식	어릴 때의 목표는 잠재의식 속에서 이루어진다.

두뇌 과학자들은 사람의 사고 패턴을 바꾸면 두뇌의 구조까지 바꿀 수 있다고 합니다. 학생이 어떤 관점으로 생각하기에 따라 약점은 장점이 됩니다. 다음과 같은 부정적인 언어를 긍정적인 언어로 바꿔야 합니다.

구분	부정적 언어	긍정적 언어
생각	소심하다.	신중히 생각한다.
성격	신경질이다.	성격이 예민하다.
관심 분야	집중력이 떨어진다.	여러 방면에 관심이 많다.
생각범위	주의가 산만하다.	생각이 창의적이다.
성격	성격이 급하다.	행동 에너지가 많다.
행동	마음대로 결정한다.	독립적이고 자발적이다.
창의성	항상 꿈만 꾼다.	상상력이 풍부하다.

약점 뒤에 숨은 긍정적인 부분에 집중하고 거기서 발견한 재능을 지속적으로 키워 갈 수 있도록 해야 합니다. 어려서 생긴 모든 문제는 부모의 많은 신뢰와 사랑이 있으면 시간이 지나면서 자연스럽게 해결됩니다.

학생들은 부모님의 칭찬을 받고 싶어 합니다. 그리고 부모의 사랑을 더 소중 하고 중요하게 생각합니다.

자녀가 중학교에 들어가고 난 뒤에는 부모들은 자녀의 학업에 더욱더 많은 관심을 가집니다. 부모들은 자녀의 성적이 오를 것이라는 생각에 사교육의 학원에 보내거나 단독 과외를 자녀에게 시킵니다. 부모들은 자녀를 위해서 많은 시간과 돈을 투자하며 다음과 같이 생각합니다. "나는 우리 자녀에게 많은 도움을 주는 좋은 부모이다."

그러나 부모의 이런 지원에 관한 자녀들의 반응은 제각기입니다. 자녀들 중에서는 부모에게 고마워하는 학생도 있지만, 많은 돈과 관심도 그저 부담과 간섭으로 여기는 자녀도 있습니다. 필자로서는 이런 모습이 너무나 안타깝습니다. 부모의 경제적 지원은 그렇다고 치더라도 부모의 사랑을 어떻게 귀찮은 간섭으로 여길 수가 있을까요. 이게 오늘날의 교육현실입니다.

　부모는 학생과의 인식 차이를 좁히고 어떻게 관심을 보이는 것이 자녀의 학습을 도와 주는 것인지 알아야 합니다.

　학생에게 잔소리로 들리는 말들은 부모의 끊임없는 사랑과 믿음으로 바꿔야 합니다. 부모의 따듯한 말 한마디와 애정 어린 눈빛이 학생의 두뇌에 많은 작용을 합니다. 부모는 학생에게도 긍정적으로 말하는 방법과 생각하는 방법을 알려 주어야 합니다.

Tip
따뜻한 말 한마디가 우뇌를 활성화 한다

　부모는 자녀에게 따뜻한 말 한마디를 해 주어야 합니다. 따뜻한 말 한마디는 자녀의 마음을 편안하게 해 줍니다. 마음이 편안해 진 자녀는 우뇌를 이용하여 새로운 방법을 얻을 수가 있습니다. 이런 방법을 이용하여 개념화하며 계획을 세우고 좌뇌의 현실화 작업을 통해 구체적인 형태로 만들어집니다.

Advice
정환 원장의 경험 : 부모의 신뢰는 자녀의 마음을 움직인다

필자의 아버지는 언제나 저에게 이런 말씀만 하셨습니다.
"정환아, 아버지는 네가 최선을 다하고 난 후에는 뭐라고 이야기하지 않는다."
"아버지는 너만 믿는다."
최선을 다하고 난 뒤의 결과를 아버지와 저는 받아 들였습니다.
아버지가 믿는다는 말씀에 저는 더욱더 열심히 공부를 했습니다.
엄마의 잔소리보다는 아버지의 신뢰감이 저의 마음을 많이 움직였습니다.

4) 부모의 용기와 희망 언어

부모의 절대적인 사랑과 따뜻한 격려는 좌절감이나 자책감에 빠진 아이에게 용기와 희망을 줍니다. 자아가 성립하지 못한 학생들에게는 자신을 전적으로 믿어줄 단 한 사람이 필요합니다.

하얀 백지와 같은 학생의 두뇌에 어떤 정보를 입력해야 할까요? 부모는 긍정적인 말을 많이 해서 세계를 구축하는 정보와 함께 우주의 많은 정보를 수용할 수 있는 두뇌로 만들어야 합니다.

인간의 두뇌는 원래부터 완전합니다. 그 두뇌의 주인이 어떻게 사용하느냐에 따라서 두뇌가 좋아질 수도 있고 나빠질 수도 있습니다.

부모는 아이에게 다음과 같은 말을 많이 해 주어야 합니다.

구분	설명
가능성과 창조성	당신은 무한한 가능성과 창조성을 가지고 있습니다.
용기	당신은 무슨 일이든지 할 수가 있습니다.
큰 사람	당신은 이 세상에 큰 뜻을 품고 태어났습니다.
사랑	부모는 자식을 사랑하고 자식을 믿습니다.

부모의 이런 말을 들은 후에 자식의 잠재 능력은 발휘될 것입니다. 부모는 어떤 상황에서도 자식의 가능성을 믿어 주어야 합니다.

학생들은 언젠가는 스스로 좋아하고 열중할 수 있는 일을 접했을 때에 누가 시키지 않아도 스스로 숨어 있는 재능을 100% 발휘합니다. 부모의 속을 썩이는 자녀일수록 기다리는 마음을 가져야 합니다.

부모는 자녀들에게 어릴 때부터 자신의 두뇌를 느끼고 뇌와 친해지는 습관을 가지도록 도와야 합니다. 항상 자녀들의 두뇌에 희망이 가득한 말들을 입력해야 합니다.

자녀에게 생각하는 습관을 길러 주어야 한다

자녀가 생각하는 습관을 익히려면 부모의 역할이 중요합니다. 부모들은 자녀가 학교에서 돌아오면, "공부는 열심히 했니? 백 점 받았어? 몇 개 틀렸어?"라는 질문을 합니다. 그러나 유대인 부모들은 "학교에서 무엇을 배웠어? 오늘 배운 내용은 어떻게 생각 하니?" 같은 질문을 합니다. 유대인 부모들은 자녀로 하여금 스스로 생각할 수 있도록 도와주는 역할을 합니다.

자녀가 항상 생각하는 습관이 몸에 배게 되면 두뇌가 활성화되어 공부를 잘할 수 있고 지능지수도 높일 수 있습니다.

5) 부모의 잔소리를 다음과 같이 바꾸자

구분	잔소리	긍정적인 말로 상세하게 설명
정보 설명	숙제는 언제 할 거니? 장래의 꿈은 뭐니?	아들아, 지금은 ○시란다. 잠자리에 들기 전에 하루의 일과를 마쳐야 한다.
나 표현을 사용	너는 언제까지 거짓말을 할 거니?	부모는 네가 잘못 했을 때에 솔직하게 말해 주기를 원한다.
쉬운 언어를 사용	네 방은 스스로 정리 정돈해야 돼	옷은 옷장에 넣어 두고 MP3는 전자제품 서류에 넣어 두자.
단정 짓는 단어는 불필요	너는 절대로 잘못했다고 하지 않는구나	우리 딸도 실수를 할 때가 있구나.

부주의한 실수와 잘못에 대해서는 자녀의 행동에 바로 부모가 대응하기보다는 자녀의 행동에 대해 반성할 수 있는 시간을 주는 게 좋습니다. 자녀들이 무엇을 잘못 했는지를 알아야 하고 자녀 스스로 깨달을 때 진정으로 뉘우칠 수 있습니다.

부모 질문	자녀의 해결책
네가 어떻게 하는 것이 좋은지 생각해 봐라.	대부분의 자녀는 자신이 무엇을 잘못했고 어떻게 해야 할지, 해결책을 찾습니다.

자녀가 찾아온 해결책을 부모에게 이야기하면 그저 부모는 자녀의 이야기를 잘 들어 주기만 하여도 문제가 해결됩니다.

6) 부모는 자녀 이야기를 경청해야 한다

다음과 같이 부모는 자녀의 이야기를 잘 들어 줘야 합니다.

잘 들어 주기
1) 먼저 자녀에게 주의와 관심을 가집니다. 　– 부모가 바쁜 일이 있을 때에는 자녀의 말을 건성으로 듣기보다는 급한 일인지를 먼저 자녀에게 물어봅니다. 　– 현재 부모의 상황을 자녀에게 말을 합니다. 　– 자녀의 대화할 수 있는 시간과 장소를 정합니다. 　– 자녀가 부모에게 이야기할 때에는 리액션을 해 주어야 합니다. 　– "응, 맞아.", "그랬어." 부모는 고개를 끄덕여 줍니다

2) 자녀가 말을 멈춥니다.
 - 자녀가 더 할 이야기가 없는지를 물어봅니다.
 - 충분히 이야기했는지를 알아봅니다.
 - 부모들은 자녀가 잠시 이야기를 멈추면 충고나 질문을 시작하여 일방적으로 대화를 주도합니다.
 - 자녀는 마음속으로 "또 잔소리 시작이다."라고 생각합니다.
 - "말해 보아도 아무런 소용이 없다." 자녀들은 마음의 문을 닫아 버립니다.

3) 부모는 자녀의 이야기를 요약합니다.
 - 자녀의 이야기를 추가하거나 빼지 않고 요약합니다.
 - 부모는 요약된 이야기가 맞는지 자녀에게 물어봅니다.
 - 자녀가 요약된 이야기가 맞다는 표현을 하면 부모가 충분히 자녀의 이야기를 들어준 겁니다.
 - 자녀는 뿌듯하고 후련한 느낌을 받습니다.

4) 부모는 자녀의 문제를 듣고 바로 해결책 제시 또는 반박은 안 하는 게 좋습니다.
 - 부모의 해결책을 자녀에게 즉시 알려 주어야 할 필요는 없습니다.
 - 부모는 시간을 두고 차분히 다시 생각해 봐도 됩니다.
 - 부모와 자녀는 다시 그 문제에 대해서 대화를 시도합니다.

부모는 자녀의 이야기를 잘 들어 주는 것만으로도 자녀에게 신뢰감을 줄 수 있습니다. 자녀는 "부모님은 나를 이해하고, 비밀을 털어놓아도 나를 구박하지 않는다."라고 여길 것 입니다.

자녀는 자신의 생각과 느낌, 행동에 대해서 부모에게 털어놓을 겁니다. 부모는 자녀를 진심으로 믿어 주고 말을 할 때는 말 이외에 표정이나 몸짓을 통해서 자녀의 감정을 읽어야 합니다.

7) 부모는 자녀에 대한 인식의 전환이 필요하다

부모는 자녀의 공부 관심을 가지기 이전에 먼저 자녀에 대한 인식 전환부터 이루어져야 합니다.

첫째, "우리 자녀가 변하고 있습니다."라는 사실을 부모는 인정해야 합니다. 일반적으로 자녀가 중학생이 되면 더 이상 어린이가 아니라는 사실을 부모는 알아야 합니다.

둘째, "우리 자녀가 독립하고 있습니다."라는 사실을 부모는 인정해야 합니다. 부모는 자녀가 변하고 있다는 사실을 알면서도 자립하는 과정의 현상이라는 것을 인식하지 않습니다. 부모는 자녀가 어느 날 갑자기 방문을 걸어잠그고 말을 하기 싫어하고 공부를 안 하는 이유를 단지 청소년의 반항으로 생각합니다. 이것은 자녀가 성인이 되어가는 성장통입니다. 따라서 부모는 우리 자녀가 더 이상 어린이가 아니고 청소년도 아닙니다. 성인이 되는 준비 과정입니다. 부모는 자녀의 세계를 존중해 주고 성인 대접을 해 주어야 합니다.

사춘기 시절과 청소년 시절의 자녀들은 아직 완벽한 성인이 아닙니다. 하지만 청소년 시기의 자녀들은 부모로부터 독립하여 심리적으로 홀로 서려고 합니다.

학생들은 성장하는 과정에서 자기 주도적인 힘을 가지려고 합니다. 부모는 자기 주도적인 힘이 바로 공부를 잘하는 것이 하나의 방법이라고 자녀에게 알려 주어야 합니다. 그래서 자녀에게 공부를 잘하는 길이 바로 이 사회에서 빨리 독립할 수 있는 방법이라고 상세하게 설명해 주어야 합니다.

부모는 자녀의 마음을 열어야 한다

부모는 순종적인 자녀를 조심해야 합니다. 자녀가 고등학생이 되어도 부모에게 아무런 본인 주장 없이 무조건으로 복종한다면, 이런 자녀들은 대학교에 진학하고 난 후에 극단적인 행동을 할 수가 있습니다. 자녀는 마음을 열지 못하고 닫힌 상태로 대학교에 진학하는 경우가 많습니다.

자녀들이 고등학교까지 모범생으로 생활을 잘하고 명문대학교에 진학하고 난 후에 변하는 경우가 있습니다. 고등학교 시절에 사춘기를 겪지 않고 바로 대학교에 진학해서 사춘기가 온 경우입니다. 이런 자녀들은 브레이크 없는 불도저처럼 마구잡이 형태로 행동합니다.

그리고 고등학교 때까지 부모에게 어떤 내색을 하지 않는 학생이 성인이 되고 난 후에는 삶에 관한 절망감이 와서 우울증으로 빠져 버립니다. 이런 사람은 극단적으로 자살을 할 수가 있습니다. 부모는 자녀를 이기려고 해서는 안 됩니다. 자녀는 싸워서 무찔러야 하는 적군이 아닙니다. 두 번 다시 안 볼 손님이 아닙니다. 자녀를 이기는 것은 결코 이기는 것이 아닙니다. 부모는 사랑으로 자녀를 감싸 주고 아껴 주어야 합니다. 부모는 자녀의 마음을 열어야만 그 자녀는 올바르게 자랄 수 있습니다.

머리를 좋게 하는 음식
감자요리

효능 : 집중력을 좋게 하고 머리를 맑게 합니다. 다혈질의 사람은 화를 잘 내고 차분하지 못하는데, 이런 사람은 산성체질입니다. 산성체질의 사람은 피부가 매끄럽지 못하고 까칠하고 신경이 날카로우며 집중력이 약합니다. 산성체질의 사람은 알칼리성 식품인 감자를 많이 먹으면 몸과 마음이 안정되어 집중력이 좋아집니다. 그러므로 공부를 하는 학생들에게는 감자를 이용한 각종 요리는 학습에 도움을 줍니다.

1) 집중력을 좋게 하는 감자 요구르트

[준비물] 감자, 요구르트

1. 감자를 강판에 곱게 갈아 그릇에 담습니다. 감자 앙금이 가라앉으면 물은 버리고 감자 앙금만 남깁니다.

2. 1에 요구르트를 섞습니다.

3. 2에 레몬즙 또는 다른 과일즙을 섞으면 더욱더 맛이 있는 감자 요구르트가 됩니다.

2) 머리를 맑게 하는 간식 감자전

[준비물] 감자, 양파, 계란, 쑥갓

1. 감자 껍질을 벗기고 깨끗이 씻습니다.

2. 감자를 강판에 갈아 놓습니다.

3. 양파 껍질을 벗기고 강판에 갈아 감자와 함께 섞습니다.

4. 감자, 양파에 간을 하여 녹말가루와 계란을 풀어서 넣고 소금, 후추로 간을 해서 골고루 젓습니다.

5. 프라이팬에 약한 불로 하고 기름을 두르고 반죽을 동그랗게 부쳐 노릇하게 지지고 그 위에 쑥갓 잎을 얹어 모양을 냅니다.

6. 2/3 정도 익혀서 뒤집습니다. 뒤집은 후에 재료가 프라이팬에 잘 붙도록 주걱으로 눌러 줍니다.

7. 감자전이 완성되었습니다.

Chapter 04

공부를 잘할 수 있는 4가지 습관

1) 공부를 잘할 수 있는 생각

가) 자기 주도 학습

부모는 자녀에게 수준보다 높은 공부를 시켜서는 안 됩니다. 그러다 보니 공부 스트레스를 받은 학생들이 정신과를 많이 찾고 있는 게 현실입니다. 자녀들이 더 빨리 공부를 하여 다른 학생보다 공부를 잘하기를 원하는 부모님의 욕심으로 인하여 자녀들은 병듭니다. 공부로 스트레스를 많이 받은 자녀는 평생 아픈 상처로 남을 수가 있습니다. 부모는 자녀가 정한 장래 희망에 따라 천천히 학업 성장이 되어야 합니다. 자녀가 목적의식을 가지고 스스로 공부를 할 때에 학업 성장은 높아 갑니다. 이왕이면 자녀가 스스로 할 수 있는 자기 주도 학습을 시켜야 합니다. 두뇌도 인간이 원하는 목표대로 따라갈 것입니다.

나) 우선순위를 정해라

사람에게 시간은 한정되어 있습니다. 학생들 시간을 알차게 사용을 해야 합니다.

자녀에게 시간을 낭비하지 않고 효율적으로 사용할 수 있도록 해야 할 것들에 우선순위를 정해 평범하지만 꾸준하게 지킬 수 있도록 해야 합니다.

부모는 자녀에게 중요한 일부터 먼저 하는 습관을 가르쳐야 합니다. 사소한 일이지만 하루 하루 중요한 일 3가지를 스스로 순서를 정해서 하는 습관이 몸에 배도록 해야 합니다. 그러면 성인이 돼서도 시간을 효율적으로 사용하는 성공하는 리더가 될 것입니다.

고등학교 1학년 여학생인 지혜는 어릴 때에 아버지가 교통사고로 돌아가셨습니다. 지혜 어머니는 옷가게를 해서 가장의 역할을 하고 있습니다. 지혜는 어머니의 손에 붙잡혀서 학원에 왔습니다. 지혜는 공부에 관심이 없고 빨리 사회에 나가 돈을 벌고 싶다고 합니다. 지혜 어머니는 이런 딸이 무척이나 야속하다고 생각합니다. 지혜는 학원에 다니기 싫다고 고집을 부렸습니다.

그런 지혜에게 이왕 이렇게 학원에 나왔으니 오늘만큼은 수학 공부를 하고 가라고 권유했습니다. 지혜는 마지못해 학원 선생님이 설명하는 수학 수업을 들었습니다.

한 달이 지난 후에 지혜는 학교 시험에서 성적이 많이 올랐습니다. 기뻐하는 지혜 모습을 본 학원 선생님이 지혜에게 물어보았습니다. "왜 지난번에는 수학 공부를 안 하겠다고 투정부렸어?"

"선생님 우리 집은 엄마가 혼자 벌어서 겨우겨우 먹고 사는데, 우리 엄마는 대학에 보낼 만큼 돈 벌기 힘들어요. 제가 대학교에 간다고 하면 보내주시겠지만 고생하는 엄마 모습을 보기가 싫어요. 그러나 학교 수학 성적이 올라가서 마음은 좋아요."

지혜의 그런 깊은 속마음을 알고 난 뒤에는 지혜에게 학원비를 지원해 주기로 했습니다. 훗날, 명문대학교에 진학하면 우리 학원에 선생님으로 봉사를 하기로 하고 나서는 지혜는 열심히 공부를 했습니다. 그리고 난 후에 지혜는 원하는 대학교에 진학했습니다.

초등학교 때부터 몸에 밴 습관이 중학교와 고등학교나 대학에서 공부할 때에도 중요한 공부부터 먼저 하는 습관으로 연결됩니다. 자녀가 대학 진학 이후에도 학과 공부도 잘하게 될 것입니다.

다) 표현력 향상을 위하여 일기와 독후감을 쓰게 하라

부모들은 자녀가 일기나 독후감을 쓸 때 정확하고 좋은 문장을 쓰도록 강요합니다. 대부분의 아이들도 그런 강박감에 첫 문장을 쉽게 쓰지 못합니다. 그래서 자녀는 머릿속의 내용을 잘 정리하고 싶은 생각에 쉽게 글로 옮겨 적을 수가 없습니다.

글은 생각을 정리하여 문자로 표현합니다. 부모는 자녀에게 하루 동안 일어난 일을 그림 그리듯이 써 내려가도록 가르쳐야 합니다. 자녀에게 문장을 적기보다는 일상의 일을 그림 그리는 것처럼 연필로 그려 나가는 연습을 시켜야 합니다.

이런 방식으로 자녀가 일기 쓰기를 계속하면 표현력이 풍부해집니다. 자녀의 두뇌는 표현력으로 인하여 생각이 깊어집니다. 자녀는 일기로 적은 글을 다시 보면서 정리를 합니다. 이런 일이 반복되면 자녀는 논리적인 사고력이 생겨납니다.

자녀에게 스스로 의사 결정을 내리게 하자

고등학교 1학년 다솜이가 "엄마, 오늘만 학원 안 가면 안 돼? 놀이기구 타고 싶어!"라고 어머니에게 물어봅니다. 다솜의 말을 들은 어머니는 '애가 오늘도 공부하기 싫어서 꾀를 피우는구나. 어떻게 하나'고민을 합니다. 다솜이의 어머니는 다솜이가 공부를 열심히 하는 모습을 안쓰럽기도 하면서 지금 학원에 안 보내면 학습진도가 늦어져서 성적이 떨어질 것을 걱정하고 있습니다.

어머니는 무작정 다솜이를 학원으로 보낼 것인가 오늘 하루만큼은 다솜이가 원하는 대로 놀 수 있도록 해야 할 것인가를 결정해야 합니다. 먼저 어머니는 다솜이가 학원에 안 가려고 하는 이유를 파악해야 합니다. 학원에 잘 다니는 다솜이가 학원에 안 가려고 하는 데에는 이유가 있을 것입니다. 학원의 선생님의 문제인지 학원 학생들과의 관계 문제인지 또 다른 문제인지를 알아야 합니다. 어머니는 다솜이가 하는 말을 잘 들어 주는 과정에서 다솜이가 스스로 결정을 내리기 전에 어머니가 먼저 "아무리 그래도 학원에는 가야지!" 라는 말은 참아야 합니다.

다솜이는 스스로 유리한 결정을 내릴 것입니다. 어머니는 다솜이의 결정을 듣고 난 후에 여유를 가지면서 학원에 가도록 권유를 해야 합니다. 또는 다솜이가 원하는 놀이기구를 태워 주고 다음에는 학원에 안 가겠다는 말을 하지 않도록 해야 합니다. 그래야만 다솜이의 마음에는 나쁜 앙금이 안 생깁니다.

다솜이가 학원을 안 가겠다는 갈등 속에서 다솜이가 스스로 문제를 해결하는 능력을 키워 주어야 합니다. 즉 다솜이가 "엄마, 놀이기구 타고 주말에 공부 열심히 하도록 하겠습니다." 약속하면 어머니는 다솜이가 그 약속을 반드시 지키도록 해야 합니다. 이러면서 다솜이는 스스로 문제를 해결하고 자기 주도적인 힘을 키우게 될 것입니다. 이게 바로 자기 주도 공부 학습의 원동력이 됩니다.

독서는 사람을 변화시킨다

발명가 에디슨은 9살 생일에 어머니에게 물리책 1권을 선물 받았습니다. 에디슨은 이 책을 읽고 난 후에 과학에 흥미를 가지게 되었습니다. 늘 항상 엉뚱하게 생각하는 에디슨 이 책 한 권으로 인하여 인생 전체가 바뀌게 되었습니다. 책이 사람을 변화시키고 있습니다.

라) 학생에게 기본과 원리를 가르친다

학생이 공부를 열심히 하려고 노력하지만, 중간에 포기하는 경우가 많이 있습니다. 특히 수학 공부를 할 때에는 어려운 문제를 풀다가 포기를 합니다. 이런 경우에는 수학의 기본과 기초가 안 되어 있습니다. 수학의 기본과 기초는 어려운 문제에서 활용되어 문제를 풀 수 있도록 해 주는 원동력이 됩니다.

삶에서도 마찬가지입니다. 부모는 자녀에게 무슨 일을 시키려고 할 때에는 먼저 그 일의 기본이 무엇일지를 알고 난 후에 시켜야 합니다. 자녀에게 먼저 기본의 중요성을 가르칩니다.

청학동 학생들이 명문대학을 진학하는 이유는?

지리산에 살며 전통문화로 생활을 하는 사람들이 청학동 학생입니다. 청학동 학생들은 고등학교를 검정고시로 통과하여 명문 대학에 진학했습니다. 한국의 정규과정을 거치지 않고 교육 과학부의 학습내용을 약 1년 정도 공부했을 뿐입니다.
청학동 학생들은 어릴 때부터 한자 공부를 열심히 했습니다. 한자 공부를 하면서 두뇌가 활성화가 되어 공부를 잘할 수 있게 된 겁니다. 한자는 낱말의 뜻과 개념을 쉽게 이해할 수 있게 합니다.

마) 자연의 기운을 주어라

부모는 자녀에게 자연의 기운을 주어야 합니다. 자연과 가까이에서 자란 학생은 정서적으로 안정되어 있고 풍부한 감정을 가집니다.

자연은 부모와 자녀의 관계를 더 친하게 해 줄 것입니다. 주말에 부모는 자녀와 같이 캠핑을 떠나 보는 것도 좋습니다. 자녀들은 자연 속에서 즐겁게 놀며 심신을 단련시킵니다.

자녀들은 자연 속에서 식물과 동물이 살아가는 모습을 보게 됩니다. 그 자연 속에서 식물에 관하여 자녀들은 관심을 가지게 됩니다. 자연을 즐거운 학습장으로 생각하는 자녀는 과학공부를 더 열심히 할 것입니다.

부모는 자녀와 같이 자연 속에 들어가면 향긋한 냄새를 맡을 수가 있습니다. 바로 피톤치드의 향기입니다. 식물이 뿜어내어 주는 피톤치드는 외부의 병균으로부터 보호하기 위해 내는 일종의 살균제입니다. 인체에 해로운 병균을 없애 주는 피톤치드를 들이마시면 심리적인 안정을 취할 수 있게 하고 머리를 활발하게 합니다. 그래서 숲 속에 사는 사람들은 전반적으로 정서적으로 안정되어 있습니다.

자녀가 공부에 쫓겨 자연에 가기가 힘이 들면 부모는 거실에 화초를 키우는 것이 좋습니다.

● 머리를 좋게 하는 화초 ●

구분	설명
라벤더	향기의 여왕이라고 알려져 있는 허브입니다. 심신이 안정되고 두통이 해소됩니다.
레몬밤	자녀의 공부 의욕이 생기도록 합니다. 우울한 기분이 사라지고 활기차고 기분이 상쾌해집니다.

타임	코와 목을 시원하게 해 줍니다. 집중력을 좋게 합니다.
로즈마리	두통이나 현기증에 효과가 있습니다. 혈액순환을 좋게 하고 간의 활동을 원활하게 합니다.
마조람	자녀의 머리를 안정시켜서 밤에 포근한 수면을 유도합니다.
애플민트	달콤한 사과 향이 나며 공부의 기억력을 좋게 합니다.

바) 자녀에게 최선을 다하는 모습을 보여 주어라

자녀들은 놀이를 통해서 성장하고 사회성을 배워갑니다. 자녀들은 놀면서 친구도 사귀게 됩니다. 자녀들은 놀이 문화 속에서 온 정신을 집중하는 몰입 상태가 됩니다.

공부하면서 친구를 사귀는 것은 아닙니다. 그러므로 놀 때는 노는 데 온정신을 집중해야 합니다. 부모는 자녀에게 놀 수 있는 시간을 정해 주고 이 시간만큼은 자녀가 마음껏 놀 수 있도록 해야 합니다. 잘 노는 학생일수록 공부를 더 잘할 수 있습니다.

부모는 열심히 공부를 하고 난 후에는 반드시 재미있게 놀 수 있도록 해야 합니다. 시험이 끝난 후에 놀지 않는 학생은 공부를 더 잘할 수가 없습니다. 시험에 최선을 다한 학생이 잘 놀 수가 있습니다.

Tip

교육만이 막강한 적을 이긴다

자녀의 교육을 잘 시키는 민족은 바로 유대인입니다. 유대인이 많은 박해를 받으면서도 멸망하지 않고 꾸준히 버틸 수 있는 이유는 자녀의 교육 방식에 있습니다. 유대인은 시련을 극복하는 최고의 무기는 바로 자녀 교육법이라고 여겼습니다.

어느 마을에 명성이 높은 랍비가 찾아왔습니다. 그 당시에는 유대인은 다른 나라와 전쟁 중에 있었고 마을 사람들은 군대 병력 증강에만 치중하고 있었습니다. 이런 모습을 지켜본 랍비는 깜짝 놀

2) 공부 잘하는 4가지 습관

이 세상에서 제일 좋은 부모는 아이에게 4가지 습관을 기르도록 합니다.

다음은 자녀에게 공부 잘하는 4가지 습관입니다.

첫째, 자녀에게 예의범절을 가르쳐야 합니다.

둘째, 자녀에게 정직함을 알게 합니다.

셋째, 자녀에게 성실을 가르칩니다.

넷째, 자녀에게 웃음을 알게 합니다.

머리를 활용하려면 사람들이 마음으로부터 존경하고 좋아할 수 있는 품성을 만드는 것이 우선입니다.

가) 사랑을 받고 사랑을 전하는 지혜, 예절

예절은 제대로 사랑받고 제대로 사랑을 전하기 위한 지혜입니다. 모든 생명은 사랑과 관심 속에서 성장합니다. 예절이 바른 학생은 사람들로부터 사랑을 받으며 자신이 받은 사랑을 세상에 되돌릴 줄 압니다. 참다운 예절은 열린 가슴에서 나오며 웃어른을 공경하는 마음은 생명의 근원에 대한 경외감에서 비롯됩니다.

우리는 학생들에게 사람뿐만 아니라 하늘과 땅, 천지 부모에 대한 예의도 가르쳐야 합니다. 예절교육은 영어나 피아노를 가르치는 것보다 훨씬 더 수준 높은 교육입니다. 예절 교육만 철저히 받아도 그 학생은 어디서든지 사랑을 받습니다.

어릴 때 예절 교육을 잘 받으면 커서도 조화로운 인간관계를 맺을 줄 압니다.

예절 중에서 인사는 특히 중요합니다. 대기업의 신입사원 교육 중에서 가장 중요시하는 게 바로 인사입니다. '인사 하나 하지 못하는데 무슨 다른 큰일을 기대할 수 있을까.'라고 대기업의 인사 담당자들은 생각합니다.

인사하는 모습을 보면 그 사람의 인간성을 알 수 있습니다. 인사는 인간의 가장 기본이 됩니다.

미국의 루즈벨트 대통령의 인사

미국의 루즈벨트 대통령은 백악관 생활을 하는 시절에 인사를 잘하기로 유명합니다. 루즈벨트가 대통령 재임 기간 중에는 백악관 청소부 이름을 전부 다 암기했습니다. 대통령이 먼저 청소부에게 인사하고 경조사까지 챙겼습니다. 청소부들은 대통령의 인사성을 보고 인간적으로 감동을 했습니다. 루즈벨트 대통령의 인간성 덕분에 아마도 재선을 하게 된 것 같습니다.

나) 말과 행동을 진실되게 하는 정직

정직은 말과 행동을 진실되게 하는 것을 말합니다. 부모는 자녀들 앞에서 생각하고 느낀 점을 말이나 행동으로 표현할 때는 진실되게 해야 합니다.

그것이 정직을 가르치는 방법입니다.

부모는 정직이라는 가치를 소중히 여기고 그것을 실천하기 위해 노력하는 모습을 보인다면 자녀 역시 정직한 품성을 닮아 갈 것입니다.

그렇다면 정직하지 못할 때 머리는 긴장 상태에 들어갑니다. 거짓말 탐지기의 원리처럼 누군가에게 거짓말을 하면 맥박이 빨라지고, 혈압이 오르고 식은땀이 흐르는 등 평소와 다른 생리변화가 측정됩니다.

Advice
정환 원장의 경험 : 스스로 학습법

학교에 글짓기나 그림 그리기 숙제가 있으면 필자는 누구의 도움도 받지 않고 스스로 해서 선생님께 제출했습니다. 비록 숙제 점수는 잘 못 받았지만, 필자 스스로 정직하게 했다는 의식은 들었습니다. 이후로 스스로 학습법을 터득해 그림 숙제와 다른 숙제 등은 점수를 잘 받았습니다.

심리적으로 흥분, 갈등, 초조, 불안에 휩싸이며 탄로 났을 때 예상되는 불이익을 떠올리며 의식이 현재에 집중하지 못하게 됩니다.

남이 아닌 학생 자신을 속일 경우에는 어떤 일이 일어날까요? 생리적인 현상은 둔감할지 모르겠지만, 에너지가 흐를 수 있는 뚜렷한 방향이 없으므로 끊임없이 잡념에 시달리게 됩니다. 애매한 생각이나 중간자적 입장에서 벗어나 학생이 원하는 것이 진실로 무엇인지를 분명히 할 때 뇌파와 심파가 힘을 합쳐 강력한 에너지를 발산합니다. 말과 행동이 다를 때는 뇌도 진의 파악을 못 하므로 일 진행 도중에 장애가 찾아오면 쉽게 포기해 버릴 가능성이 높습니다.

일상생활에서 아이의 행동을 유심히 지켜봅니다. 잘못하는 행동은 바로 교정해 주고 올바른 행동을 할 수 있도록 도와주어야 합니다. 잘못된 선택을 했을 때 일어날 수 있는 다양한 경우의 수를 알려 주고 아이에게 정직한 것이 주는 유익함에 대해 가르쳐 주어야 합니다. 반대로 아이가 거짓말을 하기 쉬운 상황에서도 솔직하게 이야기를 했다면 더 많이 칭찬해 주고 격려해 주기 바랍니다.

우리의 머리는 정직할 때 즉, 말과 행동이 일치할 때 학생의 진의를 파악하고 최고의 두뇌 파워를 발휘할 수 있습니다. 정직함이 몸에 밴 학생은 자신이 원하는 것과 다른 사람이 권하는 것을 구분할 줄 압니다. 목표가 분명하므로 지도력을 발휘할 수 있는 자질이 생기고 마음에 여유가 있습니다.

잡념이 떠오르지 않아 현재에 집중할 수 있고 의식은 항상 긍정적인 방향으로 갑니다. 에너지가 맑고 강해 학생은 물론 다른 사람의 상태까지 훤히 느껴집니다. 정직한 것이 체질이 되면 깊은 잠재의식에 따라 바른 선택을 할 수 있으며, 생각의 속도가 빨라져 공부 성과가 좋아집니다.

Tip

긍정적인 생각을 하자

미국의 심리학자 윌리엄 제임스는 "우리 세대의 가장 위대한 혁명은 사람이 자신의 생각을 바꾸면 자신의 인생도 바꿀 수 있다는 것을 발견한 것이다."라고 주장했습니다.
윌리엄 제임스의 생각을 바꾼다는 것은 인간이 부정적인 생각에서 긍정적인 생각으로 바꾸면 인생이 변화가 된다는 것입니다.

다) 성실 : 자기암시대로 목표 달성을 위한 노력

성실은 창조의 밑거름입니다. 학생이 스스로 말을 하고 난 뒤에 지키는데 창조의 비밀이 있습니다. 아무리 사소한 약속이라도 어김없이 지키는 성실한 태도를 보여 줄 때 사람의 두뇌는 주인을 완전히 믿게 됩니다. 뇌의 기능과 에너지를 100% 사용하려면 뇌와 한 약속을 반드시 지켜야 합니다.

학생이 "뭔가를 해 냈었다."라는 성취감은 다음에도 "할 수 있다!"라는 자신감을 심어 줍니다. 어릴 때일수록 성취하는 기쁨을 자주 맛보게 해 주는 것이 좋습니다. 성취한 경험으로 얻은 자신감은 학생의 인생 전반에 긍정적인 영향을 줍니다.

학생들이 성취 체험을 조금 더 자주 맛보게 하기 위해서는 쉽고 재미있는 일부터 복잡하고 어려운 일까지, 부분적이고 구체적인 것부터 전체적이고 추상적인 것까지 관심의 폭을 넓혀 가는 것이 좋습니다. 우리의 뇌는 자신의 한계를 벗어나 자기 속에 있는 무한한 가능성과 만날 때 성장합니다.

두뇌에 어떤 경험과 정보를 주느냐에 따라 두뇌의 기능은 변화됩니다. 또 두뇌의 기능이 변하면 성격도 바뀌고 인생도 달라집니다. 두뇌의 기능은 모든 생활 습관이 축적되어 만들어지기에 단 하루아침에 바꾸기는 어렵지만, 목표를 설정해서 의욕을 고취시키고 적절한 훈련을 하면 원하는 만큼 충분한 변화를 이끌어 낼 수 있습니다.

성실감과 자신감을 가지자

21년 동안 모두 103번의 권투경기를 하여 오직 5번만 패하고 나머지는 전부 승리한 알리 선수가 있습니다. 알리는 세계 최고의 권투 복서이지만 그는 피나는 노력을 했으며 생활에서도 성실하게 했습니다. 시합 날짜가 정해지면 알리는 침실에 "나는 할 수 있다."라는 문장을 크게 적어 붙여 두었습니다. 알리는 이 문장을 보고 자신감을 키웠습니다.

알리는 권투 훈련을 많이 했습니다. 알리의 강한 육체는 훈련을 성실하게 받아 와서 얻어진 결과입니다.

라) 웃음을 가르쳐라

자녀에게 웃음을 가르칩니다. 부모는 집안의 분위기를 항상 밝고 따뜻하게 만들도록 의식적으로 노력해야 합니다. 자녀가 있는 집에는 개그와 유머로 흘러넘쳐야 합니다. 가정에 평화로운 기운이 흐를 때 바깥에서 긴장되었던 두뇌가 이완되면서 마음이 풀리고 안정감을 느끼며 깊은 휴식을 취합니다.

웃음은 두뇌에 대량의 산소를 공급해 줌으로써 두뇌 회전을 빠르게 합니다. 학생이 살짝 미소를 지으면 두뇌는 긴장된 상태에서 이완된 상태로 변합니다. 이완된 두뇌는 학습 정보를 쉽게 받아들입니다.

웃음은 개인의 삶을 풍요롭게 하고 학업성과를 향상시킵니다. 웃음은 사람들의 마음을 열어 주고 공격성을 부드럽게 하며 문제를 극복할 수 있는 힘을 줍니다. 아침에 눈을 떠서 저녁에 눈을 감기 전까지 최대한 자주 많이 웃어야 합니다.

부모는 자녀에게도 이 세상에서 가장 잘 웃는 사람이 최고로 행복한 사람이고 성공한 사람이라고 알려 줘야 합니다. 어릴 때부터 웃는 것이 체질이 되면 어떤 어려운 일 앞에서도 용기를 잃지 않고 잘 대처해 나갑니다.

질문응답 방식의 교육법

필자는 고등학교 3학년 수학을 가르쳤습니다. 그중에서 수학에 관심을 가지는 학생 미르가 있었습니다.

미르는 자연계 이과 학생으로 수학을 잘하는 학생이었습니다. 그런데 모의고사에서 실수 등으로 틀리는 문제를 포함하여 약 3문제 정도를 틀렸습니다.

필자는 미르가 충분히 수학 문제를 맞출 수 있는데 왜 틀리는지 이해가 할 수가 없었습니다. 이후로 필자는 미르에게 만큼은 수학을 질의응답 방식으로 가르쳤습니다.

필자가 문제를 풀기 전에 미르에게 질문을 했습니다.

"이 문제는 어떤 방식으로 풀어야 좋을까?"

한참 동안 고민을 하는 미르가 답변을 했습니다.

"원장님. 이 문제는 점과 직선과의 관계를 이용해서 푸는 게 나을 거 같습니다."

"그렇다면 다른 방법으로도 이 문제를 풀 수가 있을까?"

이런 방식으로 여러 관점으로 수학 문제를 풀 수 있도록 유도했습니다. 미르는 수학 한 문제를 깊이 있게 생각을 했습니다. 몇 개월 동안 질의 문답 방식으로 수학을 한 결과 미르는 모의고사에서 수학을 전부 다 맞았습니다. 미르는 대학수학능력평가의 시험에서 수학을 당당하게 100점을 맞았습니다.

4개의
정신활동 지수

1) 지능지수(IQ, intelligence Quotient)

논리적인 두뇌의 능력을 측정하는 수치입니다. 연령에 적절한 지식이 있는지 여부와 지능이 높고 낮음을 나타내고 있습니다. 좌뇌 측정입니다.

2) 감성지수(EQ, Emotion Quotient)

감성발달 능력을 측정합니다. EQ가 높은 사람은 사물이나 현상을 보더라도 다른 사람보다 더 많은 것을 느끼며 자신만의 독특한 방법으로 표현합니다.

3) 도덕지수(MQ, Moral Quotient)

양심과 도덕이 발달된 정도를 측정합니다. 합리적이고 계산적인 판단력을 주관하는 좌뇌와 다른 사람에 대한 의무감과 애정을 주는 우뇌가 합니다. 그래서 자뇌와 우뇌, 2개의 뇌가 골고루 발달될 때 사람의 두뇌는 본래의 기능 역할을 합니다. 우뇌와 좌뇌의 보편적인 기능이 활성화되어 이성과 감성이 조화를 이루고 심신이 안정됩니다.

4) 실천지수(PQ, Physical Quotient)

정신 및 육체적인 활동과 사회활동을 통해 그 성과를 얻어 내는 정도를 측정합니다. 두뇌가 활성화되면서 기능이 정상적으로 수행이 되어 사람은 자신감을 얻고 적극적이고 긍정적인 사고로 변화가 됩니다. 학생에게도 무한한 능력이 잠재되어 있다는 것을 믿어서 PQ가 높아 집니다.

Chapter 05

학생의 장래 희망과 목표

1) 공부를 해야 하는 장래 희망

가) 꿈을 이루려면 어떻게 해야 하는가?

독서에서도 예측능력을 사용해 보자. 앞으로 일어날 일을 예측하면서 책을 읽으면 더욱 흥미롭고 자기의 주장이 커집니다. 한 권의 책을 가족이 함께 읽고 토론을 하는 것도 아주 유익합니다. 아이가 아빠와 같은 생각을 갖게 되면 상당히 기뻐합니다. 동질성을 확보했기 때문입니다.

자기와 다른 생각을 설득하는 노력도 중요합니다. 그 과정에서 논리성을 배우게 됩니다. 또 조리 있게 말하는 능력도 키웁니다. 성공의 비결 중 여러 사람들 앞에서 말을 잘하는 능력도 상당한 비중을 차지한다는 것을 잊지 말아야 합니다.

그러므로 아이들과 토론을 할 때에도 부모가 말을 많이 하여 설득하기보다는 많이 들어 주는 쪽이어야 합니다. 어떤 교훈을 가르칠 때에도 그것을 말로써 타이르기보다는 아이의 입을 통하여 그 말이 나올 수 있도록 유도하는 지혜로운 부모가 되어야 합니다.

평가 예상문제를 만들어 보는 것도 공부에 대한 재미와 성취감을 느낄 수 있는 좋은 방법입니다. 집중력이 높아지면서 기억도 잘될 것입니다.

아이가 한 단계 성장하기 위해서는 성취감을 맛보아야 합니다. 그때 자신감을 갖게 되고 이를 오래 간직할수록 아이는 점점 상위권을 다가갑니다. 또 부모나 주위의 적절한 칭찬과 격려는 아이가 더욱 열심히 하고 자신감을 유지하는 원동력이 될 것입니다.

또한 평소에 아이의 장래성을 위해 부모가 큰 꿈을 가지고 그것을 위해 노력하는 것도 중요합니다. 오늘 자라고 있는 아이는 앞으로 20~30년 후의 사회에서 활동하게 됩니다. 하루하루가 급변하는 세계에서 먼 장래를 예측하기는 매우 힘이 듭니다. 그러나 어릴 때부터 야망을 가지고 성장하느냐, 꿈이 있느냐, 그렇지 않으면 꿈도 없이 혹은 꿈이 있더라도 눈앞에 보이는 것에만 매달려 어머니의 가슴에 묻혀 자라나느냐에 따라 아이의 미래는 크게 달라집니다.

아이에게 야망을 길러 주어야 합니다. 바로 눈앞에 나타나는 학교 성적에 너무 급급하다 보면 큰 것을 놓치게 됩니다. 그릇이 크되 쓰일 곳이 없다면 아무 소용이 없습니다. 큰 그릇을 만들되 쓸모 있는 그릇이 되도록 어머니가 먼저 아이의 장래에 대해 꿈과 야망을 가지고 아이를 길러야 합니다.

그래야만 세상이 어떻게 바뀌어도 그 사회를 주도해 가는 인간으로 살아갈 수 있게 됩니다.

뇌의 잠재력을 충분히 활용하려면 큰 목표를 설정합니다. 인간의 두뇌가 완전하다는 것을 믿고 가능한 한 크고 높은 목표를 잡는 것이 좋습니다. 현재의 상황, 환경, 자기의 능력, 과거의 실적 등으로부터 일체 벗어나 초심의 기분으로 "이것을 할 수 있으면 정말로 기쁘겠다."는 것을 목표로 설정합니다.

인간은 무엇을 목표로 하든지 자신의 힘으로 달성할 수 없는 것은 처음부터 생각할 수 없도록 만들어져 있습니다. 머릿속으로 상상할 수 있는 것은 어떤 것이든 실현 가능합니다. 가능성이 있는 것은 열의와 행동만으로 충분히 실현시킬 수 있습니다. 잡념이나 망상에 빠지지 않고 감정에 빠지지도 않는 가장 확실한 방법은 크고 명확한 비전을 갖는 것입니다.

항상 "나의 가능성은 무한하다."고 생각하고 자신의 에너지를 모두 태울 수 있을 만큼 원대한 목표를 세워야 합니다.

● 목표를 평가 하는 기준 ●

구분	설명
성장	성장에 목표는 도움이 됩니다.
즐거움	목표는 즐겁고 신나게 만듭니다.
가치	시간과 노력을 투자할 만큼 가치가 있습니다.
도전	나에게 도전을 할 만큼 높은 목표입니다.
몰입	모든 신경을 쓸 만큼 몰입의 가치가 있습니다.
나와 사람들에게 가치	나 자신뿐 아니라 전체를 위해서도 유익합니다.
구체적	목표 달성을 할 수 있는 구체적인 계획이 있습니다.

나) 장래 희망

학생 스스로 마음속으로 집중해 미래에 무엇이 되고 싶은지 솔직하게 물어봐야 합니다. 원하는 목표를 발견하면 "그것을 하겠다."고 굳게 결심해야 합니다. 그리고 머릿속으로 꿈을 이룬 모습을 상상하면서 그렇게 될 것을 믿고, 성과가 현실로 나타날 때까지 끊임없이 도전해야 합니다. 장래 희망을 이루고 못 이루고는 학습태도에서 결정됩니다.

장래 희망을 이루는 성공 여부는 꿈의 난이도나 크기, 재능의 문제가 아니라 처음부터 장래 희망을 실현시키겠다는 의지가 있었는지, 그 열망이 두뇌 세포에 얼마나 깊이 힘을 발휘하는지에 따라 결과가 달라집니다.

구분	설명
어릴 때 장래 희망	나의 어릴 때의 장래 희망은 무엇일까?
삶의 목표	나는 어떤 삶의 목표를 가지고 있는가?
부모님의 삶의 목적	내 부모님의 삶의 목적은 무엇이었을까?
상 수여	내가 상을 받는다면 무엇에 대해 받고 싶은가?

사람 두뇌의 한계는 없습니다. 그래서 두뇌의 잠재력은 무한정입니다. 가능한 목표를 높게 설정하여 두뇌를 많이 활용해야 합니다. 학생의 상황, 환경, 능력, 과거의 성적 등 이상으로 높게 목표를 설정하여 "나의 장래 희망은 바로 이것이다." 목표로 정합니다.

사람은 무엇을 목표로 하든지 본인의 힘으로 달성할 수 없는 것은 초기에 생각할 수 없도록 되어 있습니다. 머릿속으로 상상하는 장래 희망이 바로 실현 가능한 현실이 되어 버립니다. 가능성이 있다는 것은 열의와 행동만으로 충분히 꿈을 현실로 만들어 줍니다. 꿈은 크고 명확한 목표를 가져야 합니다.

Advice 정환 원장의 경험 : 목표 설정법

어릴 때부터 수학을 좋아해서, 필자는 명문대에 진학하여 수학과 더불어 살아야 겠다는 목표를 정했습니다. 필자는 사교육 현장에서 수학을 가르치는 게 행복입니다. 막연하게 수학과 더불어 한다는 게 황당한 목표였지만 지금에 이르러 돌이켜 보면 그 시절의 꿈은 가능한 한 높게 정하는 게 좋습니다.

● 목표를 평가하는 기준 ●

구분	기준 항목
도움	나의 성장에 도움이 된다.
즐거움	목표를 달성하는 과정이 즐겁고 신나게 만든다.
가치	내가 시간과 노력을 투자할 만한 진정한 가치가 있다.
도전	나에게 도전할 만큼 큰 목표이다.
구체적	목표 달성 여부를 판단하는 구체적 기준점을 가지고 있다.
가족	내 가족에게 그만한 가치가 있다.

다) 장래 희망 세우기 예제

공부를 잘하려면 학생의 두뇌가 따라 주어야 합니다. 학생 스스로의 의지로만 공부를 잘할 수는 없습니다. 두뇌가 학생의 의지를 따라 주려면 어떻게 해야 할까요. 두뇌는 아무런 대책 없이 무작정 학생의 생각을 따라 주지는 않습니다.

● 장래 희망 세우기 예제 1 ●

- 장래 희망 : 해외 주재원이 되고 싶습니다.
  1) 정부 : 외교부 소속이고 정부는 해외에 대사관이나 영사관을 설치 운영하고 해외로 파견을 나가는 직원
  2) 기업 : 대기업 소속이고 해외에 공장 또는 지점을 설치 하여 해외로 파견을 보내서 해외에서 업무를 처리한다.

- 조건
  1) 국내 대학 진학과 해외 유학을 준비합니다.
  2) 해외을 돌아다닐 수 있는 직업과 능력을 갖춥니다.
  3) 외국어 실력을 향상시킵니다.
  4) 해외 문화 지식

- 조건 1) : 국내 대학과 해외 유학을 준비합니다.
  - 좋은 대학에 가기 위해 계획을 세웁니다.
  - 국내의 대학을 졸업 이후에 해외 유학 계획을 세웁니다.
  - 해외 유학 준비, SAT, 토플, GRE, GMA 시험 준비합니다.

- 조건 2) : 해외를 돌아다닐 수 있는 직업과 경력을 가집니다.
  - 외교부 공무원 준비 또는 외무고시에 응시합니다.
  - 해외 근무를 가능한 국내 대기업 입사 시험을 준비합니다.

- 조건 3) : 외국어 실력을 향상시킵니다.
  - 영어, 불어, 중국어, 독일어 등을 공부합니다.
  - 매일 외국어 단어와 숙어, 회화 공부합니다.

- 조건 4) : 해외 문화 지식을 익힙니다.
  - 해외 다른 나라의 건축, 음악, 예술, 역사에 관하여 공부합니다.
  - 외국 문화 사이트를 검색합니다.
  - 다른 나라의 TV 프로그램과 일간지와 주간지를 읽습니다.

● 장래 희망 세우기 예제 2 ●

- 인생 목표 : 행복하고 여유 있는 삶을 살겠습니다.
  - 가정을 이루어 가족들과 같이 살아갑니다.

- 조건
  1) 가족들에게 시간을 낼 수 있고 수입이 좋은 직업을 가집니다.
  2) 월수입이 좋고 안정적인 직장을 가집니다.
  3) 결혼 상대자를 만납니다.
  4) 행복하고 여유 있는 가정을 만드는 방법을 공부합니다.

- 조건 1) : 가족들에게 시간을 낼 수 있고 수입이 좋은 직업을 가집니다.
  - 공무원 시험을 준비합니다.
  - 대학원에 진학하여 전문 교육을 받습니다.
  - 대학 수능 시험대비 및 학교 내신관리, 일간지와 독서를 합니다.

● 조건 2) : 월ㄴ수입이 좋고 안정적인 직장을 가집니다.

　– 회계와 세무 공부를 합니다.

　– 세계 경제 흐름을 파악할 수 있는 경제학을 공부합니다.

　– 자녀의 교육과 주식, 부동산에 관심을 가져서 경제력을 가집니다.

● 조건 3) : 결혼 상대자를 만납니다.

　– 취미 활동을 하는 카페에 가입합니다.

　– 외모와 매너를 중요시하며 이성이 호감을 가질 수 있는 연애 수업을 듣습니다.

● 조건 4) : 행복하고 여유 있는 가정을 만드는 방법을 공부합니다.

　– 가족 여행을 하며 다양한 문화생활을 즐깁니다.

　– 가족끼리의 갈등 요소를 제거하고 가정 문제를 해결하는 방법을 연구합니다.

　– 가족끼리의 대화를 하는 커뮤니케이션과 심리학을 공부합니다.

아무리 거창한 목표일지라도 현실적이고 논리적인 방법을 만들어 하나씩 작은 목표를 실행해 나가면 어느새 그 목표에 달성할 가능성이 높아집니다. 막연한 꿈이 아닌 현실로 만들어 주기 위한 목표라면 더욱더 열심히 노력해야 합니다.

2) 공부는 학생의 미래 투자

공부는 학생의 미래를 위해 필요한 투자입니다. "공부를 잘하면 성공하고 못하면 실패 한다."라는 말이 반드시 맞는다고는 할 수 없습니다. 그러나 공부를 잘하면 성공할 수 있는 가능성이 높습니다. 일반적으로 공부를 잘하는 학생이 못하는 학생보다 생활의 성실성이 좋습니다.

중학교 3년과 고등학교 3년을 합한 총 6년의 세월이 학생의 60년을 좌우합니다. 중학교 1학년부터 고등학교 3학년 때까지의 공부를 어떻게 하느냐에 따라서 학생의 인생이 달라집니다. 그래서 중학교와 고등학교 6년은 학생 여러분에게 투자 성공률이 가장 높은 시기입니다. 인생의 황금기를 학생들은 헛되지 보내지 말아야 합니다.

가) 공부하는 학습 동기

학생이 공부를 잘하거나 못하거나 하는 이유는 반드시 있습니다. 학생들이 공부를 못하는 이유는 여러 가지가 있습니다. 공부를 해야 하는 필요성을 모르고 공부하는 방법을 몰라서 못하는 학생도 있을 것입니다. 주변 환경 때문에 공부하기 어려운 학생도 있습니다. 그러나 학생이 공부해야겠다는 의지만 있으면 공부는 할 수 있습니다.

부모는 자녀가 공부를 시작할 수 있도록 우선 공부하려는 마음을 자녀에게 심어 주어야 합니다.

Tip

꾸준한 노력의 중요성

고등학교 3학년 동주 학생이 있습니다. 동주는 고2 때까지는 "설마, 내가 대학교에 진학 못 하겠어!"하는 마음을 가지고 있었습니다. 그래서 동주는 공부를 최선을 다하지 않고 널널하게 공부를 했습니다. 그러다가 동주는 고3 첫 번째 모의고사에서 평상시의 실력을 발휘 못 하여 성적이 나쁘게 나왔습니다.

모의고사 결과를 받은 동주는 충격을 많이 받았습니다. 동주 담임 선생님은 "동주야 그러다가 재수 해야 한다."고 말씀을 했습니다. 그때부터 동주는 공부를 해야겠다는 마음을 가지게 되었습니다.

나) 학습 동기 파악하기

구분	하 (조금)	중 (보통)	상 (Yes)
1) 미래의 장래 희망이 있습니다.	0	1	2
2) 목표를 이루기 위해서 공부가 필요합니다.	0	1	2
3) 공부 계획 스케줄에 의해 실행합니다.	0	1	2
4) 수업 시간의 학습내용은 100% 이해하고 복습은 약 5분입니다.	0	1	2
5) 학생 스스로 자기 주도 방식으로 공부합니다.	0	1	2
6) 관심 있는 과목과 관심 없는 과목은 무조건 성적을 올리기 위해서 공부합니다.	2	1	0
7) 관심이 없는 과목의 수업 시간에는 수업에 방해되는 행동을 하고 낙서를 하거나 허황된 상상을 자주 합니다.	2	1	0
8) 교과서와 다른 책을 읽을 때에는 학생 마음이 다른 곳에 가 있어 공부에 집중을 못 합니다.	2	1	0
9) 선생님이 학생에게 내 준 숙제가 난해하거나 많으면 숙제를 적당히 해서 제출합니다.	2	1	0
10) 집에서는 TV를 시청하거나 PC게임, 친구와 어울려서 공부를 잘하지 못합니다.	2	1	0
점수 합계			
총 점수 합계			

● **16점 이상**

 − 공부의 학습 의욕은 높고 학습 태도가 좋습니다.

● **8점 이상 ~ 15점 이하**

 − 공부의 학습 의욕은 있지만 실제로 공부로 이어지기가 어렵습니다.

 − 공부의 학습 의욕은 조금 있지만, 또다시 학습 동기를 설정합니다.

 − 스터디 스케줄을 통해 공부 학습을 실제로 하려고 하는 의지를 높여 주어야 합니다.

- **7점 미만**
  - 공부의 학습 의욕은 거의 없으며 공부 학습태도가 좋지 않습니다.
  - 공부를 해야 하는 학습 동기가 필요합니다.

3) 학생의 목표를 세워라

가) 실현 가능한 목표를 세워라

공부하는 이유를 찾습니다.

다음은 학생이 학교에 다니는 이유가 무엇인지 찾아보고 학생의 인생에서 공부는 어떤 가치를 줄 것인지를 함께 생각합니다.

1) 학생은 왜 공부를 하나요? ① 부모님이 시켜서 ② 공부를 잘하고 싶어서 ③ 공부가 재미있어서 ④ 공부를 못하면 창피해서 ⑤ 좋은 대학에 가기 위해서 ⑥ 기타는 직접 적으세요. (   )
2) 공부는 어느 정도 해야 하나요? (   )
3) 공부를 안 하고 인생에서 성공할 수 있는 방법은 뭐가 있을까요? (   )
4) 학생 본인 자신을 위해 현재 당장 해야 할 일은 무엇인가요? (   )

나) 목표는 높게, 실천은 하나씩 수행하라

현재 학생의 능력과 실력이 부족하더라도 목표를 높게 세워야 합니다. 목표를 높게 세워야 앞으로 진행되는 공부의 방향을 정확하게 정할 수 있으며 어떤 고난을 이겨낼 수 있습니다.

● 목표 설정의 예 ●

학생의 목표를 세운다	
현재점수	80 점
목표점수	90 점
차이점수	10 점
차이(10점) 학생이 정한 기간까지의 시험 횟수(2회) 향상 점수 = 9점 시험 횟수(N회) 향상 점수 = 10점(목표 달성)	

다) 구체적인 목표를 설정하라

목표를 설정할 때 가장 중요한 것은 구체적으로 설정합니다. 구체적으로 목표를 설정해야 세부목표에 의해 달성하고자 하는 욕구가 생겨 최종 목표를 달성합니다.

라) 성취 욕구를 자극하라

공부 학습 목표를 정하고 공부할 때와 무작정 공부할 때의 방법과 결과는 많이 달라집니다. 목표를 알고 공부를 하는 것과 목표를 모르고 공부를 하는 것은 분명히 차이가 있습니다.

학생이 해야 할 목표가 있는 상황과 목표가 없는 상황에서는 공부하는 과정에서 질적으로 차이가 납니다. 또 목표를 달성했다는 기쁨을 느끼게 되고 이러한 과정을 반복하면서 최초 목표 이상의 공부를 하게 됩니다.

수업은 어떻게 들어야 하고 무슨 과목을 어떻게 얼마만큼 해야 하는지를 알고 공부하는 것과 아무런 생각 없이 공부하는 것에는 분명히 공부 시간과 공부의 질적인 면에서 차이가 있습니다.

목표에 대한 성취감을 느끼면서 하루하루 생활하다 보면 또 다른 성취감을 느끼고 싶은 욕구가 생겨 초기에 정한 목표 이상의 공부를 하게 되며, 이러한 과정이 반복되면 학생의 최종 목표까지 달성할 수 있습니다. 학생은 목표를 설정하여 의미 있는 공부로 바꾸어야 합니다.

마) 목표를 가족과 다른 사람에게 알려라

목표를 설정 후에는 마음속에 담아 두지 말고 가족과 다른 분들에게 학생의 목표를 이야기함으로써 실천 의지를 강하게 만들어야 합니다. 마음속에 담아 두고 학생만 있을 때는 실천을 하지 못해도 가족과 다른 분들에게 학생의 목표를 알릴 경우에는 학생 스스로 책임을 지려고 하기 때문에 실천의 의지가 더욱더 생깁니다.

학생의 계획과 목표를 종이에 적어 눈에 잘 보이는 곳에 붙이세요. 장래 희망과 멘토 사진을 붙이면 학습 동기 부여가 될 것입니다.

초등학교 시절에 목표를 정하라

미진이는 초등학교 시절에 목표를 정했습니다. 그리고 UC버클리를 비롯한 미국의 유명 대학교 7개에 합격했습니다.

미진이는 초등학교 5학년 때에 학습지에서 실시하는 영어 경시대회에서 입상했습니다. 이로 인하여 미국으로 일주일 동안 문화체험 연수를 다녀왔습니다.

UCLA 대학을 탐방하고 LA에서 홈스테이를 했는데, 미국 초등학교를 견학하여 미국선생님과 학생들이 어울려서 장난치며 공부하는 모습을 보게 되었습니다. 한국 초등학교는 엄격하고 조용한 수업 시간을 듣다가 미국의 수업을 보고 문화적 충격을 받게 되었습니다.

이때부터 미진은 미국의 대학교에 진학하여 공부를 하고 싶다는 결심을 하게 되었습니다.

중학교 시절에 장래 희망을 결심

제가 알고 있는 박주영 학생이 있습니다. 이 학생은 아버지가 내과 의사입니다. 주영이는 어릴 때부터 아버지가 병원에서 진료하는 모습과 병든 환자가 치료 되어 퇴원하는 환자들이 의사선생님에게 고맙다고 인사하는 모습에서 감동을 받았습니다.
박주영이는 중학교 시절부터 열심히 공부를 하여 의과 대학에 입학하게 되었습니다.

바) 다음은 10년 후 학생의 예상 모습이다

구분	설명
10년 후의 모습은 어떠할까요?	
직업은 무엇인가요?	
무슨 업무를 하고 있을까요?	
무슨 옷을 입고 업무를 할까요?	
어떤 마음가짐으로 업무를 할까요?	
퇴근 이후에 자가용으로 할까요?	
퇴근 후에 집은 어떠할까요?	

중학교 1학년 때 목표로 하는 대학을 정하라

자녀가 초등학교를 졸업하고 중학교에 입학하면 공부를 하는 태도가 달라집니다. 초등학교 시절에는 부모님이 시키는 대로 공부를 했지만, 중학교부터는 자녀가 스스로 공부를 하려고 합니다. 이때부터는 자녀가 적어도 공부를 왜 하는지는 알게 됩니다. 그러므로 이때부터는 자녀에게 확실한 목표를 세워 주어야 합니다.

자녀가 확실한 목표가 생기면 공부는 더욱더 즐거워집니다. 자녀가 스스로 학습 스케줄을 통제할 수 있는 힘이 생깁니다. 부모는 자녀가 단순히 "공부를 열심히 해서 무슨 대학에 들어가겠다."는 막연한 목표보다는 "무슨 대학에 입학하여 무엇을 어떻게 공부해서 장래에 어떤 일을 해야겠다."는 구체적인 목표를 세우도록 해주는 것이 좋습니다.

이렇게 되기 위해서는 부모는 공부 학습에 관해 자녀와 많은 대화를 해야 합니다. 부모와 자녀의 대화 속에서 어디에 관심을 가지고 있는지, 무엇을 공부해야 할지를 알 수가 있습니다.

두뇌 기능을 활성화시키는
스트레칭

학생이 공부를 하다가 정신적 긴장을 하게 되면 스트레칭을 하여 두뇌 기능을 활성화시켜야 합니다. 스트레칭을 하게 되면 몸의 긴장이 풀리고 신진대사가 활발 해 집니다. 두뇌에 많은 양의 깨끗한 산소가 공급되면서 머리가 맑아지고 두뇌 기능이 활발해지며 집중력이 떨어집니다.

1) 몸 뻗기

몸 뻗기 운동은 쉽게 할 수 있는 운동입니다. 학생이 집중력이 떨어지면 바로 크게 기지개를 하세요. 기지개를 하면 몸이 가벼워지고 머리가 맑아집니다.
두손을 깍지 끼고 손바닥을 하늘로 향하게 하고 두 팔을 쭉 펼치면 됩니다. 두 팔을 펼친 상태에서 약 5초 정도 유지하고 내리기를 3번 정도 반복합니다.

2) 몸 펴기

공부를 장시간 하다 보면 몸이 점점 굳어지고 두뇌 기능이 떨어지게 됩니다. 몸 펴기는 경직된 허리 근육과 인대의 긴장을 풀어 주는 운동입니다. 두 손을 옆구리에 얹고 허리를 쭉 폅니다. 목을 뒤로 젖히는 동작을 3번 하면 허리가 부드러워지고 두뇌 기능이 활성화됩니다. 그래서 머리가 맑아지고 집중력이 좋아집니다.

3) 목 돌리기

목 운동은 공부를 하는 도중에 자주 해 주는 게 좋습니다. 목 운동은 목 주위의 혈액 공급이 원활하게 되어 두뇌는 그만큼 신선하고 깨끗한 혈액을 많이 공급받게 됩니다. 목 운동은 두통이나 어깨결림이 안 생기도록 합니다.

4) 두뇌에 맑은 피를 공급하게 하는 지압

귀 윗부분을 집게손가락으로 5초 정도 눌러 줍니다. 머리의 혈액순환이 좋아져서 두뇌가 맑아집니다.

공부가 잘되는 환경

1) 공부가 잘되는 환경

인간의 두뇌는 무한한 가능성을 지니고 있습니다. 그러나 인간은 한평생 살아가면서 두뇌를 전부 다 사용하지 못합니다. 우수한 두뇌를 부모로부터 물려받을 수도 있습니다. 그러나 교육이나 후천적인 환경 요소에 의해 두뇌는 개발될 수 있습니다. 우수한 두뇌는 두뇌를 어떤 방식으로 활용하느냐에 달려 있습니다.

학생의 지능지수IQ는 테스트하는 당일 날의 컨디션에 따라 지능지수가 달리 나올 수 있습니다. 학생의 심리적 상태와 바이오리듬이 좋은 날에는 지능지수는 최고점수가 나옵니다. 농촌 학생보다는 도시 학생들이 지능지수가 높고, 후진국 어린이들보다는 선진국 어린이들의 지능지수가 더 높게 나옵니다. 이런 결과는 아마도, 부모의 선천적인 유전보다는 학생들의 두뇌를 어떤 방식으로 활용하느냐에 달려 있습니다.

우리가 숲 속이나 바다의 해변의 맑은 공기를 마실 때에 몸과 마음이 상쾌해집니다. 깨끗하고 맑은 공기가 인간의 두뇌를 활발하게 합니다. 그래서 맑은 공기 속의 산소가 인간의 두뇌를 원활하게 하고 있습니다. 도시 근교의 산 정상에 섰을 때는 피로가 사라진다는 것을 느낄 수가 있습니다. 산소의 공급량이 두뇌의 피로 정도를 다르게 느끼도록 하는 것입니다.

산책과 등산 등의 유산소 운동을 규칙적으로 하게 되면 우리 몸을 튼튼해지고 두뇌도 좋아집니다. 인간의 혈액순환이 잘 되면 두통은 일어나지 않습니다. 두뇌를 원활하고 혈액순환이 잘되게 하려면 매일 규칙적인 운동을 해야 합니다. 특히 자녀와 부모가 함께 운동을 하면 더욱더 자녀의 두뇌 발달에 좋을 겁니다. 부모와 자녀의 대화가 많아지면 자녀의 마음을 이해하고 부모의 신뢰를 받은 자녀는 공부를 더 잘하게 될 것입니다.

학생은 잠을 푹 자야만 합니다. 그래야만 두뇌의 피로가 쌓이지 않습니다. 학생은 수면을 하기 전에 가벼운 스트레칭을 하는 것이 좋습니다.

두뇌를 좋게 하는 방법은 두뇌를 나쁘게 하는 원인을 제거합니다.

2) 공부가 잘되는 방법은 무엇일까?

아이들이 공부하는 것을 당연하게 받아들이는 환경이 만들어져야 합니다. 그러기 위해서는 먼저 온 가족이 공부하는 것을 중요하게 생각하고 함께 공부하는 분위기가 조성되어야 합니다.

부모가 "공부해라, 공부해라." 입에 달고 살면서 정작 자신들은 책 한 줄 읽지 않고 늘 TV 앞에 앉아 있다면 아이들이 공부하고 싶은 마음이 생길 리가 없습니다. 그리고 부모는 돈돈돈 하며 돈 버는 일에 혈안이 되어 있으면서 "너는 공부나 열심히 해라." 하는 식으로 말과 태도가 어긋나는 것도 아이들이 공부에 집중하지 못하게 합니다.

부모가 먼저 모범을 보이면서 아이와 함께 공부를 하고 공부하는 아이에게는 아무리 작은 것이라도 자주 칭찬해 주어야 합니다. 결과를 놓고 따지지 말고 "열심히 했구나!" 또는 "잘했다. 조금만 더 열심히 하면 정말 잘하겠다."는 식으로 아이가 공부하는 과정을 즐기도록 도와주어야 합니다.

공부를 하기 위해서는 집안이 조용하고 차분해야 합니다. 조용한 분위기에서 집중력이 생깁니다. 아이가 공부하려고 책을 펼쳤는데 주변에서 시끄러운 소리가 들리거나 재미있게 노는 소리가 들리면 그걸로 공부는 끝입니다. 비록 책을 손에 들고 있더라도 정신은 딴 곳에 가 있게 됩니다.

집중해서 공부하려면 무엇보다도 심리적으로 안정이 되어 있어야 합니다. 부모는 화목한 가정을 이룰 수 있도록 최선을 다해야 합니다. 부모가 다투거나 화가 나 있다면 아이가 불안해져서 공부에 집중할 수가 없습니다.

뿐만 아니라 책상이나 공부방 주변이 잘 정리되어 있어야 합니다. 깔끔할수록 좋겠지만 그보다는 아이의 관심을 끌 만한 놀이도구는 보이지 않는 곳에 정리해두고 아이가 읽어야 할 책들을 잘 보이도록 두어야 합니다.

3) 전자제품을 가능한 자제하자

요즘 어린이들은 전자매체에 의해 양육된다고 해도 과언이 아닙니다. 과외 때문에 자기의 시간을 갖지 못하는 일부 아이들을 제외하고는 대부분이 TV와 컴퓨터 게임에 중독되어 있습니다.

아이들을 이대로 방관해서는 안 됩니다. 전자매체로 인해 아이들의 영혼과 정신뿐만 아니라 신체에도 많은 문제가 발생한다는 것이 전문가들의 의견입니다.

TV나 컴퓨터, 게임에 장기간 노출되면 집중력이 크게 떨어집니다. 그와 같은 전자매체들은 화면이나 내용이 빠르게 전개되고 변화하면서 아이들에게 즉각적인 결정과 빠른 사고를 하게 만들기 때문입니다. 거기에 길들여진 아이들은 깊이 있는 사고를 할 수 없게 되고, 따라서 어떤 하나의 문제나 과제에 집중하여 끝까지 완수하는 능력이 저하됩니다.

또한 전자매체와 가까이할수록 사회성이 떨어집니다. 가족들이나 친구들과 정을 나누는 시간이 그만큼 줄어들기 때문입니다. 사회성이 부족하다는 것은 살아가는데 엄청난 장애가 되는 요인입니다. 우리의 인생이 대부분 인간관계로 이루어져 가기 때문입니다. 다른 사람들과 관계 맺는 일에 힘들어하면 결국 위축되고 소극적인 삶을 살아갈 수밖에 없습니다.

그리고 무엇보다도 아이들이 전자매체에 매달려 있으면 독서습관을 기르기 어렵습니다. 책을 읽기 위해서는 일정 기간의 집중력이 요구됩니다. 그리고 글을 읽으면서 나름대로 상상을 통해 하나의 세계를 그려 나가야 합니다. 그런데 현란한 그림들이 빠른 속도로 움직이고, 요란한 소리들로 가득한 TV나 인터넷 게임에 익숙해지다 보면 문자로 이루어진 책은 재미없고 지루하기 짝이 없는 물건이 됩니다.

전자매체로부터 해방된 가정을 만들어야 합니다. 그러기 위해서는 먼저 가정에서 TV를 없애고, 컴퓨터는 철저히 관리해야 합니다. 무엇보다 그런 매체 없이도 아이들이 즐겁고 행복해 할 수 있는 분위기를 만들어야 합니다. 함께 책을 읽고 토론하고, 노래하며, 성경을 읽고, 기도하며, 관계 속에서 참된 기쁨을 발견할 수 있도록 해야 합니다.

● 공부 집중하기 위한 환경 ●

구분	설명
책상	– 책상에서는 반드시 공부만 해야 합니다. – 책상에서 공부 이외에 만화책을 보거나 간식을 먹지 말아야 합니다. – 책상은 오로지 공부 용도로 사용합니다.
불필요한 생각	– 공부하는데 불필요한 생각이 많이 들어 공부에 집중을 못 합니다. 공부 목표를 떠올리고 불필요한 생각은 하지 말아야 합니다.
스마트폰	– 스마트폰을 진동모드로 변경하여 보관함에 넣어 두세요. – 공부 중에는 스마트폰을 꺼내지 마세요. – 쉬는 시간에 스마트폰을 부모님과 연락을 하세요.

MP3 음악	– 공부를 할 때에는 두뇌를 최대한 발휘해야 합니다. 그래서 MP3음악 청취를 하면서 공부는 하지 마세요. – 쉬는 시간에는 MP3 음악을 들으면서 두뇌를 쉬게 해 주세요.
TV	– 가능한 TV는 보지 마세요. – 월드컵이나 국가 행사 스포츠는 TV를 볼 수 있지만, 공부 목표 달성 이후에 TV를 시청하세요.
컴퓨터	– 컴퓨터는 인터넷 강의 용도로 사용해야 합니다. – 공부를 끝난 이후에 게임은 할 수가 있지만 게임 시간은 정해 두어야 합니다. – 컴퓨터 장소와 공부 장소는 별도로 해야 합니다.

이런 일들이 TV에 빠져 있거나 인터넷에 빠져 있는 부모에게는 결코 쉬운 일이 아닙니다. 그러나 가족의 행복과 아이들의 장래를 위해서는 과감히 전자매체로부터 자유를 선언하고 실행에 옮겨야 합니다.

4) 공부를 잘할 수 있는 책상 배치와 활용법

공부방은 몸과 마음을 재충전하는 공간인 동시에 학생이 공부하는 공간이기도 합니다. 보통사람들은 하루의 3분의 1 이상을 잠자리가 있는 방에서 보내게 되는데, 학생들의 경우 공부하는 시간까지 더하면 더 많은 시간을 공부방에서 보내게 됩니다. 공부 환경이 사람에게 미치는 영향을 생각할 때 많은 시간을 보내는 공부방을 어떻게 배치하고 활용하느냐는 매우 중요한 문제입니다.

이런 관점에서 공부 학습 효과를 높일 수 있는 공간 배치에 대해 고려해 보도록 하겠습니다. 가장 중요한 것은 책상의 위치입니다.

공부방에서 책상의 위치를 정할 때 중요한 원칙은 두 가지입니다.

첫째는 공부방 출입문을 일직선으로 등지고 앉아서는 안 됩니다.

둘째는 책상이 출입문과 마주 보지 않아야 합니다.

이 두 가지 원칙은 잠을 잘 때 머리를 두는 방향을 정할 때에도 마찬가지입니다.

이처럼 방문을 일직선으로 등지고 앉지 말라는 것과 같이 출입문과 마주 보지 말라는 것은 무엇보다 공기의 흐름과 관계가 있습니다. 찬 기운이 닿으면 두뇌를 비롯한 모든 신체 장기가 생명을 유지하는데 필요한 최소한의 기능만 발휘하는 현상입니다.

공부방 문이 열렸다 닫혔다 하면 그때마다 실내온도보다 낮은 온도의 공기가 유입되거나 빠져나가게 되며, 그것이 비록 몸으로 느끼지 못할 큼 적은 온도 차이이지만 주의해야 합니다.

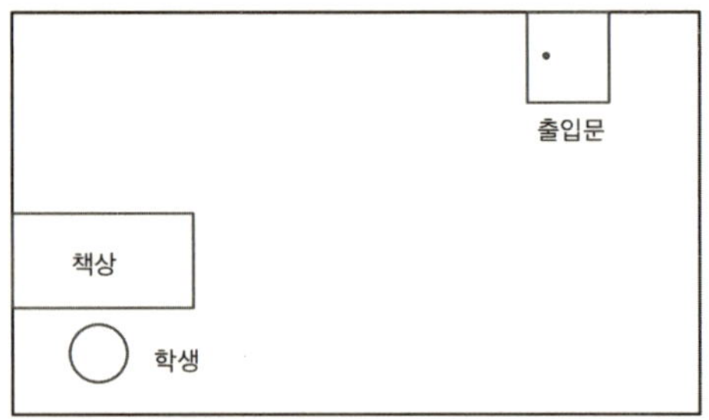

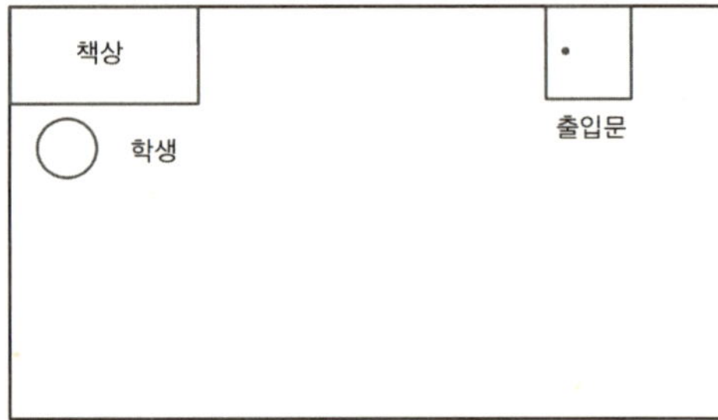

〈좋은 책상 배치〉

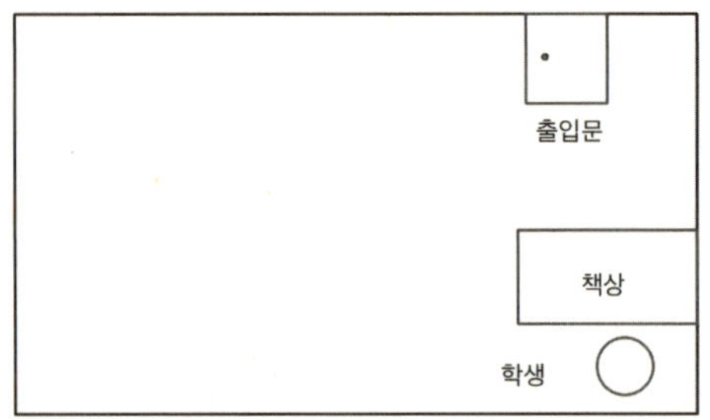

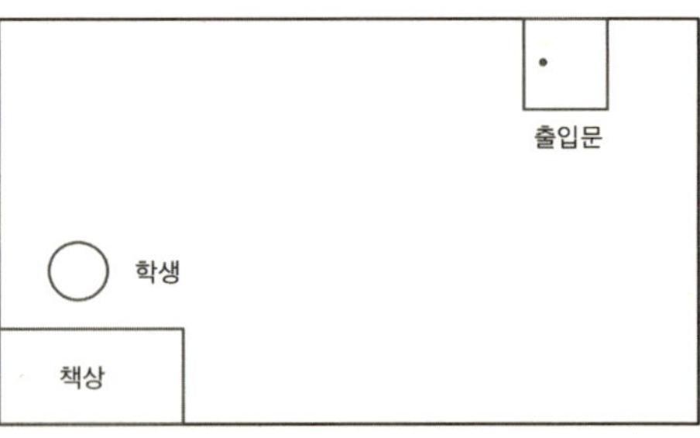

〈나쁜 책상 배치〉

출입문을 등지고 앉으면 뒤를 보지 못하는 상황이라서 학생도 모르게 불안한 마음이 생겨 집중력이 떨어집니다.

공부방을 자주 사용하는 학생의 성격에 따라 공부방의 인테리어와 분위기도 달라져야 합니다. 밝고 활달한 성격은 공부의 집중력이 떨어져서 태양이 직접 비치지 않는 서향방향으로 하고 창문이 작고 조용하며 아늑한 분위기의 인테리어가 좋습니다.

조용하고 차분한 성격의 학생은 태양이 잘 비치는 남향 또는 동남향이 정하고 밝고 환한 분위기를 연출하는 인테리어로 활기를 불어넣어 주어야 합니다.

5) 공부방에 중요한 환기

학생은 상쾌한 공기를 많이 원하고 있습니다. 그래서 공부방의 창문을 자주 창문을 열어 환기를 시켜야 합니다. 부모는 자녀에게 공부방에 들어오면 먼저 창문을 열어 환기를 시키는 습관을 기르게 합니다. 자라나는 학생은 몸 자체에 열이 많아서 공부방 온도가 조금 올라가도 금방 더위를 느낍니다.

공부방에는 벽걸이 선풍기를 설치하여 자녀가 공부할 때에 덥지 않게 해야만 집중을 할 수 있습니다. 선풍기는 창문을 열어 둔 채로 환기를 시켜 주기도 합니다.

공부를 잘하는 머리의 구조

1) 공부를 잘하려면 머리의 구조를 알아야 한다

세계는 각각 다른 인종 속에서 언어와 민족성이 다른 국가 민족, 인종이 모여 서로 자국의 이익을 위해 경쟁과 협력을 하면서 살아가고 있습니다. 우리는 경제 활동범위가 전 세계로 넓어졌고 지구에서 흘러나오는 정보는 고성능의 속도로 생성과 소멸의 과정으로 흘러갑니다. 이런 정보 속에서 우리는 치열한 경쟁을 하면서 살아가고 있습니다. 인간은 많은 정보를 어떻게 처리할 것인가? 이게 의문입니다. 우리가 성공적인 인생을 살아가기 위해서는 지혜롭고 현명한 두뇌가 필요합니다. 이런 두뇌가 인류문명을 발전시킵니다.

인간은 누구나 천재적 능력을 잠재적으로 가지고 있습니다. 이런 잠재적인 능력을 개발해야 합니다. 먼저 천재적 능력을 어떻게 발휘할 수 있는지 두뇌의 구조를 알아야 합니다.

두뇌의 크기와 IQ 지능지수는 관련이 있는가?

브룩스 대학의 교육학과 존기크 교수는 천재의 뇌와 일반인의 뇌 구조를 분석했습니다. 존기크 교수는 뇌의 크기와 IQ 지능지수는 아무런 관계가 없다는 사실을 주장하고 오히려 천재 중에는 뇌가 작은 경우가 더 많다고 합니다.

2) 공부 머리의 구조

가) 학생은 머리를 골고루 사용한다

사람의 정신 활동은 매우 복잡하고 정교해서 총명한 두뇌를 위해서는 두뇌의 한 부분만 사용하기보다는 전체를 골고루 조화롭게 사용해야 합니다. 한 가지 일을 반복 훈련하면 특정한 능력이 뛰어나 져서 원하는 기술을 습득할 수는 있지만, 그런 결과만 가지고 머리가 좋아졌다고 볼 수는 없습니다.

대부분의 사람은 본인의 두뇌를 골고루 사용하지 못합니다. 그래서 학생이 공부를 하는 등의 정신 활동이 사실은 매우 효율적이지는 않습니다.

예를 들어, 자폐증을 가진 환자는 수학 암산을 빠른 시간 내에 하고 공부 내용을 그대로 암기합니다. 자폐증 환자들은 특정분야에서는 일반인보다 뛰어난 지적 능력을 보입니다. 그러나 자폐증 환자들에게 계산력과 암기력 또는 그 외의 다른 능력이 뛰어나다고 해서 자폐증 환자들에게 머리가 영리하다고는 하지 않습니다. 자폐증 환자들은 두뇌의 전 영역이 고르게 발달하지 못했습니다. 그래서 종합적인 사고를 하기가 어렵습니다.

그렇다면 대체 두뇌를 골고루 사용한다는 것은 무슨 의미일까요?

Tip 천재는 누구인가?

필자는 "누가 천재가 될 수 있을까?" 생각해 보았습니다. 일반적으로 천재는 IQ가 150 이상 되어야 합니다. 그렇다면 필자의 학원에 다니는 학생 중에는 누가 천재가 될 수 있을까? 필자가 생각하기에는, 천재는 다가오는 때를 알고 미리 준비하는 사람이고 때가 지난 후에 아는 사람은 보통 사람입니다. 그때가 지나도 모르는 사람은 바보입니다.

초등학생이 미분과 적분 문제를 풀어내면 천재가 되고 고등학생이 미분과 적분 문제를 풀면 보통 학생입니다. 대학생이 미분과 적분 문제를 풀면 바보가 될 수 있습니다.

어느 시기에 미분과 적분 문제를 푸느냐에 따라 천재, 보통사람, 바보가 되는 겁니다.

두뇌는 3개의 층으로 이루어진 전 영역을 모두 사용해야 합니다. 두뇌의 전 영역을 사용한 사람에게 머리가 좋다고 합니다.

나) 두뇌의 역할과 구조

두뇌의 전 영역을 골고루 사용하려면 두뇌의 영역이 맡은 역할과 구조에 대해 알아야 합니다.

두뇌의 3층 구조는 사과의 3개 층과 유사합니다. 사과의 제일 안쪽에는 씨앗이 있고,

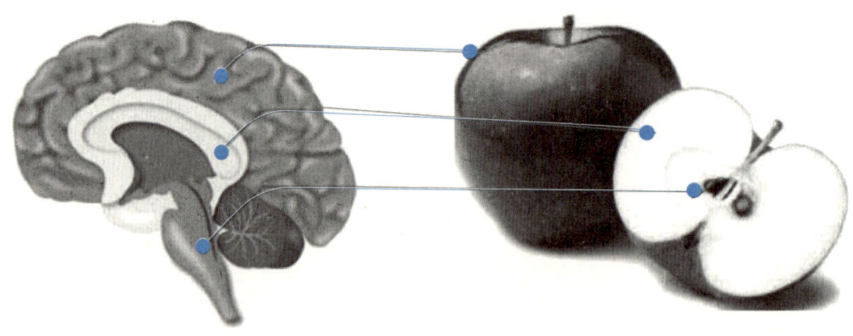

중간 부분에는 씨앗을 감싸고 있는 과육이 있고, 과육의 바깥 부분은 껍질이 둘러싸고 있습니다. 두뇌의 가장 중심에는 사과의 씨앗에 해당되는 뇌간과 대뇌기저핵이 있고, 사과의 과육에 해당하는 대뇌변연계로 구성된 구피질이 있고 가장 바깥쪽에 빨간 껍질에 해당하는 대뇌피질이 있습니다.

사과	두뇌	설명
빨간 껍질	대뇌피질	전두엽, 후두엽, 측두엽, 두정엽 등
과육	구피질	해마, 시상, 사상하부, 뇌하수체 등
씨앗	대뇌기저핵과 뇌간	대뇌기저핵, 망상체, 뇌간 등

대뇌피질은 두뇌의 가장 바깥쪽 부분이고 언어 활동을 기반으로 분석하고, 기억하고 종합적으로 판단하여 인간 고유의 정신 활동을 합니다. 인간이 무슨 일을 할 때에 기억하고 배울 수 있는 것은 대뇌피질의 역할입니다. 대뇌피질의 표면은 호두처럼 주름져 있으며 위치에 따라, 전두엽, 후두엽, 측두엽, 두정엽으로 구분됩니다.

사과의 과육에 해당하는 구피질에는 해마, 사상, 사상해부, 뇌하수체 등의 대뇌변역계로 이루어져 있습니다. 해마는 과거에 발생했던 기억과 경험을 저장합니다. 대뇌피질에 정보와 지식이 기억되고 저장되고 해마는 몇 초 전 또는 몇 분 전에 일어난 경험을 단기 기억으로 저장합니다. 해마는 이전에 발생한 경험을 일단 먼저 저장하고 경험이 장기 기억으로 바뀌면 경험은 대뇌피질에 저장됩니다.

전두엽은 창조와 의지, 사고를 하며 의욕을 불러일으키고 두정엽은 문자와 공간을 인지하고 수학 계산을 한 후에 이해하는 역할을 합니다. 측두엽은 도형을 인지하고 기억합니다. 후두엽은 눈에 보이는 시각 역할을 합니다.

구피질은 감정을 조절하고 정서조절은 대뇌변역계에서 합니다. 구피질은 뇌간과 대뇌피질을 연결하여 행동을 더 정확하게 하도록 합니다. 구피질의 대뇌변연계는 공포,

분노, 애착, 기쁨, 슬픔 등 감정을 조절하고 감정의 장소입니다. 대뇌피질은 수식계산을 하고 이성의 장소라고 합니다. 편도는 대뇌피질에 집중된 감정을 선별하여 시상하부로 보냅니다.

발명왕 에디슨은 천재일까?

발명왕 에디슨은 천재일까요? 에디슨을 천재라고 부르는 사람은 없을 겁니다. 천재는 단순히 IQ 지능지수가 높은 사람을 의미할까요?
에디슨은 공교육 학교에서 제대로 적응하지 못하고 쫓겨났습니다. 그리고 그는 엉뚱하기로 알려져 있습니다. 에디슨을 바보라고 생각하는 사람도 있었습니다.
에디슨은 새로운 아이디어가 떠오르면 바로 실행했습니다. 에디슨 10만 번을 시도하여 전구를 발명했습니다. 에디슨은 반복과 노력을 천재의 개념으로 생각했을 겁니다. 그래서 에디슨은 새로운 발명품을 만들어냈습니다.

사과의 씨에 해당하는 뇌간과 대뇌 기저핵은 인간의 본능을 담당하는 두뇌입니다. 대뇌피질의 명령을 받지 않고 자율적으로 움직이고 주로 호흡과 소화, 순환계 및 생식계 등 생명을 유지합니다. 뇌간은 생명이 유지되도록 호흡을 조절합니다. 뇌간의 망상체는 대뇌피질을 자극하여 활성화시킵니다.

학생이 공부를 하다가 졸리거나 지겨울 때에 차가운 냉수를 마시면 냉수가 망상체에 영향을 미치고 망상체가 대뇌피질을 자극하여 뇌를 깨우게 합니다. 망상체는 의식상태를 조정하고, 수면주기와 꿈, 각성 그리고 잠에서 깨어나는 역할을 합니다.

사람은 여러 가지 문제에 부딪힙니다. 이때에 이성적인 방식과 감정적인 방식을 혼합하여 문제를 해결해야 합니다. 사람의 두뇌는 무한한 능력을 발휘할 수 있습니다. 사람은 이성적 감각과 감정적 감각을 활용하여 노력하는 것이 바로 대뇌피질, 구피질, 대뇌기저핵과 뇌간 두뇌의 3층 구조를 골고루 활용하는 것입니다.

	구분	두뇌	설명	정보전달
변역계	대뇌피질 (이성의 장소)	전두엽	창조, 의지, 사고, 의욕	정보 분석
		두정엽	문자, 공간, 계산, 이해	
		측두엽	도형, 기억	
		후두엽	시각	
	구피질 (감정의 장소)	편도핵	정보를 선별 하여 선택	정보 선별 선택
		해마	과거의 기억 경험과 조합	과거 기억 조합
		사상하부	고차원의 높 은 본능 행동	본능 행동
	대뇌기저핵과 뇌간	대뇌기저핵	인간의 본능을 담당. 대뇌피질의 통제를 받지 않고 자율적 호흡과 소화, 순환계 및 생식계 생명 유지	
		뇌간	생명이 유지되도록 호흡을 조절	
		망상체	뇌를 깨우는 역활	

머리를 맑게 하는
두뇌 체조

머리가 어지럽거나 아플 때에는 몸을 편안하게 풀어 주어야 합니다. 몸이 유연하게 풀리면 마음이 안정됩니다. 목은 모든 신경의 통로가 되는데 스트레스에 잘 뭉치게 됩니다. 목과 어깨가 딱딱하게 굳어지면 산소와 에너지가 제대로 공급을 받지 못해 두뇌 기능이 저하됩니다. 목과 어깨 근육을 자주 풀어 주어야 맑은 정신으로 공부를 합니다. 목 관절은 다른 신체보다 약해서 절대로 무리하게 움직이면 안 됩니다. 목을 가볍게 돌려도 긴장이 풀리고 기분이 좋아집니다. 그리고 목과 어깨 근육을 풀어 준 뒤에 두뇌 체조를 하여 집중력을 향상시킵니다. 두뇌 체조를 5분간 하고 나서 공부를 시작합니다. 두뇌 체조는 누구나 따라 할 수 있을 정도로 쉽습니다.

두뇌 체조법

1) 한 손으로 배꼽을 감쌉니다.

2) 다른 손의 엄지와 검지로 쇄골 바로 아래쪽 첫 번째 갈비뼈와 두 번째 갈비뼈 사이의 움푹 들어간 곳을 약 30초 정도 눌러 줍니다.

3) 좌뇌와 우뇌를 골고루 자극하기 위해 양손의 위치를 바꿔 가며 눌러 줍니다.

눈의 피로를 풀어주는 지압

공부를 장시간 하게 되면 눈이 피로해지고 집중력이 떨어지게 됩니다. 지압을 하여 눈의 피로를 풀어 주어야 합니다.

1) 눈 마사지

눈을 감고 집게손가락으로 눈 주변을 동그라미 그리듯 가볍게 눌러 줍니다. 엄지와 집게 손가락을 이용해 눈 사이의 코뼈를 문지릅니다.

2) 지압

의자에 앉아 몸을 약간 숙이고 눈을 감고 약 10초 동안 손바닥으로 약 5회 정도 눈꺼풀을 눌러 줍니다.

3) 눈 운동

먼저 가까운 거리의 사물을 보고 먼 거리에 있는 사물을 번갈아 주시합니다.

Chapter 08

두뇌의 좌뇌와 우뇌

1) 두뇌의 좌뇌와 우뇌

　두뇌는 중앙을 기점으로 하여 좌뇌와 우뇌로 나눕니다. 좌뇌는 언어적, 수리적, 논리적, 분석적, 체계적인 기능을 합니다. 우뇌는 비언어적, 전체적, 시 공간적, 창의적, 미적인 기능을 합니다. 우리는 우뇌의 개발을 통해 좌뇌와 우뇌를 균형 있게 발달시켜야 합니다.

　현재 사람의 손에 의해 만든 물건 중에서 훌륭한 기계와 전자제품이라고 할지라도 사람의 두뇌를 능가할 만한 물건은 하나도 없습니다. 오히려 두뇌의 원리를 응용하여 만든 제품은 있습니다. 특히 컴퓨터의 인공지능 제품은 사람의 두뇌원리를 이용하여 개발하고 있습니다.

　두뇌에는 제각기 힘을 발휘하는 두뇌 세포가 백억 개가 넘습니다. 이 세포들은 운동 또는 공부에 집중하고 재활용되기도 합니다. 두뇌는 한평생을 쉬지 않고 활동합니다. 사람들은 다른 사람의 이야기를 청취하고 기뻐하고 슬퍼하고 화를 냅니다.

　사람들은 일생 동안 두뇌가 가지고 있는 잠재 능력의 10%도 활용하지 못합니다. 현재 우리가 살아가는 사람들은 단지 두뇌의 10% 미만으로 문명과 문화를 만들었습니다. 그래서 사람이 지니고 있는 두뇌의 능력을 더욱 발휘할 수 있으면 더 좋은 세상을 만들 수가 있을 겁니다. 학생들은 공부를 더 잘할 수 있을 것입니다.

　일반적으로 공교육은 학생의 좌뇌를 많이 이용합니다. 시험지에 나온 결과로 평가되는 공교육은 뇌 위주의 교육입니다. 학생들은 선생님과 부모들로부터 "성적이 우수하다. 생각이 논리적이다."라고 칭찬을 받기 위해 노력합니다.

두뇌를 활성화시켜야 한다

마인드맵의 창시자 토니 부잔은 "인간의 두뇌는 잠자는 거인과 같습니다."라고 했습니다. 인간의 두뇌는 약 140억 개의 세포로 되어 있고 일반 사람들은 죽을 때까지 10% 미만을 사용합니다. 잠자고 있는 90%의 거인을 깨우기 위해서는 두뇌를 활성화시켜야 합니다. 두뇌가 활성화되면 학생은 컴퓨터보다 수천 배가 더 빨리 머리 회전이 가능해집니다. 학생은 지금보다 몇 배나 더 공부를 잘할 수가 있습니다.

이러다 보니 학생들은 좌뇌적인 인간이 되고 말았습니다.

중학교 시절의 음악 시간에 학생들은 선생님에 의해 노래를 부르고 계명을 암기합니다. 학생들은 음악을 머리로 공부를 해 왔습니다. 이제부터는 음악 시간에는 클래식 음악을 감상하면서 악기를 떠올려 보면서 그 음악 속에서 자연을 느끼고 상상의 세계를 펼칠 수 있는 공간으로 나아가야만 합니다. 이게 바로 우뇌식 교육입니다.

음악은 우뇌적인 방식으로 배워야 하는데 좌뇌적인 방식으로 배웠으니 학생들은 음악다운 공부를 못한 겁니다.

학생들은 국어 시간에도 좌뇌 방식으로 교육을 받아 왔습니다. 선생님은 단편적인 지식의 암기보다는 학생들의 자유로운 사고와 느낌의 표현을 가르쳐야 합니다.

독서를 생활화하면 집중력과 이해력이 향상된다

미국의 유명한 엔더슨 박사는 학생들에게 독서를 생활화시키는 연구를 했습니다. 학생들은 독서를 통해 책의 내용을 파악하고 종합하는 훈련을 받았습니다. 학생들은 어휘력과 상식이 많아졌습니다. 학생들은 어떤 사물이나 사건에 대한 이해를 잘해서 자연스럽게 집중력과 이해력이 향상되었습니다.

독서는 우뇌를 개발한다

학생이 독서를 할 때 책 내용의 정보는 두뇌를 자극합니다. 두뇌가 자극을 받고 책 내용의 정보를 저장하게 되면 두뇌 기능이 활성화되고 점차적으로 지능지수가 상승합니다.
학생의 학습 능력을 향상시키는 가장 좋은 방법은 규칙적인 독서 습관입니다. 독서를 통한 우뇌 개발을 하려면 학생은 책 내용을 상상하면서 읽어야 합니다. 책을 읽는 동안 스토리로 인하여 연상되는 것을 구체화시켜야 합니다. 이렇게 하면 우뇌가 향상되어 학생은 공부를 잘하게 됩니다.

2) 우뇌를 살리자

공교육에서의 단어나 문장의 내용을 외우지 못해 고민하는 학생들이 많습니다. 학생들은 단어나 문장의 암기를 좌뇌 방식으로 공부합니다. 이제부터는 우뇌 방식으로 공부해 보세요. 우뇌식 암기법은 우뇌의 이미지력을 활용합니다. 우뇌의 이미지력을 살려서 암기하면 쉽게 단어와 문장을 외울 수가 있습니다.

수학 문제나 화학 공식 등은 좌뇌의 기능적 특성에 맞습니다. 그런데 이런 공부 내용은 우뇌의 기능적 특성을 활용해서 쉽게 풀 수 있습니다.

화가가 예술 그림에만 도취돼 우뇌 활동만 강조한 삶을 산다면 조직적이고 체계적인 삶에는 어려움을 겪습니다. 학생은 공상만 즐기고 뛰어노는 것에만 열중한다면 틀림없이 경쟁사회에서 승리할 수가 없습니다.

새로운 아이디어를 내고서도 이런 아이디어를 기반으로 체계적으로 잘 정리하지 않으면 쓸모없는 생각에 불과합니다. 그러므로 갑자기 떠오르는 아이디어도 체계적으로 잘 정리해야만 효과적입니다. 이제까지 정리된 이론과 과학기술은 우뇌의 아이디어를 검증하고 논리적으로 체계화를 시켰습니다. 아이디어를 논리적이고 과학적으로 검증하려면 좌뇌의 역할이 중요합니다. 아무리 좋은 아이디어라도 논리적으로 발전시키지 않으면 아무런 소용이 없습니다.

프로야구게임을 보면 포수는 투수가 던진 공을 왼손과 오른손을 이용하여 잡습니다. 학생의 두뇌도 좌뇌와 우뇌를 골고루 사용해야 균형 잡힌 전뇌공부를 할 수 있습니다.

Tip

두뇌는 사용할수록 좋아 진다

생물학자 라마르크는 "인간의 내부기관을 오랫동안 사용하지 않으면 그 기관은 차차 약해지고 기능도 쇠퇴해지고 내부기관의 크기가 작아져서 결국에는 없어집니다."라고 말했습니다. 두뇌도 인간 신체 기관의 하나입니다.

그래서 두뇌를 많이 사용할수록 그 기능이 더 뛰어나게 됩니다. 두뇌를 사용하지 않으면 그 기능이 남아 있는 게 아니라 쇠퇴해 소멸하게 됩니다.

3) 좌뇌형, 우뇌형, 전뇌형 인간

학생들 중에는 오른손잡이와 왼손잡이가 있습니다. 양손을 자유롭게 사용하는 사람도 있습니다. 우리는 습관적으로 어느 쪽의 두뇌를 더 많이 사용하느냐에 따라 우뇌형 인간과 좌뇌형 인간, 그리고 균형 잡힌 인간으로 구분합니다. 이러한 유형의 인간유형은 다음과 같은 특징이 있습니다.

학생은 각각의 인간유형을 알고 난 후에 각각의 장점을 살려 활용합니다. 평소에 잘 사용하지 않는 두뇌를 사용하여 학생의 잠재된 능력을 개발해야 합니다.

한 곳을 뚫어지게 바라보면 집중력 향상

미국의 홈런왕 베이브루스는 피나는 훈련을 했습니다. 특히 베이브루스는 집중력을 향상시키기 위해 야구공을 뚫어지게 쳐다보는 훈련을 매일 했습니다. 어느 순간에 베이브루스 눈에는 솜털 같은 실밥이 보일 정도로 야구공이 크게 보이기 시작했습니다.
이후로 베이브루스는 매 시합마다 홈런을 쳤습니다.

● 좌뇌형, 우뇌형 ●

구분	좌뇌형 인간	우뇌형 인간
특징	질서와 안정을 선호 규칙을 준수	변화를 선호, 특이한 것 색다른 것을 선호
스포츠	경쟁하는 종목 테니스, 축구, 야구	예술적 종목 무용, 피겨스케이팅, 다이빙
인간관계	이름을 암기	얼굴의 특성
공부 내용	체계적인 순서, 분석	시가적인 내용, 지도, 도식
파악관점	언어, 문자 숫자 파악 논리를 세워 원리 파악 단순화	그림을 감상, 음악을 즐기며 이미지의 세계를 넓히고 사물을 직관적으로 파악

4) 좌뇌, 우뇌 공부 방법

구분	좌뇌	우뇌
관점	직관적이다.	주관적이다.
설명	말로 설명	도표, 지도로 설명
문제해결	문제내용을 부분적으로 나누어 순서에 따라 논리적으로 공부	문제내용을 전체적인 흐름에 따라 예감이나 육감으로 해결
방법	문제를 합리적	문제를 직관적
판단	객관적	주관적
방안	계획적이고 구조적	유동적이고 자발적
확실성	확실한 정보	불확실한 정보
독서 방법	분석적	종합적
기억활동	언어	마음의 상상
표현방법	말하고 종이에 쓴다	그림을 그린다
질문방법	객관식의 선택 방법	주관식의 질문
감정표현	감정을 자제	감정표현
언어표현	평범한 언어	은유법과 비유식
사람대면	이름 암기	얼굴 암기

암기노트를 활용하면 우뇌가 발달

학생이 목차를 외우거나 요점 정리를 하면서 공부를 합니다. 학습내용의 전체를 보는 관점을 배우고 익힐 때 뇌 속에 잠자는 우뇌가 깨어나게 됩니다.

암기노트을 작성하여 공부하게 되면 전체적인 시야를 넓히게 되고 이것이 우뇌를 제대로 활용하게 됩니다. 학생이 암기노트와 오답노트를 활용해 공부를 하면 자연스럽게 머리가 좋아지게 되어 우등생이 됩니다.

5) 일화 기억과 의미 기억

일화 기억은 생활하면서 경험한 내용을 기억하고 회상하는 것을 의미합니다. 별다른 노력을 하지 않아도 기억 내용을 쉽게 떠올릴 수 있습니다.

의미 기억에는 언어를 포함해서 우리가 보통 지식이라고 말하는 것이 포함되고 학교에서 공부하는 내용, 책에서 배우는 것, 시험에 출제되는 내용 등이 의미 기억에 해당됩니다. 공부를 해서 얻은 정보는 의미 기억으로 두뇌에 저장합니다. 그런데 일화 기억과 달리 의미 기억은 쉽게 만들어지지 않습니다. 의미 기억은 두뇌가 요구하는 절차를 따라야만 만들어집니다.

일화 기억이 자동으로 기억되는 것이라면 의미 기억은 수동으로 만들어집니다. 또한 의미 기억은 일단 기억되었다고 해도 계속 어루만져 주어야 제 모습을 갖습니다. 하지만 그런 관심과 노력에는 그만한 대가가 주어집니다.

한번 만들어진 의미 기억은 일화 기억과 달리 견고합니다.

일시적인 일화 기억과는 달리 생성된 의미 기억은 오랫동안 남아 있습니다. 오랜 시간이 흘러가도 의미 기억은 소멸되지 않습니다. 교통사고가 난 기억상실증 환자가 가족 얼굴은 알아보지 못하더라도 수학 문제는 잘 풉니다. 이것은 바로 의미 기억으로 인해 수학 문제를 풀 수가 있습니다.

일화 기억과 의미 기억의 차이를 정확히 알고 공부에 적용하면 큰 효과를 얻을 수가 있습니다.

가) 혼자 공부하는 것보다 선생님의 설명을 듣는 것이 기억에 도움된다

선생님의 행동은 일화 기억으로 기억이 되고 수업 내용은 의미 기억으로 남습니다. 이런 두 개의 기억이 통합되는 순간에 기억이 오랫동안 두뇌에 저장됩니다.

나) 일화 기억은 실험과 체험을 통한 공부다

이런 기억은 오랫동안 남아 있습니다. 보통 질문을 많이 하는 학생이 공부를 잘합니다. 질문을 한다는 경험, 바로 일화 기억으로 인하여 공부를 잘할 수 있습니다. 친구에게 설명하는 것도 경험이고 혼자서 떠드는 것도 경험입니다. 머리만 굴린다고 공부가 되는 것이 아니라 공부를 가지고 놀고 활용하고 자꾸 부딪쳐야 기억이 강해집니다.

두뇌를 많이 사용하면 머리가 좋아진다

6살짜리 어린이가 영어책을 글자 하나 틀리지 않고 통째로 암기를 합니다. 이 어린이는 두뇌를 자주 활용하여 기능이 좋아졌습니다. 그래서 이 어린이는 영어책을 외울 수가 있습니다.
학생도 이런 두뇌를 가지고 있습니다. 충분히 공부를 잘할 수가 있습니다.

6) 두뇌를 알아야 공부가 쉬워진다 〈단기 기억과 장기 기억〉

전통 학습의 문제점은 바로 학습내용을 빨리 잊어버립니다. 이런 문제점은 단기 기억과 장기 기억에 있습니다.

● 두뇌의 기억처리 과정 ●

기억처리 과정	설 명
1) 주의집중	두뇌에 데이터를 저장하기 위해 집중
2) 정보입력	데이터를 두뇌에 입력
3) 정보해석	데이터 정보를 분석하고 해석하여 두뇌에 저장
4) 단기저장	기억을 임시로만 저장. 저장 용량이 작음. 작업 기억 외부에서 들어온 정보를 처리 작업 과정에서 임시로 저장된 기억 예제) 대화 중에 말하려는 내용을 잊어버린 적이 있을 겁니다. 이때에 단기 기억에 문제가 있어 말 내용을 잊어버린 것입니다.
5) 장기저장	두뇌의 기억 창고, 저장 용량이 무한대 장기 기억에 저장되면 오랜 시간 기억 예제) 부모 집 전화번호, 애인 집 주소
6) 정보인출	두뇌에 저장된 정보를 인출

두뇌는 왜 기억을 단기, 장기로 구분했을까요? 두뇌는 스스로 기억할 내용을 선택하고 삭제합니다. 두뇌는 오랫동안 보관할 가치가 있다고 판단되는 정보만을 장기 기억 창고에 저장합니다.

만약에 공부를 처음 할 때에 장기 기억이 만들어지면 공부는 무지 쉬울 겁니다. 그러나 두뇌는 공부만을 위해 만들어진 게 아닙니다. 두뇌는 자기 내부가 쓰레기로 가득 차는 것을 용납하지 않습니다. 새로 들어온 정보가 오래 기억할 가치가 있는지를 철저하게 따져서 우리에게 적합한 절차와 방법을 요구하고 있습니다. 우리는 그 절차와 방법을 통해 장기 기억으로 들어가는 문의 열쇠를 찾아야 합니다.

많은 학생들이 장기 기억이 만들어지는 절차와 방법을 무시하기 때문에 공부에 실패합니다. 두뇌의 요구조건을 무시한 공부는 무조건 철저하게 기억에서 삭제합니다.

7) 두뇌의 기억은 전기적, 화학적 변화

두뇌에서 기억은 수많은 신경세포 간의 활동을 통해 이루어집니다. 모든 외부정보는 전기신호로 바뀌어서 두뇌에 전달됩니다. 두뇌의 신경세포를 뉴런이라고 하고 두뇌에서 전기신호를 전달하는 전선의 역할을 합니다. 그리고 신경세포끼리는 시냅스를 통해 서로 연결됩니다. 전기신호를 화학적 신호로 바꾸어서 신경세포끼리 연결하는 것이 시냅스가 맡은 역할입니다.

공부를 전기적, 화학적으로 두뇌를 변화시키지 못한 공부는 무효 학습이고 변화시키는 공부는 유효 학습입니다. 학생들은 무효 학습에 익숙해져 있습니다. 두뇌를 전기적, 화학적으로 변화시키는 공부, 잊어버리는 공부가 아니라 장기적으로 기억하는 공부를 해야만 합니다.

8) 두뇌 사용 설명서

● 기억의 3단계 ●

기억의 단계	설명
1단계 :부호화	정보의 입력 다양한 정보를 두뇌가 수용하는 과정, 새롭게 뇌 신경세포를 생성 무효 학습, 유효 학습이 결정
2단계 : 강화	정보의 저장 두뇌가 받아들인 정보를 유지하는 과정 신경세포망 또는 지식 회로망을 관리하여 장기 기억으로 발전
3단계 : 인출	정보의 출력 두뇌가 신경세포망에서 필요한 정보를 뽑아내는 과정 지식회로망을 검색하고 필요한 정보를 출력 성적향상의 비결

두뇌에 저장되는 정보의 양은 노력과 시간에 비례하지 않습니다. 오직 두뇌에 맞는 정보의 입력, 저장, 출력 방식을 어떻게 활용하느냐에 따라 모든 것이 결정합니다. 공부의 왕도는 바로 두뇌에 있습니다.

9) 공부를 망치는 주범은 암기이다

● 암기를 통해 성공하는 사람의 특징 ●

암기 성공	설명
공부에 시간 투자	거의 모든 시간을 공부에 투자
의지가 강함	초인적인 의지를 가지고 공부를 함

암기는 또 성적 추락의 원인이 됩니다. 중학교 때까지는 전교 1, 2등을 하던 학생이 고등학교에 들어간 뒤 성적이 수직 낙하하는 경우가 있습니다. 이것은 암기 위주의 학습이 가져온 결과입니다. 시험 범위가 넓어지고 난이도 높은 문제 유형일 때에는 암기는 제 역할을 하지 못합니다. 내신에서는 암기 학습이 가능하겠지만 수능 시험에는 적합하지 않습니다. 암기 위주의 학습은 내신과 수능 공부를 따로 준비해야 합니다.

두뇌의 법칙을 따르지 않는 전통적인 암기 학습은 암기한 내용을 잊어버립니다. 아마도 두뇌는 '망각'을 통해 끊임없이 "제발 나에게 맞는 방법으로 공부해 주세요."라고 요청을 하고 있습니다.

Advice 정환 원장의 경험 : 수학 공부의 재미

수학 공부를 하면서 조금씩 알아가는 자체가 재미있었습니다. 흥미를 느끼는 수학 과목이 반드시 성적을 올리는 게 아니라는 것을 알게 되었습니다.

Advice 정환 원장의 경험 : 영어 공부는 국어 공부에 도움을 준다

영어 공부를 할 때도 외국어 영역의 지문이 유머 에피소드 또는 다양한 지식의 내용이 있어 재미가 있었습니다. 이런 지문이 언어 영역에 도움이 많이 되었습니다. 그리고 언어 영역의 지식이 다른 국사 공부 할 때에 도움이 되었습니다.

10) 기억은 반응이다

두뇌는 공부를 할 때에 이해한 내용만 받아들입니다. 학생들은 이해를 하지 않고 수학 문제부터 풀려고 합니다. 그러나 두뇌는 정확하게 이해하지 못한 정보는 저장하지 못하기 때문에 이런 방법으로 공부를 하면 아무런 소용이 없습니다.

무조건 학습내용을 암기하려는 학생들이 많습니다. 이해가 안 되니까 그냥 외워 버린다는 행동은 이해 중심의 공부를 하기가 어렵습니다. 이해하려면 단순 암기를 해야 할 경우도 있습니다. 하지만 이해하려는 노력을 해 보지도 않고 암기부터 하려는 잘못된 습성에 빠진 사람이 많습니다.

평범한 학생도 충분히 학습내용을 이해할 수가 있습니다. 그동안 이해력을 살리는 공부를 하지 않았을 뿐입니다. 두뇌 과학적으로 표현하면 이해는 두뇌의 반응이며 본능입니다.

두뇌는 새로운 정보가 본인의 경험과 연관될 때 쉽게 이해하며 이해한 후에 그것을 의미 있는 정보로 받아들입니다.

암기 학습은 노동이고 이해 학습은 운동입니다. 이해하고 익혀가는 재미를 붙이면 공부가 쉬워지고 즐거워집니다.

암기 학습에서 이해 학습으로 바꾸는 순간, 공부는 결정적인 전환을 맞이합니다. 이해된 내용은 잊혀지지 않기 때문에 공부는 재미가 생깁니다.

공부의 성공과 실패는 누가 얼마나 빨리 이해 학습의 길로 가느냐에 달려 있습니다.

● 암기 학습과 이해 학습의 차이 ●

기준	암기	이해
기억 의미	빈 그릇에 담는다.	두뇌가 반응한 결과
공부 느낌	강제 노동, 괴로움	레저 활동, 즐거움
기억 저장 기간	최대 30일 이내	최대 365일 이상, 평생 기억 가능
공부 효율	매우 낮음	아주 높음
공부 효과	많이 외우고 많이 잊어버림	누적되면서 필요 공부 감소
두뇌과학적 측면	– 전기회로와 단절된 오프라인에 가까운 상태에서의 공부 – 새로운 신경세포의 연결 – 시냅스 만들기	– 전기회로와 연결된 온라인 상태에서의 공부 – 기존의 신경세포 연결 – 기존의 시냅스 활용과 강화
성공 방법	노력과 반복	흥미와 관심
언제까지	초등학교 4학년	처음부터 끝까지
필요한 예제	– 숫자 구구단, 한글 알파벳 – 기초한자	처음 시작하는 공부

Advice
정환 원장의 경험 : 이해 암기로 구구단을 외우자

초등학교 시절에 구구단을 외운 적이 있습니다. 이때에 구구단을 무작정 외우기보다는 구구단의 구조와 원리를 이해한 후에 암기가 쉬웠습니다.

필자도 마찬가지로 단순 암기에서 이해 암기로 구구단을 외웠습니다.

11) 이해 학습은 개념부터 이해하자

공부를 잘하려면 4가지 요소가 있어야만 합니다.

첫째, 개념을 확실하게 이해합니다.

둘째, 문제 풀이를 효과적으로 이해합니다.

셋째, 요점 정리를 완벽하게 해야 합니다.

넷째, 기억 암기 방법을 활용해야 합니다.

네가지 가운데에서 가장 중요한 것은 개념 이해입니다. 개념 이해는 단어의 뜻을 정확히 이해하는 것입니다. 단어의 뜻을 알고 나면 저절로 문장의 뜻을 알 수가 있습니다. 문장의 뜻을 알면 학습의 전체 내용을 알게 됩니다. 그래서 개념 이해는 기억법이나 문제 풀이, 요점 정리보다 중요합니다.

개념을 이해하여 학습 효과

고등학교 1학년 준성이를 필자가 직접 수학을 가르친 적이 있습니다. 준성이가 처음 수학을 배울 때에는 내용을 어려워하고 힘들어했습니다. 필자는 준성이를 수학 용어 하나씩 뜻을 설명해 주고 관련된 내용의 개념을 이해를 시키려고 했습니다. 3개월이 지나고 난 뒤에 준성이는 수학 공부를 따라오기 시작했습니다.

"준성아 그동안 뭐가 문제였니? 수학을 왜 못 따라왔어?"

준성이는 대답했습니다. "원장님, 처음에 공부 할 때에는 수학 용어를 이해하지 못했습니다. 그래서 내용 자체가 어려웠습니다. 지금은 개념을 이해하다 보니 저절로 수학이 쉽게 느껴졌습니다."

필자가 준성이를 가르쳐 본 결과 수학의 용어와 정의를 자세히 설명해 주고 난 후에 수학 내용을 가르쳤습니다. 준성이 시험 성적이 많이 올랐습니다.

12) 이해 학습으로 가는 3가지 관문

가) 벼락치기 공부를 하지 않는다

무작정 외우려 들지 말고 우선 천천히 읽으면서 두뇌의 반응을 살피는 것이 중요합니다. 어떤 정보를 접했을 때는 두뇌의 반응을 잘 살펴보고 정보의 의미를 따져 보아야 합니다. 공부 내용을 바로 암기하려는 욕심이 암기 학습을 벗어나지 못하게 합니다. 먼저 공부 욕심을 버려야 합니다.

나) 암기는 공부가 아니다

암기 학습을 최대한 하지 말아야 합니다. 영어단어는 의미 있는 문장을 먼저 공부한 후에 그 안에서 자연스럽게 단어가 기억될 수 있도록 해야 합니다. 수학 공식을 공부할 때는 유도 과정은 물론 그 배경 정보까지 충분히 공부합니다.

다) 공부 내용이 막히면 다시 해라

공부 내용을 이해하려고 노력하여도 두뇌 회로에서 반응하는 정보를 찾기 힘이 들면 학생들이 답답해집니다. 무슨 말인지 모르겠으면 일단 뒤로 미루거나 돌아가야 합니다. 계속 그 과목을 붙잡고 있으면 싫증이 납니다.

이러한 문제를 해결하는 가장 좋은 방법은 선생님의 수업을 열심히 들은 후에 공부하는 겁니다. 수업 시간에 선생님께 문제를 질문합니다. 또는 나 홀로 공부할 때에는 백과사전이나 인터넷 지식검색 등을 활용하여 관련 정보를 구한 후에 이해 안 되는 내용을 다시 공부합니다. 관련 정보가 많아지면 두뇌가 쉽게 반응하여 이해 학습으로 바뀝니다.

불가능한 일은 노력과 집중력으로 바꿀 수 있다

고구려의 바보 온달과 평강공주가 있습니다. 평강공주는 바보온달에게 콩 한 알을 두 쪽으로 쪼개라고 했습니다.

처음에는 온달은 콩 한 알을 두 쪽으로 내기는커녕 콩을 제대로 맞추기도 힘이 들었습니다. 온달은 많은 노력을 하여 콩은 맞추었습니다. 그러나 콩을 두 쪽으로 내기는 어려웠습니다.

평강은 콩알을 뚫어지게 바라보는 훈련을 온달에게 시켰습니다. 온달은 콩알이 호박처럼 크게 보이는 순간 단검을 내리쳐 콩을 두 쪽으로 나누었습니다.

학습에 도움이 되는
향기 요법

● **불안감을 느낄 때 효과가 있는 향기**

1) **라벤더** 불안하고 불면증이 있을 때 효과가 있습니다. 노여움을 가라앉히고 피로를 풀어
주고 중추신경을 자극하여 우울증을 치료합니다.

2) **박하향** 정신적 피로를 완화하고, 집중력을 강화시킵니다. 불면증을 해소시킵니다.

3) **국화향** 경련, 히스테리, 분노, 편두통에 좋습니다.

4) **용뇌향** 기분을 상쾌하게 하고 정신을 맑게 합니다.

5) **백두구** 신경성 소화 장애 또는 긴장성 월경 전 증후군에 좋은 효과가 있습니다.

● **졸림을 없애주는 각성 효과의 향**

1) **로즈메리** 무기력증과 현기증에 효과가 있습니다. 근육 경련을 안정시킵니다. 노인성 치
매, 기억력 감퇴 증상에 좋습니다. 두뇌의 활동과 기억력, 집중력을 향상시키
는 효력이 있습니다.

2) **목향** 정신을 맑게 하고 마음을 편안하게 합니다.

3) **정향** 소화가 잘 안 되거나 긴장을 하여 머리가 아플 때에 효과가 있습니다.

4) **레몬그래스** 정신을 맑게 하고 집중력을 강화시키는 효과가 있습니다. 토닉 효과와 탈수
작용 등의 자극 효과가 있습니다.

Chapter 09 공부의 학습 정보 전달

1) 공부의 내용 정보 전달 5단계

다음의 5단계 정보 전달 방식을 이용해 습관을 교정합니다. 자녀 교육을 잘하는 부모들은 아이들과 눈높이를 맞추는 과정에서 아래 5단계를 거칩니다.

5단계 중에서도 3단계 확인 과정이 특히 중요합니다. 가르치기만 하고 시험을 안 보면 성적이 오르지 않는 것처럼 확인 없이는 목표가 이루어지기 어렵습니다. 정보 확인을 통해서 정보 자체에 대한 평가와 분석을 하고 그것을 토대로 목표를 새롭게 수립하는 것이 정보의 재창조입니다. 이 과정을 통해서 부모는 아이에 대한 통찰력을 높일 수 있습니다.

1단계 : 정보 정리

해결해야 할 문제가 무엇인지 파악합니다. 한 달에 하나씩 습관을 고쳐 나갑니다. 한 달 계획을 세울 때는 일일 혹은 주간별로 각 단계에서 평가할 수 있는 가이드를 만듭니다.

그리고 목표를 달성했을 때의 보상과 게을리했을 때의 벌칙에 대해서도 미리 정해 둡니다. 하나의 습관이 교정되면 그것과 연관된 다른 습관까지 연쇄적으로 좋아질 가능성이 높습니다. 한 달에 하나씩, 일 년이면 12가지의 좋은 습관이 생깁니다.

2단계 : 정보 전달

정리한 정보를 어떻게 전달하느냐가 중요합니다. 내용을 정확하게 전달해야 합니다. 정보의 성격에 따라 2가지 방법을 사용합니다.

하나는 문제 상황이 벌어졌을 때 현장에서 바로 지적해 줍니다. 두 번째는 부모와의 대화를 통해 아이가 스스로를 돌아볼 수 있는 시간을 주는 것입니다. 2가지 전부 다 분명한 이유를 설명해 주고 어떻게 행동해야 하는지를 구체적으로 알려 줍니다.

3단계 : 정보 확인

아이가 좋은 습관을 만들기 위해서 어떻게 노력하는지 그 과정을 관심 있게 지켜 봅니다. 매일 혹은 일주일에 한 번, 정기적으로 만나는 것이 좋습니다. 부모는 아이의 습관이 좋은 방향으로 간다면 작은 변화에도 칭찬해 줍니다.

아이가 목표에 의욕을 보였음에도 불구하고 행동이 개선되지 않는다면 어떤 어려움이 있는지 알아보고 중간 목표들을 재수정합니다. 아이가 포기하지 않고 끝까지 하기 위해서는 결과도 중요하지만, 계획을 실천하는 과정에서 아이 스스로 "시간이 지날수록 습관이 더 좋아지고 있다."는 것을 느끼게 해 줘야 합니다.

4단계 : 정보의 평가와 분석

아이가 습관을 고쳤으면 반드시 고치는 과정을 칭찬합니다. 만약에 습관 목표가 잘 이루어지지 않는다면 초기에 정했던 목표를 다시 평가하고 분석합니다.

평가 과정에서는 부모가 일방적인 기준을 정하는 게 아니라 아이와 눈높이를 맞춥니다. 목표가 아이에게 막연하게 전달된 것은 아닌지 아이가 장애를 느끼고 있는 것은 무엇인지 문제를 극복하기 위해 취할 수 있는 방법에는 어떤 것이 있는지 아이가 스스로 하고 싶은 의욕을 내기 위한 방법까지 전체적인 상황을 고려해 분석합니다.

분석이 끝나면 몸의 긴장을 풀고 아이가 목표를 달성해 내는 모습을 떠올려 봅니다. 원하는 이미지를 되풀이할수록 두뇌에는 목표를 이루기 위한 신경세포의 연결이 튼튼해집니다.

5단계 : 정보의 재창조

최종목표는 변하지 않지만 중간계획은 얼마든지 수정할 수 있습니다. 앞에서 평가하고 분석한 정보를 기반으로 정보를 재창조합니다. 하나의 과제를 무리 없이 잘 수행 했다면 두 번째 과제로 넘어가고, 조금 미흡한 게 남았다면 첫 번째 과제를 업그레이드시킬 수도 있습니다. 이때 주의할 점은 강박적인 목표의식에 매달리지 않는 것입니다.

부모가 긍정적인 마음을 가질 때 아이의 정서도 안정되고 더 좋은 결과를 만듭니다.

2) 할 수 있는 자신감을 심어 준다

평범한 뇌를 비범하게 만들기 위해서는 학생의 두뇌를 믿어 주고 사랑해 줍니다.

사랑과 믿음이 있는 부모가 아이에게 줄 수 있는 최고의 선물은 칭찬입니다. 칭찬은 아이의 마음을 편안하게 해 줄 뿐 아니라 폭력적이거나 충동적으로 변하는 것을 막아 줍니다.

그리고 무엇보다 이 세상을 신뢰하며 살아갈 무한한 힘을 공급해 줍니다. 언제나 사랑 속에 있었던 기억이 힘들 때마다 자신을 일으켜 세우는 힘이 됩니다. 부모는 아이에게 너무 많은 것을 가르치려고 하기보다 칭찬을 통해 아이의 좋은 면을 적극적으로 찾아내고 의욕을 자극하여 스스로 행동할 수 있게끔 해 주는 것이 중요합니다.

3) 체력

원하는 목표를 이루기 위해서 어떻게 해야 할까요? 이것은 의지만으로 되는 것은 아닙니다. 체력이 뒷받침되어야 하고 두뇌 힘을 주어야 합니다.

체력, 두뇌 힘, 의지 삼박자가 맞을 때 우리 두뇌는 최고의 기능을 발휘합니다. 3가지의 힘을 파워 브레인이라고 부릅니다. 파워 브레인은 창조적, 생산적이고, 평화적인 두뇌입니다. 뇌의 힘에서 창조성이 나오고, 체력에서 생산성이 나오며 의지력에서 용기와 평화가 나옵니다. 결국, 각각의 힘을 얼마나 조화롭게 길러 주느냐가 두뇌 개발의 핵심입니다.

파워 브레인이 되어야만 학생의 두뇌에 숨어 있는 잠재력을 깨울 수가 있습니다. 두뇌는 사용할수록 좋아집니다. 나이와는 무관합니다. 두뇌가 젊은 사람이 진짜 젊은 사람이라고 볼 수 있습니다. 목표를 세우고 끊임없이 노력하는 사람이 바로 좋은 부모가 될 수 있는 자격이 있습니다. 그래서 사람이 나이를 먹을수록 문제 해결 능력이 향상되고 지혜로워집니다.

4) 몸에서 나오는 두뇌 개발

파워 브레인을 만드는 힘은 첫 번째가 바로 체력입니다. 체력은 스스로 통제할 수 있고 마음 먹으면 쉽게 키울 수 있는 육체적인 힘입니다.

● 체력관리 체크리스트 ●

구분	설명
수면시간	잠은 충분히 자나요?
기분 상쾌	아침에서 일어날 때에 기분은 상쾌하나요?
기대와 의욕	하루의 기대와 의욕이 느끼나요?
의식 명료	하루 중에 의식이 명료하나요?
공부 집중	공부할 때에 집중이 잘 되나요?
체력	몸이 의지를 불러일으켜 주나요?
활동	공부할 때에 마음껏 활동이 가능하나요?
에너지	하루를 마친 후에 학생의 특별한 시간을 보낼 수 있는 여분의 에너지가 있나요?

　삶의 목적을 달성하는데 몸이 장애가 되지 않아야 할 정도가 적정 수준의 체력입니다. 적정 수준의 체력은 학생이 하는 모든 활동에서 생산적인 결과를 낼 수 있고 학생이 정한 목표를 향해 나아갈 때 몸이 받쳐 줄 수 있는 정도입니다.

　행운의 기회는 학생 누구에게 있지만, 그런 기회가 주어지면 바로 활용할 수 있는 체력이 있어야 합니다. 체력은 근육과 뼈와 심장의 꾸준한 단련을 필요로 합니다. 그렇기 때문에 체력을 유지하는 것은 단순히 건강에 도움이 되고 자기 조절 능력과 성실성과 책임감과 의지력을 단련합니다.

Advice　정환 원장의 경험 : 휴식의 필요성

고등학교 학창시절, 일요일의 오후에는 뒷산에 올라가서 마음의 정화를 시켰습니다.
필자는 등산을 해서 심신이 좋아졌습니다. 이로 인하여 공부에 훨씬 더 집중을 할 수가 있었습니다.

5) 체력이 학습의 양질을 결정한다

학생은 몸을 통해서 많은 공부를 할 수 있습니다. 몸을 움직여 주면 신경기능이 좋아지고, 그 자극이 두뇌의 대뇌로 전달되어 두뇌가 활성화됩니다. 운동을 하고 있는 동안 두뇌에서도 여러 가지 명령이 신경에 전달되어 몸을 보다 민첩하게 움직입니다. 두뇌가 외부의 자극을 적극적으로 받아들이고 흡수하는 일련의 과정을 통해 상황 판단력과 인식력에 대한 감각을 갖춥니다.

학생을 하루 종일 책상에서 공부를 하도록 하지 말고 부모는 자녀를 목표 시간만큼 공부를 한 뒤에는 충분히 쉬게 해 줍니다. 잘 쉬어 주는 것이 두뇌를 유연하고 부드럽게 해 줍니다. 대뇌의 신경세포는 일정 시간 동안 계속 공부를 할 경우에는 더 이상 두뇌는 반응을 하지 않습니다.

공부에 지친 두뇌는 신경 세포를 쉬게 하려고 합니다. 두뇌는 수축과 이완을 반복할 때 딱딱하게 굳지 않고 부드럽고 유연해집니다. 유연하고 활발한 두뇌 활동을 위해서는 공부를 할 때에도 매시간마다 10분 정도 쉽니다. 잠시 쉴 때는 가볍게 호흡을 하거나, 걷거나, 음악을 들으면서 가장 편안한 자세로 있습니다. 쉬기 전에 약 5분간 공부 내용을 정리하는 습관을 기른다면 기억력도 훨씬 더 좋아집니다.

다음은 시간의 흐름에 따른 두뇌 활성도 변화입니다. 체력을 단련하는 시간은 언제 적합할지와 언제 집중력이 높아지는지를 알 수가 있습니다. 학생 여러분의 바이오리듬을 비교해 보세요.

방학기간 학생은 생활계획표를 설정하려면 시간에 따른 두뇌 상태가 변한다는 것을 참조해야 합니다.

● 시간의 흐름에 따른 두뇌 활성도 변화 ●

구분	특징
오전 6시 ~ 오전 8시	몸이 깨어나는 시간 신체 저항력이 약합니다.
오전 10시 ~ 오전 12시	체력이 가장 활발한 시간 두뇌의 활성도가 가장 높은 시간입니다. 두뇌의 판단력과 사고력이 최고조입니다. 수학의 어려운 문제를 풀거나 과학에 관련된 공부를 합니다. 집중력과 창의성을 최적화시킵니다. 인생의 중요한 선택이나 결정을 내리는 시간대입니다.
오전 12시 ~ 오후 3시	두뇌가 쉬는 시간 오후 1시에는 공부능력이 떨어집니다. 잠시 휴식을 가집니다.
오후 3시 ~ 오후 5시	두뇌가 재가동되는 시간 장기 기억력이 뛰어납니다. 국어와 영어를 공부합니다.
오후 5시 ~ 오후 7시	뇌가 좋아하는 운동 시간 암기 과목 국사를 공부합니다.
오후 7시 ~ 오후 9시	두뇌가 가장 편안한 시간 두뇌의 사고 기능은 떨어집니다. 수학 과목에서 기본문제와 과학 공부를 합니다.
오후 9시 ~ 오후 11시	체력이 고갈되어 가는 시간 암기 과목 위주로 공부합니다.
오후 11시 ~ 새벽	체력이 재생되는 시간 오후 11시 ~ 오전 1시 성장호르몬이 활성화되는 시간입니다. 하루의 공부를 복습합니다.

6) 두뇌의 힘을 높이는 방법

파워 브레인을 만드는 두 번째는 두뇌의 힘입니다. 두뇌의 힘 기준은 정보의 양과 질입니다. 중요한 점은 두뇌의 힘이 단순히 지식의 많고 적음의 문제가 아닙니다. 두뇌의 힘의 핵심은 정보를 판단하고 평가하는 힘입니다. 두뇌의 힘은 철학이라고 볼 수도 있습니다.

두뇌 속의 정보가 바뀌면 생각이 바뀌고, 언어가 바뀌고 행동이 바뀌고 운명이 바뀝니다. 두뇌에서 생각을 구체화한 것이 언어이고 그 언어를 실천에 옮긴 것이 행동입니다. 따라서 부모가 자녀의 두뇌에 어떤 정보를 입력시키느냐에 따라서 자녀가 무엇을 생각하고 무엇을 말하며 무엇을 행하는가 결정됩니다.

두뇌의 힘을 결정하는 것은 행동력과 실천력입니다. 생각만 많고 행동이 없는 것은 그만큼 두뇌의 힘이 약한 탓입니다. 두뇌에서 몸을 움직일 정도의 충분한 신호를 보내지 못합니다. 행동이 없이는 어떠한 창조도 없습니다. 행동이 없이는 그야말로 아무 일도 일어나지 않습니다.

행동으로 표현하고 행동으로 판단하는 것을 규칙으로 삼고 습관을 가지는 사람이 바로 창조적인 학생입니다. 무엇을 해야 할지 아는 것으로는 충분치 않습니다. 아는 것을 실천으로 옮기는 것이 공부의 성패를 가립니다.

꿈은 크게 가지고 현실은 하나씩 하나씩 앞으로 나아갑니다. 그러다 보면 언젠가는 목표에 도달할 것입니다.

7) 공부를 잘할 수 있는 자기암시

　좋은 정보를 입력하면 두뇌가 활성화됩니다. 자기암시는 두뇌에게 말을 하여 내가 누구인지, 내가 무엇을 어떻게 할 수 있는지에 대해 자기 자신에게 미리 약속합니다. 이 말을 반복적으로 하여 학생의 꿈이 잠재의식 속으로 파고 들어가 놀라운 힘을 발휘합니다. 결국 학생은 자신에 대한 믿음을 실현합니다. 학생들이 자기암시는 여러 가지 방법으로 할 수가 있습니다. 일기처럼 학생에 대한 결심을 적으면서 감정을 살려 두뇌에 생생하게 들려 주고 친구나 가족들 앞에서 이야기합니다.

　계획이나 꿈은 마음속에 담아 두기보다는 다른 사람에게 말을 하여 명확하게 학생의 태도를 결정할 수 있습니다. 말을 하는 자기암시 효과는 기대 이상의 결과를 가져옵니다. 항상 "나는 무엇이든지 할 수 있다.", "나는 정말 잘 생겼다." 등 긍정적인 말을 습관처럼 몸에 배도록 합니다.

　두뇌는 단순하고 명쾌하고 긍정적인 말을 좋아합니다. 학생에게 구체적인 꿈이 있다면 다음의 3가지 규칙을 이용하여 자기암시 문장을 작성합니다.

● 꿈을 이루는 문장의 3가지 규칙 ●

규칙1	긍정적으로 말한다. 올해 전교 학생회장 선거에서 떨어지지 않는다.(X) 나는 올해 전교 학생회장 선거에 반드시 당선된다.(O)
규칙2	확실하게 말한다. 올해 전교 학생회장 선거에서 당선될 수 있을까?(X) 나는 올해 전교 학생회장 선거에 반드시 당선된다.(O)
규칙3	"나" 라는 주어를 사용한다. 올해 전교 학생회장 선거에서 반드시 당선된다.(X) 나는 올해 전교 학생회장 선거에서 반드시 당선된다.(O)

8) 의지

의지는 파워 브레인을 만듭니다. 의지는 어려운 고난이나 시험 위기에 처했을 때에 발휘합니다. 의지는 학생 마음속에서 나오고 정해진 목표를 이루려면 의지가 강해야만 합니다.

체력과 두뇌의 힘, 의지는 각각 독립적으로 존재하는 게 아니라 상호 유기적으로 연결 되어 있습니다. 체력이 떨어지면 두뇌의 힘이 떨어지고 의지가 약해집니다. 체력이 좋아지면 두뇌의 힘이 세어지고 의지도 강해집니다. 두뇌의 힘과 의지가 약해지면 기본적인 체력을 키워야 합니다.

학생에 대한 고정관념이나 편견을 버리고 자유로워지기 위해서는 그것을 정화할 수 있는 충분한 에너지가 있어야 합니다. 큰 에너지 안에 있을 때 작은 관념에 집착한 자기 자신을 바라볼 수 있고, 그때 비로소 한 몸처럼 붙어 있던 불편한 감정들로 벗어날 수 있습니다.

Tip

자기암시 문장

1) 나는 꿈을 이루기 위해 열심히 공부할 것이다.
2) 내 인생은 지금 얼마나 열심히 공부하느냐에 따라 달라진다.
3) 행복한 미래를 위해 나는 더욱 열심히 공부할 것이다.
4) 나는 지금 열심히 공부하고 있으며 공부가 점점 재미있어진다.

이런 문장을 책상 앞에 붙여 놓고 집중력이 떨어질 때마다 소리 내어 읽으면 생각보다 큰 효과를 얻을 수 있습니다. 일종의 자기암시와 같습니다. 흔히 마인드컨트롤이라고 부릅니다.
자기암시는 암시로만 끝나지 않고 실제 상황으로 이루어집니다. 그 이유는 끊임없이 자기암시가 공상과 잡념을 없애주고 달성하고자 하는 목표를 향해 더욱더 집중력 있게 공부를 할 수 있습니다.

자기 주도 학습

1) 학생이 공교육을 좋아하도록 한다

초등학생 중에 학교에 가는 것이 즐겁다는 아이들의 공통점은 성격이 활발하고 원만하며 친구들과 잘 어울리고 학습진도도 비교적 잘 따라가는 편입니다. 무엇보다 매사에 자신감이 있다고 볼 수 있습니다. 그렇다면 학교 가기가 제일 싫다는 아이들이 지니고 있는 문제점은 무엇일까요?

첫째, 학교에 대한 부정적인 인식이 지배적일 때 등교를 거부합니다. 특히 입학 전 학교에 대한 잘못된 이미지를 갖게 되면 학교 가는 것을 두려워합니다. "엄마 말 안 듣고 공부 안 하면 선생님한테 일러서 혼나게 하겠다."는 등의 말은 아이에게 학교란 무서운 선생님들에게 야단맞는 곳이란 인상을 줍니다. 그러나 이런 현상은 대부분 학교를 다니면서 사라집니다.

둘째, 친구 관계가 원만하지 않을 때 학교 가는 것을 거부합니다. 친구들과 놀지 않고 공부만 하는 아이를 대견스러워할 것이 아니라 아이의 학교생활이 어떤지, 어떤 친구들과 어울리는지 살펴보아야 합니다. 특히 친구들에게 괴롭힘이나 따돌림을 당할 경우 아이가 직접 말하기 전까지는 알 수 없으므로 부모는 항상 관심을 갖고 있어야 합니다.

셋째, 학교 수업을 이해하지 못하는 경우 학교생활이 재미있을 리 없습니다. 아마도 많은 아이들이 이에 속할 것입니다. 이럴 때 부모가 당황하여 학원에 보내거나 과외를 시키는 등 아이에게 무리한 학습을 강요해서는 안 됩니다. 차라리 아이가 교과서를 충분히 이해하고 익히는데 많은 노력을 기울여야 합니다. 초등학교 때에는 학교 수업에만 따라가도 공부를 잘할 수 있으므로 각종 문제집으로 아이를 괴롭혀서는 안 됩니다.

학교란 다니지 않으면 안 되는 곳이 아닙니다. 학교에는 친구들도 있고 집에서 할 수 없는 여러 가지를 경험하고 배우는 곳입니다. 따라서 학교 가는 것 자체에 흥미가 없으면 그 안에서 하는 공부는 거들떠보지도 않을 것입니다. 이것저것 해도 성적이 안 오른다고 걱정할 것이 아니라 아이의 학교생활은 어떤지 살펴보아야 합니다.

중학생이 되면 학습 일기를 쓰자

유치원 시절부터 일기를 적습니다. 일기는 그날 일어난 사건 중심으로 작성합니다.
일기는 일상에서 일어나는 해프닝을 적어 하루를 반성하고 내일을 계획합니다. 이러다 보니 일기는 지식과 인격 성장에 도움을 줍니다. 그렇다면 학습 일기는 어떻게 작성해야 할까요?
다음은 학습 일기를 작성하는 방법입니다.
1) 학습내용의 개념과 원리를 적습니다.
2) 학습 일기는 주제별의 암기노트를 적을 수 있는 베이스 노트입니다.
3) 공부를 하는 각오와 마음가짐을 적고 내일 공부할 스케줄을 적습니다.

2) 학생에게 선생님을 좋아하게 하자

초등학교에 다니는 자녀가 가장 많이 만나는 사람은 집에서는 가족이고 학교에서는 친구들과 선생님입니다. 그래서 어떤 아이는 친구들과 노는 것이 재미있어 학교 가는 것이 즐겁다고 말하는가 하면, 원만한 학교생활을 하지 못하는 아이는 학교 가는 것이 싫다고 말하기도 합니다. 그래서 부모들은 자녀의 친구들에게 관심을 갖고 있으며 자녀 친구들의 부모끼리 서로 어울리기도 합니다.

그러나 자녀와 선생님의 관계에 대해서는 대부분 무관심합니다. 선생님이란 그저 아이들 공부 잘 시키고 이왕이면 내 아이에게 좀 더 관심을 갖고 대해 주기를 바랄 뿐입니다. 그렇지만 초등학교에서는 담임 선생님과 학교생활의 대부분을 함께 하기 때문에 부모들의 생각과는 달리 아이들은 선생님으로부터 많은 영향을 받습니다.

학교 가기를 싫어하는 자녀들은 선생님이 싫어서 공부까지도 하기 싫다거나 선생님이 나만 미워해서 가기 싫다고 하는 아이들이 있습니다. 따라서 아이와 선생님의 관계를 어느 정도 파악하고 있어야 합니다.

자녀들은 친구들과 어떤 선생님이 좋고 나쁜지 비교하기 마련이고 또 자녀들의 생각을 부모에게 말하기도 합니다. 이때 가장 조심해야 할 것은 자녀가 선생님의 잘못을 지적하거나 이러 이러해서 싫다고 말할 때 부모는 어떻게 답변을 해야 할 것인가입니다.

부모가 흥분하여 아이와 맞장구를 치면 아이는 선생님에 대한 미움과 선입견이 굳어져 어쩌면 학교생활은 엉망이 될 수도 있습니다. 물론 선생님이 잘못한 경우도 있겠으나 무엇보다 자녀에게 선생님에 대한 이해를 시켜주어야 합니다.

선생님은 여러 명의 학생을 돌보아야 하기 때문에 선생님이 자녀에게 다소 친절하지 않게 대하더라도 이해해야 한다고 설명합니다. 무엇보다 담임 선생님이야말로 다른 어떤 선생님보다 아이에게 많은 관심을 갖고 있음을 일깨워 주어야 합니다.

다음은 학교에 가기를 싫어하는 하빈이의 문제점을 해결하는 예제입니다.

① 하빈이는 등교하기를 싫어합니다.

하빈이는 새 학년에 올라가면서 학교에 가기를 싫어합니다. 그 이유는 새로 오신 학교 담임 선생님이 싫다는 겁니다. 하빈이는 학교 가기를 좋아하고 공부도 무척 열심히 했던 중학생입니다. 더구나 이제 학년이 올라가면 더 열심히 학교 공부를 해야 하는 시기입니다. 그래서 하빈이의 어머니는 걱정이 큽니다.

그렇다고 무작정 학교 담임 선생님을 찾아가서 이런 사실을 알릴 수가 없습니다.

하빈이의 문제를 해결하려면 어떻게 해야 할까요?

② 하빈이의 문제점을 파악하고 해결하는 과정입니다.

해결과정1	최초 문제 적어 보기 -> 학교 담임 선생님이 싫어서 학교에 가기 싫어합니다.
해결과정2	반문하며 이유 적기 1) 학교 담임 선생님을 왜 싫어하나요? 　-> 담임 선생님이 나에게 관심을 가져 주지 않습니다. 2) 왜 관심을 가져 주지 않는다고 생각하나요? 　-> 다른 학생들에게는 칭찬을 해 주는데, 나에게는 칭찬을 해 주지 않습니다. 3) 왜 칭찬해 주지 않나요? 　-> 학교 숙제를 해 가지 않습니다. 예습도 하지 않습니다. 　　학교 수업 시간에 선생님의 질문에 아예 답변도 하지 않습니다. 4) 왜 학교 숙제와 예습을 하지 않나요? 　-> 학교 친구들과 어울려서 학교의 숙제와 예습시간을 낼 수가 없었습니다.
해결과정3	핵심어와 관계어 찾기 - 핵심어 : 학교 담임 선생님 - 관계어 : 관심을 가집니다. 칭찬을 받습니다. 내가 먼저 노력합니다.
해결과정4	진짜 해결 문제 정하기 -> 학교 담임 선생님의 칭찬을 받기 위해서 내가 먼저 노력해야 합니다.

③ 하빈이의 문제 정하기의 원리 및 사고방법

1. 모든 문제를 해결하려고 하기보다는 해결할 가치가 있는 문제만을 선택할 줄 알아야 합니다.
   생활이나 학습 상황에서 일어나는 문제들 중에는 해결할 가치가 없거나 어떻게 해 볼 문제가 있기 때문입니다. 그러나 한 번 더 생각해 볼 여지가 있는 문제라면 잠시 보류해 두었다가 시도해 보는 것도 중요한 훈련이 됩니다.
2. 반문하여 이유 적기는 가능하면 부정적인 표현보다는 긍정적인 표현으로 해야 합니다.
   부정적인 표현은 생각을 차단하거나 너무 한 곳으로만 생각하게 만들기 때문입니다.
3. 핵심어와 관계어는 다루고 있는 문제와 직접적으로 관계되는 단어들이어야 합니다.
4. 해결 문제를 정하는 것은 사람의 입장에 따라 다르기 때문에 정확하게 하기 위해서는 여러 사람이 토론으로 정할 수도 있습니다.

3) 학생에게 좋은 수업 태도를 갖도록 한다

초등학교에서 중학교, 고등학교를 거쳐서 대학에 들어가기까지 아이가 가장 많이 공부하는 시간은 학교 수업 시간입니다. 그런데 어떤 아이는 학교 수업을 마치자마자 영어, 피아노, 미술, 바둑, 글짓기, 보습학원 등 대여섯 군데를 다니고 있습니다. 반면 그렇지 않은 아이들의 부모들은 불안해하기도 합니다. 그런데 전혀 그럴 필요가 없음을 강조하고자 합니다.

저학년 때 100점을 받거나 70점을 받거나 그것은 그다지 중요하지 않습니다. 이왕 100점을 받으면 좋겠지만 점수 때문에 아이를 야단치거나 다른 아이와 비교하지 말아야 합니다. 선생님의 말씀에 귀 기울이고 수업에 흥미를 느끼고 집중할 수 있는 태도를 키워 줘야 합니다. 3학년이 되면 아이가 공부에 흥미를 느끼기 시작하고 이때부터 학교 수업에 완전히 정신을 집중할 수 있도록 지도해야 합니다. 3학년 때부터 성적의 우열이 서서히 드러나기 시작합니다.

혹시 자녀의 성적이 조금 떨어지더라도 학원에 보내거나 과외를 시켜야 되겠다는 등 부모가 당황해서는 안 됩니다. 공부는 마라톤과 같습니다. 초등학교 3, 4학년이면 42㎞ 중에서 이제 겨우 2㎞ 정도 달린 셈입니다. 벌써부터 부모가 아이에게 도움을 준다면 분명히 혼자 힘으로 끝까지 달리지 못할 것입니다.

부모는 먼저 아이의 수업 태도를 점검하고 교과서를 중시하는 공부를 시켜야 합니다. 그리고 예습과 복습의 요령을 가르쳐서 서서히 자신감을 회복하도록 해야 합니다. 무슨 일이든지 힘들 때는 기본과 원칙에 충실하면 됩니다. 공부를 잘하는 원칙은 수업과 교과서라는 것을 잊지 말아야 합니다.

수업 시간은 공부에 있어서 어떤 의미가 있을까요?

첫째, 혼자 열심히 노력해서 얻는 것보다 수업 시간에 집중해서 얻는 것이 훨씬 많다는 것을 알아야 합니다. 사실 혼자 공부해서 좋은 결과를 얻기란 거의 불가능합니다. 아직까지 공부 방법이 형성되어 있지 않고 원리를 깨달을 수 있을 만큼 학문적인 기초 작업이 안 되어 있기 때문입니다. 건강을 잃으면 모든 것을 잃는 것처럼, 수업 시간을 잃으면 모든 시간을 잃게 된다는 것을 알아야 합니다.

둘째, 공부의 왕도는 예습에서 수업, 복습 순서인데 수업 시간에 집중하기 위해서는 예습이 필요합니다. 또 수업 시간이 복습의 방향과 질을 결정하게 됩니다. 수업 시간을 소홀히 하는 학생이 예습을 열심히 할 리 만무하고, 수업 시간을 중요하게 여기는 학생이 복습하지 않을 리 없습니다.

셋째, 공부에 있어서 중요한 것은 이해력입니다. 수업 시간을 통해 이해력을 완성하고 측정할 수 있습니다. 이해하지 않고 하는 공부는 공부에 대한 소극적인 생각을 갖게 합니다. 선생님의 설명을 모두 이해했으면 우등생 예비 후보입니다. 70% 이해했다면 보통입니다. 만약 50% 이하라면 열심히 공부해야 합니다.

넷째, 수업 시간에만 열심히 해도 우수한 성적을 받을 수 있습니다. 선생님이 유난히 강조하거나 반복하는 것 등을 표시해 두어 시험 기간에만 열심히 공부하면 우수한 성적을 받을 수 있습니다.

수업 시간에 선생님과 눈을 맞추어 열심히 배운다면 성적도 좋아질 뿐 아니라 선생님과도 친해지는 계기가 될 것입니다.

4) 학생에게 교과서가 중요하다

모든 부모의 소원은 자녀가 우등생이 되는 것입니다. 그런데 우등생이 되는 것은 생각만큼 힘들고 어려운 것이 아닙니다. 우등생이 되는 방법은 여러 가지가 있습니다. 선천적으로 머리가 좋은 아이가 있고 가정환경이 늘 공부하는 분위기라서 자기도 모르게 공부하는 습관이 배어서 되는 경우도 있으며 부모의 열렬한 지도로 되는 아이도 있습니다.

그러나 보통의 아이들이 보통의 방법으로 우등생이 되는 간단한 방법이 있으니 이는 바로 교과서 중심 학습법입니다. 물론 이것을 모르는 부모는 없겠지만 구체적으로 실천하지 못하는 이유는 무엇일까요?

먼저 교과서를 중심으로 공부했을 때의 가치와 효용을 따져 보아야 합니다. 학생이라면 교과서를 철저히 공부하리라고 생각하겠지만 전혀 그렇지 않습니다. 교과서는 학교 수업 시간에만 필요한 것으로 알고 있기 때문입니다. 지금 아이가 공부하고 있다면 교과서인지 문제집인지 당장 확인해 보십시오. 필시 문제집이나 참고서일 것입니다.

또 과외나 학원 수업은 문제집 위주로 가르치기 때문에 교과서를 이해하고 소화할 시간이 없습니다. 굳이 학원에 보내야 한다면 교과서 위주로 가르치는 학원에 보내길 바랍니다. 교과서에 있는 내용도 모르면서 어려운 문제집을 들고 씨름하는 학생들이 얼마나 많은지 모릅니다. 우등생들의 공통점은 교과서를 철저히 정복했다는 것입니다.

교과서는 전체를 파악하기에 가장 좋은 책입니다. 모든 일이 다 그렇듯이 전체를 알고 부분을 알면 더 이해하기 쉽습니다. 전체를 보는 눈이 있으면 실력이 급상승합니다.

문제집이나 요점 정리를 공부해서는 전체를 보는 눈을 갖기 힘듭니다. 요점 정리를 외운다고 해서 전체가 보이는 것도 아닙니다. 교과서를 반복해서 읽고 생각하면서 흐름을 파악하고 논리적인 연결성을 찾아낼 때 전체가 보이는 것입니다.

어쩌다 한 번 되는 우등생이 아닌 꾸준하게 상위권을 유지하는 우등생은 교과서를 통해서 전체의 흐름을 파악하고 꿰뚫을 수 있어야 합니다.

공부를 해 보려고 해도 기초가 부족하여 진도를 따라가지 못하고 포기하는 아이가 많습니다. 그러나 교과서로 공부하면 진도에 맞추어서 공부할 수 있습니다. 교과서 내용만 철저히 알고 이해하면 기초가 완성되는 것이나 다름없습니다.

또 교과서로 공부의 틀을 잡지 않으면 공부 내용의 90%는 날아가 버립니다. 많은 아이들의 고민은 공부한 내용을 잊어버리는 것입니다. 교과서를 통하여 전체적인 개요가 머릿속에 있어야 하는데 그렇지 못하기 때문에 며칠 지나지 않아 잊어버릴 것입니다. 그래서 교과서를 통하여 학습내용의 틀과 뼈대를 형성해야 합니다.

꾸준히 상위권을 유지하는 우등생이 되려면 학원이나 과외에 의존하지 말고 교과서에 의존해야 합니다.

Tip

교과서 중심으로 공부

고승덕 변호사는 사법고시, 외무고시, 행정고시를 합격했습니다. 고승덕 변호사의 주변 사람들이 대체 어떤 방식으로 공부를 했냐고 질문을 했더니, "기본에 충실했습니다. 교과서를 열심히 공부하는 것이 최선입니다."라고 답했습니다.

고승덕 변호사는 학생 때 하루에 17시간을 공부 스케줄을 설정했습니다. 그는 매일 하루에 17시간 이상을 공부했습니다. 고승덕 학생은 어느 수험생보다 더 많이 공부했고 교과서에 충실, 어렵다는 3개의 고시에 합격하게 되었습니다.

가) 교과서에서 이야기 구조를 찾아내자

가장 먼저 해야 할 일은 교과서에서 이야기 구조를 찾아내는 것입니다. 머리말과 목차, 각 단락의 개요와 요약정리된 내용을 반드시 봐야 합니다. 이런 방법은 성적 향상은 물론 시간을 절약하는 효과까지 발생합니다.

나) 잠들어 있는 머리의 우뇌를 살려라

단편 정보를 외우느라 고생하는 좌뇌에서 공부의 중심을 우뇌로 옮겨야 합니다. 이때 중요한 것은 공부할 내용이 시험과 성적에만 필요하다는 생각을 하지 말아야 합니다.

다음은 학생에게 질문을 하고 그 질문에 대한 답을 찾기 위해 공부해야 합니다.

기본	질문 내용
무엇을	도대체 내가 무엇을 배우려고 하는가?
내용	이 내용을 내가 3분 동안 발표한다면 어떻게 말해야 될까?
이야기 구조	이 내용을 가지고 내가 영화나 만화를 만든다면 어떻게 이야기를 풀 수 있을까?

학생은 위의 과정을 공부 계획에 꼭 포함시켜야 합니다. 학생은 이야기 구조 파악이라는 목적이 확실해지고 이 방법이 숙달되면 5분 이상 시간이 걸리지 않습니다. 학생은 예습을 할 시간이 없으면 위의 과정을 반드시 하는 것이 좋습니다.

이런 과정은 두뇌의 본능을 활용하는 공부 학습이라서 학생은 공부를 재미있게 할 수 있습니다.

다) 다시 한 번 윤곽을 그려라

수업이나 공부가 끝나면 윤곽을 다시 그려봐야 합니다. 다음은 공부를 효과적으로 마무리하는 방법입니다. 가장 효과적인 방법과 순서는 다음과 같습니다.

순서	설명
1단계	머릿속에 그린 이야기 구조를 글로 써 보거나 말해 보자.
2단계	노트나 메모장을 준비해 완성도는 생각지 말고 자유롭게 스케치해 본다.
3단계	부분적인 공부를 마친 후에 새롭게 변화된 이야기 구조를 다시 그려 본다.
4단계	처음에 스케치한 이야기 구조와 비교한다.
5단계	변화된 내용을 확인하고 새롭게 추가된 내용을 확인한다.

두뇌 처리 능력을 극대화시키는 방법은 이야기 구조 학습입니다.

이야기 구조 학습은 공부 내용과 학습 과정이 자연스럽게 회상되기 때문에 기억력이 크게 향상됩니다. 학생은 시험 전체를 위한 복습 과정에서도 시간이 절약됩니다.

5) 학생에게 예습과 복습의 중요성을 깨우쳐라

부모에게 예습과 복습 중 어느 것이 더 중요하냐고 물으면 대부분 복습이라고 대답합니다. 과연 그럴까요? 그렇지 않습니다. 학습내용의 전후, 좌우 사정을 따지지 않고 비교한다면 예습과 복습의 비중은 같다고 볼 수 있습니다.

예습 위주의 공부 학습을 하는 학생은 스스로 복습 위주의 학습을 합니다.

그러나 복습 위주의 학습으로만 공부하면 복습하기에도 바쁘고 제대로 공부하기 힘이 듭니다. 그래서 상위권 아이들은 예습 위주로 공부하고 중 하위권 아이들은 복습 위주로 공부합니다. 예습 위주로 공부를 하는 학생은 선생님의 수업이 복습하는 것과 마찬가지입니다.

학생은 수업 시간에 공부 내용을 완전히 이해를 합니다. 그래서 학생은 수업 내용을 복습하는 시간은 예습 시간보다는 짧게 걸립니다.

상위권 학생들은 별로 공부하는 것 같지 않지만 성적이 좋고 하위권 학생들은 공부는 언제나 복습하는 것인 줄 알기 때문에 책상에 앉기만 하면 복습을 해서 상위권 학생들을 뒤따라 가는 것입니다.

학생은 복습을 해야 하는 이유는 다음과 같습니다.

첫째, 수업 내용을 학생의 두뇌에 의미 기억으로 저장해야 합니다.

학생은 예습과 수업을 통해서 수업 내용을 의미 기억으로 저장해야만 공교육의 시험에서 좋은 성적을 받을 수가 있습니다.

둘째, 학생은 수업 내용을 정확히 이해하지 못했거나 부족한 것을 찾아보고 확인합니다.

셋째, 학생은 수업 시간에 학습내용을 정리해야 합니다. 수업 내용을 두뇌 속에 차곡차곡 쌓아 두어야 합니다. 그러면 학생이 시험을 응시할 때에 학습내용이 바로 기억이 납니다.

넷째, 학생은 응용문제을 풀어 학습내용을 최종적으로 마무리를 해야 합니다.

학생은 기본과 원리를 알고 있지만 응용문제를 풀어서 확실하게 의미 기억으로 만들어야 합니다.

포항공대생들과 각 대학에 수석 입학한 학생들의 공통점은 학교 수업에 충실하고 예습과 복습을 철저히 한 것이라고 합니다. 물론 개중에는 과외도 하고 학원에도 다녔겠지만 공부의 왕도는 예습, 학교 수업, 복습에 충실히 하는 것임을 명심해야 합니다.

6) 학생에게 논리적 사고를 심어 줘라

학생은 이 사회에서 요구하는 진정한 실력자가 되기 위해서는 많은 준비를 해야 합니다. 많은 정보들을 하나로 볼 수 있는 전체적인 관점과 정보의 통합능력, 꿈과 희망을 제시하는 비전능력입니다. 사회에서 부정부패를 뿌리 뽑을 수 있는 깨끗한 인간성과 전문지식이 필요합니다.

학생이 이런 능력을 갖추려면 많은 노력을 초등학교 시절부터 해야 합니다. 노력하는 자세 즉 성실성을 가지고 나아가야 할 것입니다. 그리고 많은 독서와 독후감을 적음으로써 논리적 사고를 가질 수 있게 노력합니다. 어려서부터 열심히 노력하다 보면 지식도 자라고 인격도 자라게 됩니다.

그리고 많은 독서와 지적 훈련으로 서서히 논리적 사고의 틀을 갖추도록 합니다. 논리를 알면 공부하기가 훨씬 수월하고 재미가 있습니다. 논리적인 사고를 계발할 수 있어야 사회에서 실력자로 인정을 받게 되고, 합리적인 사회를 만드는 일꾼이 됩니다.

논리를 꼭 배워야 하는 데는 이유가 있습니다.

첫 번째, 학생은 체계적으로 생각하고 설득력 있게 상대방에게 이야기할 수 있습니다.

두 번째, 상대방의 말을 통해 순서대로 생각의 흐름을 알 수 있습니다.

세 번째, 상대방의 주장이 옳은 것인지 틀린 것인지 판단을 할 수 있는 능력이 생깁니다.

네 번째, 글을 빠르고 정확하게 이해할 수 있습니다.

다섯 번째, 글을 짜임새 있고 정리 정돈되게 쓸 수 있습니다.

논리는 개념정리를 배우면서 시작합니다. 개념은 우리 머릿속에 들어온 어떤 사물이나 언어에 대한 정리된 생각입니다. 개념의 혼란은 사고의 혼란을 가져오며, 사고의 혼란은 행동의 혼란을 가져오고 행동의 혼란은 사회질서를 혼란케 합니다.

예를 들면, 성공이라는 단어의 개념의 대해서도 사람마다 다르게 가지고 있습니다. 어떤 사람들은 남에게 유익을 끼치고 인류발전에 공헌하는 것이 성공이라고 생각하며, 또 어떤 사람들은 돈을 많이 벌거나 큰 명성을 얻는 것이 성공이라고 하며 성공에 대해 어떤 개념을 가지고 있느냐에 따라 그 사람 삶의 방향이 달라집니다.

논리에 따라 자신의 의견이나 주장을 조리 있게 글로 표현한 것이 논술입니다. 성숙한 인간이 되기 위해서는 자기의 의견이나 주장을 설득력 있게 논리적으로 이해시키는 토론이 필요하고 때로는 글로써 자기의 의견이나 주장을 정리하여 표현하는 것도 필요합니다.

요즘은 초등학교 때부터 논술에 대해 많은 관심을 갖고 배우고 있습니다. 그런데 대부분의 학생들이 글 쓰는 것을 부담스럽게 생각하고 거기에 스트레스를 받고 있습니다. 학생의 의견이나 주장을 말로 표현하는데 있어서도 서툴고 어색한데, 하물며 형식과 틀을 갖춘 글을 쓴다는 것은 더욱 고통스러운 일입니다.

논술은 집을 짓는 것에 비유할 수 있습니다. 터와 재료들과 집 짓는 기술이 합해져야 집을 지을 수 있듯이 글을 쓰려면 터에 해당하는 가치관, 재료에 해당하는 여러 가지 토막지식들, 기술에 해당하는 글쓰기 방법을 알아야 합니다.

가치관과 토막지식들은 독서와 대화 그리고 신문을 통해서 얻고 형성되며 글 쓰는 기술은 작문에 대한 책을 읽고 쓰는 연습을 많이 함으로써 이루어집니다. 운동을 하면 할수록 근육이 발달하는 것처럼 자꾸 써 보면서 터득하게 되고 잘 쓰게 됩니다.

논술의 기초는 독서력입니다. 독서를 통해 다양한 간접경험을 하고 지식을 습득해야 합니다. 신문을 보면서 논리에 관계 되는 것을 스크랩 하는 것도 큰 도움이 될 수 있습니다. 지독하게 노력하지 않으면 좋은 결과를 얻을 수 없습니다.

글을 잘 쓰기 위한 효과적인 방법 4가지가 있습니다.

첫째, 책을 많이 읽어야 합니다.

좋은 글을 적으려면 독서를 많이 해야 합니다. 글쓰기를 위한 학습의 기본 조건은 좋은 책을 많이 읽는 것입니다. 스티븐 킹 작가는 "좋은 작가가 되려면 책을 많이 읽고 자주 글을 써야 합니다."라고 주장합니다. 독서를 많이 하면 한국의 역사의식이 생기고 현실 인식이 일어나 한국의 정체성이 확립되어갑니다. 그리고 현실을 비판하는 능력과 해결 방안도 생기게 됩니다. 이것을 논리적으로 정리해 가다 보면 좋은 글이 됩니다.

둘째, 국어 공부를 열심히 합니다.

국어 교과서와 자습서를 정독해서 읽고 공부하다 보면 글의 구조가 파악되고 글의 시작과 끝이 어떤 방식으로 형성되는지를 알 수가 있습니다. 학생이 작가의 관점에서 글을 어떻게 적을 것인지를 생각해 봅니다. 교과서와 참고서의 내용과 학생이 직접 글을 적어서 비교를 해 봅니다. 작가가 적은 글과 학생이 적은 글을 비교 분석해서 차이점을 찾아냅니다.

셋째, 신문과 방송국의 뉴스를 이용하여 상식을 모으고 신문기사를 스크랩합니다.

신문의 사설과 논설 등의 기사를 읽어 논리적으로 전달하는 방법을 알 수가 있습니다. 글을 쓰고자 하는 주제를 파악하여 글의 전개 과정을 유심하게 살펴봅니다. 신문의 '독자의 투고' 칼럼에서 독자들은 어떤 시각으로 글을 적는지를 알아야 합니다.

넷째, 글쓰기에 관한 자료를 수집합니다.

주간 월간지와 수필 모음집, 유명시인 작품 등을 수집하여 공부합니다. 그들의 작품을 빈 노트에 작성하여 글을 분석합니다. 그러다 보면 글을 잘 쓸 수가 있습니다. 학생은 열심히 책을 읽고 꾸준히 글쓰기 훈련을 통해 여러분의 생각이나 가치관을 글로 잘 표현하도록 노력해야 합니다.

몸과 마음을 안정시키는
양파

효능 : 양파에 들어 있는 황화알릴은 몸에 흡수되면 심신을 안정시키는 역할을 합니다. 황화알릴은 뇌 활성 영양소 비타민 B1이 몸 안에서 이용될 수 있도록 도와줍니다.

그러므로 양파를 꾸준히 먹게 되면 마음이 차분해지고 두뇌 기능이 활성화되면서 학습 효과가 커집니다.

1) 양파밥

[준비물] 쌀, 양파, 소금, 버터, 양념장, 검정깨

[조리법]

① 쌀을 씻어 물에 불린 뒤에 물기를 빼서 준비합니다.

② 양파 2개는 얇게 링으로 썰고 나머지는 가로세로 2cm 크기로 썰어 둡니다.

③ 냄비에 버터를 두르고 사각으로 양파를 볶습니다. 쌀을 냄비에 넣고 다시 볶은 후에 소금으로 간을 맞추고 물을 버리고 밥을 합니다.

④ 양념장을 만들어 링으로 잘라 둔 양파를 담가 둡니다.

⑤ 밥이 되면 밥그릇에 담고 검정깨를 뿌린 후에 양념장을 곁들입니다.

2) 구운 양파밥

[준비물] 양파, 밥, 소고기, 후추, 치즈, 참기름

[조리법]

① 소고기를 갈고 당근은 잘게 썰어 준비합니다.

② 양파는 둥글게 새긴 것을 골라 위로부터 3cm 되는 곳에서 가로로 자르고 속을 파냅니다. 양파 밑에 구멍이 나지 않게 합니다.

③ 프라이팬에 당근과 소고기를 볶습니다. 당근과 소고기가 볶아지면 밥을 넣고 조금 더 볶습니다. 소금과 후추로 간을 맞추고 참기름을 두르고 잘 섞습니다.

④ 속을 파낸 양파에 볶은 밥을 채워 넣고 치즈와 파슬리 가루를 뿌립니다.

⑤ 양파 표면에 기름을 바르고 약 200도로 예열 된 오븐에 넣고 약 20분 동안 굽습니다.

1) 이야기 구조 만들기

개별 내용만을 두뇌에 입력하면 학생은 그것이 어떤 이야기 구조에 포함되는 것인지를 자체 내에 저장된 프로그램을 통해 찾습니다. 두뇌의 프로그램 검색이 성공하면 그 개별 정보는 이야기 구조에 통합되어 두뇌에 저장합니다. 그러나 실패하면 그 개별 정보는 두뇌 속에서 제거됩니다.

많은 학생들은 개별 정보를 두뇌에 입력하고 그것이 기억되기를 원합니다. 두뇌가 이야기 구조를 좋아 하는 데에는 나름의 이유가 있습니다. 두뇌는 전체와 부분을 동시에 지각하면서 의미를 만듭니다. 두뇌의 좌뇌는 단편 정보를 처리하고 우뇌는 이야기 구조를 파악합니다. 그런데 좌뇌가 처리하는 개별 정보가 우뇌가 파악한 이야기 구조에 연결되지 않을 때 두뇌는 새로운 정보의 저장을 거부합니다. 학생이 열심히 외운 정보가 두뇌에서 금방 제거됩니다.

또 단편 정보는 쉽게 잊혀지는 단기 기억에 저장되지만 이야기 구조 속의 정보는 잊혀지지 않는 장기 기억으로 전환된다. 두뇌 과학적으로 표현하면 단편 정보는 회로를 구성하지 못하는 순간적인 전기신호가 되는 반면, 이야기 구조 속에 소속된 정보는 기존의 지식 회로망과 연결되어 언제든지 재생될 수 있는 전기회로를 구성합니다.

이야기 구조 중심의 공부는 두뇌에 튼튼한 기둥을 세우는 작업입니다.

2) 공부의 왕도, 이야기 구조 학습

전통 학습은 두뇌의 구조와 원리를 고려하지 않은 채 외부적인 조건만으로 성적이 결정된다는 믿음에서 비롯되었습니다. 시간과 노력에 비해 전통 학습의 효율성이 떨어지는 것도 이 때문입니다. 두뇌 기반 학습은 두뇌의 원리를 이용합니다. 학생은 이야기 구조를 파악하는 두뇌의 기능을 이용해서 학업 성적을 높여야 합니다.

두뇌 전문가는 중요한 시험일수록 단편 정보만 외우는 학습이 효과가 없다는 것은 알고 있습니다. 공부의 목표가 쪽지시험과 월말고사라면 단편 정보 암기는 가능합니다.

그러나 학생의 목표는 수능이나 고시처럼 인생을 좌지우지하는 시험에 있습니다.

중간고사와 기말고사에서 고득점을 받는 학생이 모의고사 성적은 형편없는 경우가 있습니다. 이것은 단편 정보만을 암기했기 때문에 일어나는 현상입니다. 공교육의 내신 1등급 학생이 수능을 망치는 것도 마찬가지입니다.

학생이 이야기 구조 학습 방식으로 공부를 하게 되면 학업 성적 향상은 기본입니다. 특히 이런 방식의 학습은 어려운 문제를 쉽게 풀 수 있는 능력을 향상시킵니다. 왜냐하면 이야기 구조 속에서 자연스럽게 무엇이 중요한지를 학생 스스로 터득할 수 있기 때문입니다. 수능 시험도 마찬가지이지만 고시같이 어려운 시험에서 이 학습법은 커다란 효과를 냅니다.

많은 시간을 소비하고 적은 효과를 얻는 단편 정보 암기에 비해 이야기 구조 학습은 높은 효율성을 보장합니다. 학생은 지식이 넘쳐나는 이 시대를 살아가기 위해서는 적은 시간을 투자해서 많은 것을 이해하고 기억하는 방법을 습득해야 합니다. 학생은 이야기 구조를 활용한 두뇌 기반 학습을 이용해야 합니다.

문제집의 요점 정리를 이용해서 내용의 뼈대를 잡습니다. 내용의 흐름을 잡아 보고 난 후에 내용의 상관관계를 만들면서 공부를 했습니다.

교과서의 기본서를 중심으로 해서 정환 원장의 나름대로 논리 체계를 정해서 내용을 이해 학습으로 공부했습니다. 그렇게 하면 많은 내용을 암기할 수가 있었습니다.

3) 성적만을 위한 공부에 두뇌는 반응하지 않는다

학생 자신을 위해서 공부를 하는 것인가? 또는 시험을 위해서 하는 것인가? 우리 현실에서 공부는 시험을 위한 수단이나 도구로 변한 지 오래입니다. 공부가 재미있다고 말하는 사람을 희귀동물로 보거나 왕따로 만들기도 합니다. 그래서 세상과 자신을 배우는 진짜 공부는 뒷전으로 밀려나고 말았습니다.

개인의 관심과 흥미는 공부에서 제외된 지 오래되고 대신 무조건 참고 견디는 것만이 공부하는 학생들에게는 엄청난 스트레스가 되고 말았습니다. 학생의 관심과 흥미가 없는 탓에 떨어진 성적을 두고 전통 학습은 지능지수IQ와 의지의 문제라고 여기고 있습니다.

학생에게는 시험은 배움의 정도를 평가하는 수단일 뿐 목적이 아닙니다. 그러나 이제 시험과 성적은 그 자체가 목적이 되었을 뿐 아니라 학생의 서열을 매기는 역할까지 합니다.

학생에게 시험과 성적이 목적이 되었을 때 공부에서 중요한 것은 시험에 나오고 문제의 정답을 잘 찾아내는 쪽집게식 학습이 가치가 있어 왔습니다.

그러나 중요한 것은 쪽집게식 학습이 아니라 학생 두뇌의 반응입니다. 학생의 두뇌에 입력되는 정보도 중요하지만 두뇌의 반응이 있어야 의미 기억이 만들어집니다. 두뇌가 반응할 수 있도록 하는 정보, 반응을 통해서 기억하는 정보가 사실은 맞춤식 학습이 될 것입니다.

세상과 나를 위한 것이 아닌 시험과 성적을 위한 공부에 두뇌가 적극 반응해 주기를 기대한다는 것은 생물학적으로 불가능합니다. 두뇌에게 시험에 나온다고 강조하여도 두뇌는 쉽게 반응하지 않습니다.

우리는 의식적으로 노력하지 않지만 이미 많은 것을 기억하고 있습니다. 생활을 영위할 수 있는 상식을 가지고 있고 어떤 하드 디스크보다 많은 정보를 두뇌에 저장하고 있습니다. 두뇌는 자신이 중요하다고 여기는 정보만 기억합니다.

학생은 두뇌 기반 학습을 활용하여 두뇌가 어떤 정보를 중요하게 생각하는지를 알아야 합니다. 두뇌 기반 학습 방법은 학생의 성적을 올려 줄 것입니다.

공부가 안될 때에는 강제 학습을 해 보자

필자도 공부를 하기 싫을 때가 있었습니다. 머리는 아프고 몸은 뻐근하고 그런 때가 있었습니다. 공부는 해야 하는데 그렇다고 놀 수는 없습니다. 공부를 막상 하려고 보니 무엇부터 해야 할지 막막했습니다.

영어 공부를 하려고 보면 수학이 걱정되고 수학 공부를 하려고 보면 영어가 걱정입니다. 아마도 이런 경험은 필자만 해온 게 아닐 겁니다.

공부가 하기 싫다고 낮잠을 자거나 밖으로 놀러 갈 수는 없습니다. 특히 고3과 수험생은 무작정 놀 수가 없습니다. 이럴 때에 필자는 강제로 공부를 한 적이 있습니다. 종이에 공부해야 할 과목을 적습니다. 그리고 제비뽑기로 무슨 과목을 공부할 것인가를 결정합니다. 필자는 제비뽑기 종이를 만들고 이런저런 생각을 하다 보니 공부를 해야겠다는 생각이 들었습니다.

공부가 하기 싫을 때에는 잠시나마 스트레칭을 하거나 쉬는 게 좋겠지만 그럴 수 없는 경우에는 강제 학습을 해야 합니다. 강제 학습은 학습 효과가 별로 없습니다.

그러나 수험생은 강제 학습을 한 번 정도는 해 볼 필요가 있습니다.

4) 관심과 호기심은 강력한 기억력 강화제

학생이 공부를 하게 되면 두뇌는 자신이 선택한 정보망으로 학습내용을 받아 들입니다. 두뇌는 정보의 의미가 이해되어 기존의 지식 회로망에 연결된 정보에 두뇌는 민감하게 반응하고 기억합니다. 이야기 구조 속에 자리 잡은 정보는 안정된 정보라고 할 수 있습니다.

학생이 공부한 학습내용을 이야기 구조에 정보를 연결시키면 학생은 공부를 쉽게 할 것입니다.

이제는 학생은 두뇌 반응의 정도를 이해하고 활용해야 합니다.

학생의 두뇌는 법칙에 따라 움직입니다. 어떤 정보인가에 따라 강하게 반응하기도

하고 약하게 반응합니다. 두뇌의 반응이라는 점은 똑같지만 강도의 차이가 있습니다. 선생님이 시험에 나온다고 아무리 별표를 쳐도 자신과 생각이 다르면 두뇌는 그 정보에 약하게 반응합니다. 반응의 강도를 결정짓는 것은 바로 학생의 현재 생각입니다.

두뇌는 정보를 동시에 처리합니다. 하나의 정보에는 그것과 연결되어 있는 다양한 느낌이나 판단이 있으며 두뇌는 그것을 모두 동시에 처리합니다. 이때 두뇌는 입력 정보에 대한 개인적 판단이나 느낌까지 고려해서 그 정보의 중요성을 결정합니다. 그렇기 때문에 쓸데없는 것을 공부한다는 생각은 두뇌의 반응을 약하게 만듭니다. 마찬가지로 시험 때까지 기억하면 그만이라고 생각하는 정보는 시험이 끝나는 순간 삭제됩니다. 반대로 자신도 모르게 중요하다고 여긴 정보는 두뇌를 강하게 자극해 오래 기억됩니다.

두뇌가 강하게 또는 약하게 반응하는 것은 그 사람의 현재 정서에 따라 결정됩니다. 학생이 공부를 잘하기 위해서는 노력과 시간을 투자해야 하는 게 당연합니다. 그러나 두뇌가 어떻게 정보를 선택하는지 우선순위를 안다면 시간과 노력을 크게 줄일 수 있습니다.

5) 학습 태도가 성적을 결정한다

두뇌 기반 학습은 학생이 공부를 하는 태도가 결국 성적을 결정짓습니다.

특히 학생의 성적에 대한 생각은 공부의 운명을 결정짓는 중요한 요소이며 공부에 대한 태도는 크게 두 가지로 분류합니다.

첫째는 시험과 성적보다는 학생의 관심이나 하고 싶은 일을 위해서 공부를 하는 것입니다. 이런 공부는 두뇌의 반응을 강하게 자극함은 물론 성공의 열매를 쉽게 맺게 해

줍니다.

둘째는 시험과 성적만을 위해 공부하는 학생 태도입니다. 이런 공부는 학생이 많은 노력과 고통을 견뎌내지 않으면 절대로 좋은 성적을 기대할 수 없습니다.

다음은 공부에 대한 태도를 중심으로 공부를 3가지로 나눌 수 있습니다.

구분	설명
첫 번째	− 지적만족과 호기심 충족을 위해 하는 공부 − 시간과 노력은 최소로 들이면서 성적 향상에 있어서는 최고의 효과를 거둔다. − 공부가 레저와 다르지 않아서 두뇌가 무척 좋아한다.
두 번째	− 필요한 정보와 지식을 얻기 위한 공부 − 시간과 노력, 성적도 중간 정도를 보인다. − 공부는 돈벌이를 위한 수단 정도, 두뇌의 반응은 소극적이다.
세 번째	− 시험과 성적만을 위한 공부 − 시간과 노력을 가장 많이 소비, 성적은 최하위 − 강제 노동, 두뇌는 무반응

두뇌는 학생의 시험과 성적을 위한 공부에 기억의 문을 열어주지 않습니다. 학생의 배움에서 기쁨을 느끼고 관심과 호기심을 가질 때, 두뇌는 강하게 반응하고 성적으로 보답합니다.

정환 원장의 경험 : 새로운 지식을 알아가는 기쁨

정환 원장은 호기심과 상상력에서 공부의 핵심을 찾으려고 했습니다. 만약 저에게 호기심과 상상력이 없었다면 공부는 정말 괴로웠을 겁니다. 또한 공부 자체에 의미를 부여하려고 했습니다. 새로운 내용을 알아 가는 그 자체가 즐거움이었습니다.

6) 공부를 잘하게 하는 4가지 방법을 기르자

가) 질문의 힘으로 생각을 바꿔라

무엇보다 두뇌가 강하게 반응할 수 있도록 공부에 대한 생각을 바꾸어야 합니다. 시험과 성적을 위한 공부가 아니라 미래의 삶과 학생의 실현을 위해 지식 여행을 한다는 자세로 접근하는 게 좋습니다.

다음은 공부를 하는 이유입니다.

구분	설명
이유	무슨 이유로 공부하는가?
연관	세상의 어떤 것과 연관되어 있는가?
도움	내가 세상을 살아가는데 어떤 도움이 될 수 있는가?

나) 문제를 활용하라

학생이 문제를 푸는 것도 공부 내용에 두뇌가 쉽게 반응하도록 만드는 방법입니다.

학생이 문제를 활용하는데에도 요령이 필요합니다.

학생 문제 중심의 예습 방법은 다음과 같습니다.

- 먼저 진도에 해당하는 문제를 쭉 풀어 본다.
- 답을 확인한 후 그것으로 끝낸다.
- 정답 여부는 확인할 필요는 없다.
- 그 문제에 대한 자세한 해설은 수업 시간에 선생님의 설명을 통해 확인한다.

학생이 학습내용을 복습할 때도 동일합니다.

무작정 공부한 내용을 다시 보는 것보다 문제를 먼저 풀어 본 후 정답을 확인하는 차원에서 공부하는 것이 두뇌에게 강한 선택을 받는 방법입니다. 학생이 좀 더 열심히 하고 싶다면 문제의 정답은 물론 해설도 스스로 만들어 보는 것이 큰 도움이 됩니다.

다) 핵심 내용을 찾아라

학생은 공부하는 내용 가운데서 가장 중요한 것이 무엇인지를 찾습니다. 핵심어를 찾아서 밑줄을 치고, 3번 정도 반복하면서 그때마다 다른 색깔의 필기구를 사용하는 것이 좋습니다. 학생은 마지막으로 핵심어를 선택하고 그것들을 쭉 보면서 떠오르는 생각을 정리합니다. 학생의 생각이 정확한 것인지를 책의 개요나 요약 부분 또는 요약 정리된 참고서를 활용해서 확인합니다.

라) 발표하듯이 녹음하라

학생이 공부한 내용을 발표한다고 생각하고 녹음합니다. 이 방법은 지금 하고 있는 공부에도 효과적이지만 꾸준히 하면 나중에는 두뇌의 반응을 쉽게 이끌어 내는 역할을 합니다. 학생의 두뇌에 저장된 기존의 정보가 학생이 녹음했던 정보와 관련이 있을 때 두뇌는 쉽게 관심을 가집니다. 그래서 녹음하는 방법은 관련 정보를 입력하는 과정이 어렵지 않습니다

녹음 학습 방법은 학생 두뇌의 확인 욕구를 자극하고 학습내용 정보를 입력할 때 한결 수월해집니다.

기억력을 이용해 성공한 사람

1) 그리스의 극작가 아이큐로스는 "기억은 지혜의 어머니입니다."라고 말을 했습니다.
   기억하는 지식들이 축적되어 지혜로운 사람이 된다는 의미입니다.
2) 나폴레옹은 기억력이 좋아서 포병장교에서 황제까지 되었습니다.
3) 미국의 링컨은 학교 성적은 우수하지 않았지만 뛰어난 기억력으로 인하여 대통령을 했습니다.
   학생도 기억력을 향상시킬 수 있는 기억방법을 이용하여 공부를 잘하도록 해야 합니다.

7) 천재들의 기억법

두뇌 기반 학습에서 기억은 암기가 아닌 이해와 의미, 그리고 정서에 의해 결정됩니다. 원자, 공식, 원소 주기율, 연도, 영어 단어 등 단편 정보는 무조건 외울 수밖에 없습니다.

단편 정보를 기억하기 위해 많은 학생들이 암기를 합니다. 물론 성장기의 초등학생들은 외우는 것이 쉽고 암기하는 게 두뇌 발달에 도움이 됩니다. 그러나 암기하는 것도 한 때뿐입니다. 시간이 갈수록 외는 것보다는 잊어버리는 것이 더 많아지기 때문입니다 이렇게 되면 자연히 공부를 피하게 되고 자기 머리를 한탄하는 일이 생깁니다.

● 화학식 주기율표 암기 방법 ●

1) H He
수 해
수 해를 구하러 가자

2) Li Be B C N O F Ne
리 베 방 탄 질 산 프 네
리베는 방탄복을 입고 질수는 없다

3) Na Mg Al Si P S Cl Ar
나 마 알 시 인 황 염 아는가
나만 아 는 인 황 염을 알고 있는가

4) K Ca Sc Ti V Cr Mn Fe Co Ni
가 까 서 T V 켜 면 철 코 니
가 까서 TV를 켜 두면 쓰겠니

5) Cu Zn Ga Ge As Se Br Kr
동 아 가 게 에 서 씨 부 큰
동 아 가게에서 씨 부리면 큰일 난다 (씨부리다 = 말을 하다)

두뇌가 대상이나 사건을 기억하는 방법은 아직 완벽하게 밝혀지지 않았습니다. 그러나 두뇌 과학자들은 최소한 두 가지 형태의 서로 다른 기억 방법이 있다고 주장합니다.

첫 번째는 경험을 통해 얻게 된 사실, 의미, 기술, 느낌 등을 경험과 분리하여 그 자체로 기억하는 방법입니다. 쉽게 설명하면 "10년 전 인천의 차이나타운에서 자장면을 먹었는데 어떻게 먹었고 맛은 어떠했다."는 경험에서 "자장면은 맛이 있다."는 느낌 등을 기억하는 방법입니다.

두 번째는 언제 어디서와 같은 구체적인 경험만을 기억하는 방법입니다. 이 기억 방법은 "10년 전 인천 차이나타운에서 자장면을 먹었다." 같은 구체적인 경험만을 기억하는 방법입니다.

우리가 기호나 문자 같은 단편 정보를 기억하려면 위의 두 가지 방법 가운데 하나를 적절히 활용해야 합니다. 단편 정보는 분리된 개별 정보가 아닌 서로 연결시켜 의미를 갖는 정보로 전환하여 기억해야 합니다.

학생들은 경험이 부족해서 단편 정보가 많은 편이 아닙니다. 그래서 학생들은 단편 정보에 상상력을 통한 의미를 부여해 기억하는 것이 필요합니다.

Tip

뛰어난 기억력은 성공의 지름길

가장 넓은 지역을 정복한 칭기즈칸이 있습니다. 칭기즈칸은 놀라운 용맹성을 가진 기마부대가 있었습니다. 칭기즈칸은 어떻게 넓은 지역을 정복할 수 있었을까요? 그것은 바로 모든 것을 외우는 기억력입니다. 칭기즈칸은 가장 낮은 부하의 이름과 얼굴을 정확하게 기억하고 있었습니다. 심지어 그 병사의 장점과 단점까지 알고 있어 전투 때마다 병사들의 특성에 맞게끔 배치를 했습니다. 칭기즈칸은 놀라운 기억력으로 효과적인 전략과 전술을 구사할 수가 있었습니다. 모든 부하들은 이런 칭기즈칸의 모습을 보고 충성을 다 바쳤을 겁니다. 놀라운 기억력 덕분에 칭기즈칸은 대 정복을 할 수가 있었습니다.

8) 단편 정보를 쉽게 기억하는 법

가) 스토리텔링 연상법

> 장군, 풀밭, 화살, 개구리, 소 떼, 울타리, 스노보드, 장롱, 아내, 이불, 신발

위에 나열된 단어들을 한번 외워 보라. 몇 번을 읽어도 쉽지 않을 것입니다. 설령 외운다고 하더라도 금방 잊어버리고 말 것입니다. 왜냐하면, 서로 연관이 없어 보이는 단어들이기 때문입니다.

> **장군**이 **풀밭** 밖으로 **화살**을 쏘고 **개구리**의 **소 떼**를 지나 **울타리** 옆에서 **스노보드**를 탔다.
> 그 후에 그는 **장롱** 옆에서 **아내**와 같이 **이불**을 덮고 잠을 자는데 **신발**이 없어졌다.

스토리 속에 단어를 배치하는 것만으로도 기억이 크게 향상되었을 것입니다.

나) 계통 체계기억법

> 구기자나무, 풍등, 왕배풍, 삼나무, 고양이, 개, 도마뱀, 까치, 까마귀,
> 금강송, 독수리, 뱀, 악어, 거북이, 염소, 원숭이, 기린, 고래, 돌고래, 코끼리

여기서 외워야 할 단어는 모두 20개입니다.

생물	동물	포유류	고양이, 개, 염소, 원숭이, 기린, 고래, 돌고래, 코끼리
		파충류	도마뱀, 뱀, 악어, 거북이
		조류	까치, 까마귀, 독수리
	식물	가지과	구기자나무, 풍등, 왕배풍
		낙우송과	삼나무, 금강송

두뇌는 자기만의 체계와 계통을 가지고 있습니다. 잘 정리된 도서관의 서고와 비슷하다고 보면 됩니다. 위의 표에서는 단어를 서로 연결해 주는 2차 정보가 포함되어 있습니다.

다) 장소법

학생이 기억하고 있는 장소와 기억할 대상을 연결시키는 기억법입니다.

학생은 학교의 일정한 위치에 놓아두는 식으로 상상합니다.

단편정보를 쉽게 기억하려면 먼저 두뇌가 원하는 방식의 입력 조건을 따라야 합니다. 여기에 동원되어야 할 능력이 바로 우리의 상상력입니다. 기호나 문자 같은 단편정보를 상상력을 발휘해 시각 이미지로 바꾸어야 합니다. 이후에 그것을 학생이 이미 명확하게 기억하고 있는 것들과 연결시키는 작업을 해야 합니다. 그러므로 두뇌기반 학습은 상상력을 적극 권장하고 있습니다. 상상력을 동원해 단편 정보를 연결시켜야 합니다. 그게 두뇌가 원하는 기억 방법이고 두뇌 기반 학습입니다.

두뇌가 수용할 수 있도록 연결고리를 만들어 나가는 기억 방법은 공부부담을 한결 덜어줍니다. 연결고리를 만들기 위한 시간과 노력은 단지 외우는 것에 비해 훨씬 생산적이고 효율적인 뿐만 아니라 공부를 재미있게 하는 방법이 되기도 합니다.

기존에 알고 있는 사실을 연관하여 기억하자

마인드맵의 창시자인 토니 부잔은 연상 기억법을 이용하여 사물을 암기했습니다. 토니 부잔은 "우리가 어떤 사실과 단어를 기억하자. 그러면 우리가 알고 있는 내용과 연결시키면 돼 그러면 쉽게 외울 수 있을 거야."라고 이야기했습니다.

연상 기억법을 이용하여 암기하는 학생은 흔치 않습니다. 대부분의 학생들은 단어를 무작정 외웁니다. "난 말을 하다가, 조금 전에 한 이야기는 돌아서면 잊어버린다."는 이야기도 있습니다. 그래

라) 영어단어 암기법

영어단어는 문제를 풀고 난 뒤에 그 속에 포함된 단어를 공부하는 것이 좋습니다.

영어	발음과 뜻	암기법
apple	애플 / 사과	애가 아파[애플]해서 사과해라.
danger	데인저 / 위험	단 거[데인저] 많이 먹으면 위험해진다.
eye	아이 / 눈	오늘은 아야[아이], 눈이 아파라.
farmer	파머 / 농부	땅을 파고[파머] 개간하는 사람은 농부이다.

문장의 의미를 먼저 이해한 후, 문장의 구성요소인 단어를 기억해야 합니다. 단문보다는 중문이 좋고 스토리가 재미있는 것이 더 효과적으로 기억됩니다. 단어장을 사용할 때에는 단어만 따로 옮겨 적지 말고 문제나 문장을 통째로 옮겨 적는 방법을 사용하거나 영어 교과서를 복사해서 붙입니다. 다음은 문제나 문장의 해당 단어를 지우고 떠올리는 방법도 있습니다. 이런 방법이 익숙해지면 문장을 통째로 암기하세요. 노력 대비 효과가 큽니다.

후반부에 영어 암기노트를 만드는 방법을 설명했습니다.

마) 한자 암기법

학생이 한자를 많이 알면 공부의 개념과 이해를 하기가 수월합니다. 개념에 대해 이해를 더 잘하게 되어 저절로 공부를 잘할 수 있습니다. 한자는 뜻글자이고 한자를 많이 알수록 개념 이해는 쉬워집니다.

● 부수 공부를 먼저 하라

한자는 부수가 모여 글자를 만듭니다. 부수의 의미를 연결해서 한자 공부를 하면 한자는 통 글자로 이해하는 것이 좋습니다. 상형 글자는 모양과 형태를 본떠서 만든 글자입니다. 부수는 대부분 이런 상형글자로 이루어져 있습니다. 부수를 먼저 암기하려 하지 말고 어떤 모양을 본뜬 글자인지를 연관 지어 공부합니다. 다음은 부수를 암기하는 방법입니다.

- 그림으로 기억합니다.

  모 방(方): 네모 할 때의 모이고 사방 할 때의 방입니다. 모방 할 때의 모는 아닙니다.

  쌀 포(包) : 감쌀 때의 포입니다. 쌀은 먹는 쌀이 아닙니다.

  병부 절(卩 卪) : 왕과 지방 관직의 표시를 지정해둔 신표입니다.

- 변화형을 기억합니다.

  손 수(手) : 수(扌)

  도(刀) : 도(刂)

  견(犬) : 견(犭)

- 부수로 암기합니다.

  다 첨(僉), 비 추(帚), 양지 양(昜), 황새 관(雚)

● 뜻과 모양을 연관하여 기억한다

한자의 뜻으로 연관하여 한자를 암기합니다.

– 아름다울 미(美) : 양 양(羊)자와 큰 대(大)자가 합해집니다. 아름다움은 뜻이고,
미는 음입니다.

암기법) 양이 클 때 아름답습니다. : "무엇이 아름답다는 것일까?"는 연관성입니다. 동물 중에서 가
장 아름다운 것은 양(羊)이고 양(羊)이 클 때 아름답습니다.

– 밝을 명(明) : 해 일(日)자와 달 월(月)자가 합쳐져 있습니다. 밝다는 뜻입니다.

암기법) 밝음으로 연관 : 밝다는 해(日)가 있을 때 밝고, 밤에는 달(月)이 있을 때 밝습니다.

● 부수를 나열해 문장으로 암기한다

– 혼인 혼(婚) : 여자(女)가 씨(氏) 받으러 가는 날(日)입니다.

– 뉘우칠 회(悔) : 매일(每) 마음(忄)을 새롭게 합니다.

– 의원 의(醫) : 가방(匚, 상자 방)에 주사기(矢, 화살 시)와 몽둥이 수(殳)와 알콜 유
(酉)를 가지고 다니는 사람

● 똑같은 부수가 들어 있는 한자를 세트별로 암기한다

– 문 : 문 문(門), 들을 문(聞), 사이 간(間), 물을 문(問)

– 때 시(時), 글 시(詩), 절 사(寺), 특별할 특(特),

– 모두 제(諸), 지을 저(著), 도읍 도(都), 더울 서(暑),

● 음이 같은 단어를 세트별로 암기한다

– 수 : 물 수(水), 숫자 수(數), 손 수(手), 나무 수(樹)

– 고 : 옛 고(古), 마를 고(枯), 쓸 고(苦)

−정 : 정사 정(政), 바를 정(正), 곧을 정(貞)

수학 공부도 한자를 잘 알아야만 잘할 수 있다

필자가 사교육 현장에서 학생을 가르치다가 느낀 것은 학생이 수학을 이해하지 못하는 것은 바로 수학 용어에 대한 뜻을 제대로 알고 있지 않기 때문입니다. 그래서 용어와 낱말에 대한 정확한 개념 이해가 부족해서 수학 문제를 못 푸는 경우가 있었습니다.

예를 들어서, 수학의 함수, 인수분해 등은 바로 한자입니다.

한자 공부를 하면 머리가 좋아진다

한자는 어려운 뜻글자입니다. 그래서 학생이 한자를 많이 알면 이해력이 좋아집니다. 이해력이 좋아지면 두뇌 세포 사이의 연결이 그만큼 많아지게 되어 지능지수가 높아지게 됩니다.

한자를 잘 아는 학생들은 교과서와 참고서의 용어를 쉽게 이해를 합니다. 그러므로 이런 학생들은 공부에 자신감을 가지게 됩니다.

한자 공부는 영어 공부 방식과 다릅니다. 처음에는 한자 공부하기가 어렵지만 한자의 기본 실력이 축적이 되면 학생들이 스스로 재미있게 공부할 수 있습니다. 일상생활에서 한자를 많이 사용해서 학생들은 한자를 활용하여 공부에 자신감을 가지게 됩니다.

9) 수업 중심의 공부패턴을 정착

선생님이 설명하는 정보는 책이 아니라 두뇌에 저장되어 있다가 표현된 것입니다. 여러분의 두뇌가 쉽게 받아들일 수 있는 형태로 이미 가공되어 있습니다. 혼자서 책을 보는 것보다 설명을 듣는 것이 훨씬 이해가 빠르고 머릿속에 오래 남는 것도 이 때문입니다. 그래서 공부 고수일수록 수업 시간의 중요성을 강조하는 것입니다.

4단계에서는 수업을 중심으로 하는 공부 패턴을 확실히 정착시켜야 합니다. 다음과 같이 자극 단계, 입력 단계, 저장 단계로 나눌 수 있습니다.

단계	설명
자극단계	수업 전에 관련 정보를 살펴보며 두뇌의 호기심을 자극
입력단계	수업을 통해 궁금증을 해소하면서 필요한 정보를 두뇌에 입력
저장단계	수업 후에 두뇌에 입력된 정보를 장기 기억이 되도록 저장 장기 기억이 되기 위해서는 수업 내용과 자습 내용 진도가 동일

하루 주기와 일주일 주기의 연결이 필수입니다.

10) 두뇌의 특성에 맞게 정보를 가공하라

실전 중심으로 핵심만을 다음과 같이 정리합니다.

① 큰 그림, 이야기 구조를 먼저 파악해야 두뇌가 쉽게 받아들입니다. 의도만 있으면 충분합니다.

② 이야기 구조를 통한 핵심 정리는 정보 입력 성공률을 높여줍니다. 스스로 준비한 핵심 정보는 새로 입력된 정보를 두뇌에 고정시키는 접착제 역할을 합니다.

③ 모르는 것을 확인하는 순간, 두뇌는 스스로 집중합니다. 먼저 내가 알고 있는 것을 정리해 보세요. 내 기억 속에 담겨 있는 관련 정보를 끄집어내는 과정에서 모르는 것이 무엇인지 확인합니다. 그리고 대부분 자기가 의외로 많은 것을 알고 있다는 사실에 놀라게 되는데, 이때 정보 입력률이 크게 향상되고 자신감이 커집니다.

④ 공부 내용을 분배해야 두뇌가 잘 받아들입니다. 입력은 물론 저장까지 동시에

고려해 하루 동안 일주일 주기 활용에 무리가 없는 범위 내에서 공부의 양을 제한합니다. 10페이지를 공부했지만 2페이지 정도밖에 저장할 수 없다면 3페이지를 공부하고 모두 소화시키는 것이 낫습니다.

⑤ 본인에게 스스로 질문을 하면 두뇌의 정보 입력 범위와 강도가 크게 높아집니다.

11) 각각의 감각 살리기

공부에 영향을 미치는 사람의 감각은 주로 시각, 청각, 촉각입니다. 두뇌가 예민하게 반응하는 감각을 제대로 활용하는 방법을 알아보겠습니다. 수업 시간에 활용하면 도움이 됩니다.

가) 시각 선호형의 특징

- 감정을 표정으로 나타냅니다.

- 옷을 고를 때 디자인과 색상을 중시합니다.

- 사람의 얼굴 모양새를 잘 기억합니다.

- 방향을 묻거나 들을 때 지도를 주로 사용합니다.

- 책 읽기, TV 나 영화 시청을 즐깁니다.

시각 선호형의 학습법
수업 내용을 머릿속에 그려 보는 시도가 필요하다. 쉽게 성공할 수 있으며 대단히 효과적이다. 참고서에서 핵심 단어와 개념 또는 강조하는 사항들을 체크하고 수업 내용을 통해 그것을 연결시키는 방식이 두뇌를 자극한다. 색상 펜을 사용한다.

나) 청각 선호형의 특징

- 감정을 목소리로 나타냅니다.

- 옷을 고를 때 브랜드를 중요하게 생각합니다.

- 사람 이름을 잘 기억합니다.

- 말로 방향을 설명하거나 듣는 데 어려움이 없습니다.

- 음악, 연극, 라디오를 선호합니다.

청각 선호형의 학습법
수업 시간에는 주로 듣기에만 열중합니다. 수업 중에 강조하는 내용이라도 교재에 표시하기보다는 머릿속에 저장한다고 생각해야 합니다. 노트는 나중에 시각 선호형 친구의 것을 빌리면 된다. "내 머리는 녹음기"라고 생각하고 설명에 집중하면 두뇌가 쉽게 활성화된다.

Advice 정환 원장의 경험 : 수업 시간에는 필기 대신 경청

필자는 청각 선호형입니다. 그래서 주로 수업 중에는 선생님의 말씀을 듣고 친구에게 노트를 빌려 공부를 했습니다. 주요 과목에는 수업 내용을 필기할 시간이 없어 선생님의 설명에 집중했습니다.

다) 운동감각 선호형의 특징

- 감정을 몸을 움직여 표현합니다. 일종의 보디랭귀지입니다.

- 옷은 주로 스타일이나 상표보다 재질의 감촉과 편안함을 중심으로 선택합니다.

- 사람과 함께했던 추억들을 잘 기억합니다.

- 길 방향을 물어오면 직접 가이드를 합니다.

운동감각 선호형의 학습법

수업 내용을 그대로 옮겨 적는다고 생각해야 합니다. 물론 모든 내용을 다 받아 적을 수 없으며 그럴 필요도 없습니다. 필기용 노트와 별도로 연습장을 준비해야 합니다. 수업 내용을 핵심과 흐름 중심으로 많이 기록하는 과정에서 자연스럽게 수업에 집중할 수 있다. 몸을 많이 움직여야 두뇌가 좋아집니다.

12) 자신에게 강한 지능 활용하기

뇌의 정보 가공 수준을 한 단계 높이면 정보를 다양하게 응용을 많이 할 수 있습니다. 각자가 가진 두뇌 개성을 발견하고 활용합니다. 사람들은 누구나 정도의 차이는 있지만 다양한 지능을 가지고 있습니다. 여러 가지 지능을 골고루 활용하는 것은 분명 기회가 많아지는 것을 의미합니다. 지금까지 전혀 활용하지 못했던 지능을 살려내어 공부하면 누구나 좋은 결과를 얻을 수 있습니다.

자신에게 강한 지능으로 공부하면 공부한 지능의 의미를 매우 쉽게 파악하고 활용할 수 있습니다.

가) 언어 지능이 우수한 두뇌

독서와 사람들과 대화 하기를 좋아하는 사람은 언어지능이 발달되어 있습니다. 글쓰기를 잘하는 사람들입니다. 책 내용을 그대로 기억하고 공교육의 수업 설명을 복사한 것처럼 기억하는 것은 언어 지능을 사용하지 않습니다. 그래서 언어지능이 우수한 두뇌의 학생은 스스로 공부를 합니다. 공부하는 과정에서 학생 본인만의 언어로 변화되는 과정에서 공부 내용이 의미 기억으로 저장됩니다. 이런 두뇌를 가진 학생은 스스로 정리한 공부 내용을 암기노트에 작성하여 공부합니다.

나) 논리와 수리 지능이 우수한 두뇌

수학을 좋아하며 수식 계산을 잘하는 사람은 논리와 수리지능이 우수합니다. 이런 학생은 공부 내용을 그대로 이해하려면 뭔가 답답함을 느낍니다. 학생이 이해할 수 있는 구조로 변화하는 과정에서 잠자는 두뇌가 깨어납니다. 그러다 보면 공부 효율이 높아집니다. 공부 내용을 그래프로 정리하거나 플로우 흐름 차트의 순서대로 옮겨 보는 방법을 활용합니다.

다) 시각과 공간 지능이 우수한 두뇌

평상시에 종이에 그림을 그리거나 두뇌 퍼즐 게임을 즐깁니다. 주로 스케치북에 그림을 그리거나 전문가 수준의 디지털카메라를 가지고 사진을 찍는 취미를 가진 사람이 시각과 공간 지능이 우수합니다. 학습내용에서 단지 설명이나 말보다는 그림으로 이루어진 지도를 보아야 쉽게 이해할 수 있습니다. 학습내용을 목차 순서에 따라 공부를 하기보다는 다른 방법을 찾아야 합니다.

학습내용을 공간적으로 배치하거나 그림의 형태로 바꾸어야 공부 내용을 제대로 이해할 수 있습니다. 학습 지도는 만들면서 공부하는 것이 가장 효과적입니다. 큰 원을 그리고 원에 공부의 핵심 내용을 적고 바로 옆에 원을 그려 이어 줍니다. 옆의 원에 연관 내용을 적습니다. 학생은 학습의 글자보다는 그림을 떠올리면서 표현하는 것이 가장 효과적입니다.

라) 운동지능이 우수한 두뇌

손가락을 이용하는 종이접기와 놀이 문화를 좋아하는 사람들이 있습니다. 이런 사람은 지켜보는 것보다 직접 참여 하는 것을 좋아합니다. 단순하게 학습내용을 눈으로 읽고 듣는 공부보다는 학생이 직접 참여하는 방식으로 공부해야 합니다.

드라마 대본을 가지고 연습하는 드라마의 주인공처럼 공부하는 방법이 가장 효과적입니다. 암기노트에 공부 내용을 작성하여 활용합니다. 암기노트를 큰 소리로 읽고 쓰기를 함께 하면 이해력과 기억력이 좋아집니다.

마) 음악 지능이 우수한 두뇌

기타를 잘 다루거나 음정과 박자를 쉽게 기억하는 사람입니다. 이런 사람은 기분 전환을 위해 주로 음악을 감상합니다. 음악을 들으면서 공부를 해야 효과적입니다. 그러나 이왕이면 가사가 없는 음악 또는 잔잔한 클래식 음악을 들으면서 공부를 합니다.

공부 내용을 음악과 연관시켜 다양하게 활용합니다. 공부 내용이 길고 복잡하면 음악의 랩과 연결시켜 리듬에 맞춰 봅니다. 공부 내용을 랩 노래 가사처럼 음악에 실어보는 과정에서 공부가 즐겁고 내용을 쉽게 암기할 수 있습니다.

바) 사회 지능이 우수한 두뇌

주로 사회성이 좋은 사람입니다. 혼자 하는 운동보다는 축구나 농구 등 팀 운동을 좋아 합니다. 학교 친구들의 교제 관계에서 무슨 일이든지 참견하여 해결하려고 합니다. 이런 학생은 공부는 자신의 싸움이라고 생각하면 안 됩니다. 공부를 할 때 상관관계를 부여하면서 공부를 합니다.

학생 스스로 이해하면서 공부하는 것보다는 다른 친구에게 학습내용을 설명하는 과정에서 더욱더 공부 효율이 높아집니다. 스터디를 결성하여 공부를 하는 것이 가장 효과적입니다.

사) 내적 지능이 우수한 두뇌

삶의 목표가 있으며 주로 혼자 즐기는 것을 좋아하는 사람입니다. 주로 이런 사람은 하루의 일과를 반성하는 일기를 적습니다. 단순히 새로운 정보를 알기보다는 정보의 의미를 찾아내는 공부가 되어야 합니다. 학습내용의 배경지식 또는 관련 정보를 파악하는 것이 중요합니다. 이것이 나에게 중요한 이유는 무엇일까, 어떻게 활용할 수 있을까, 찾을 수 있는 의미가 무엇인가를 생각하면서 공부를 하는 것이 가장 효과적입니다.

자신에게 민감한 자극은 새로운 내용을 처음 배울 때 주로 수업 시간에 활용하는 전략입니다. 이때 3가지 감각 유형 가운데 한 가지를 선택해서 집중해야 효과를 볼 수 있습니다.

강한 지능은 공부한 내용을 다시 정리하는 과정에서 꼭 필요한 전략입니다. 하나를 고르기보다 2개 또는 3개 방법을 복합적으로 활용하는 것이 효과적입니다.

희망과 계획에 관한 3단계 작업의 결과물을 보완하여 그 정보가 계속 두뇌 회로를 차지하도록 하는 것이 중요합니다.

자기 개성에 맞는 감각과 지능을 찾기 위한 다양한 실험을 통해 두뇌의 반응을 기록하면서 두뇌와 대화를 시도 해 보세요.

일과를 머리로 정리한다

아침부터 공부를 하기 시작하여 저녁 늦게까지 무슨 공부를 했는지 머리로 하나씩 정리를 합니다. 이게 바로 두뇌 체조입니다. 아침 자율 학습 시간에는 무슨 공부를 했고, 수업 시간에는 선생님이 무슨 말씀을 했는지, 질문할 내용이 있는지 꼼꼼하게 생각합니다.
머릿속으로 공부의 내용은 약 몇 분 만에 끝나지만 두뇌 체조의 효과는 엄청나게 큽니다. 두뇌 체조로 하루의 일과를 정리하는 것도 좋습니다. 두뇌 체조를 매일 꾸준히 하게 되면 집중력이 좋아집니다.
침대 위에서 하루의 공부를 정리하여 "침대 위의 공부" 또는 "머릿속의 공부"라고 부릅니다.

Advice

정환 원장의 경험 : 목차를 이해 후에 전체 내용을 공부

먼저 목차를 먼저 이해한 후에 전체 내용을 약 5시간 동안 공부했습니다. 그리고 난 뒤에 1시간 정도 머릿속에서 정리했습니다. 정리는 내용을 읽고 쓰면서 요약노트를 만들었습니다.

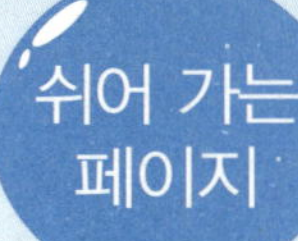

두뇌 기능을 강화시키는
마늘

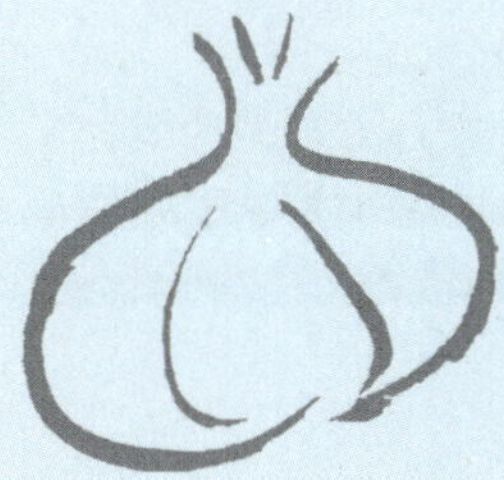

효능 : 마늘은 특유의 향을 갖고 있습니다. 이 향은 황화아릴이고 황화아릴은 비타민 B1이 많이 들어 있습니다. 비타민 B1은 두뇌 기능을 향상시킵니다. 성장기의 청소년이 마늘을 꾸준히 섭취하면 머리가 좋아져서 공부를 잘할 수 있습니다. 비타민 B1의 특징은 뇌 기능 발달에 좋으며 몸 안에 저장되지 않고 필요한 만큼 흡수되고 몸 밖으로 빠져나가 버립니다. 음식물 속에 들어 있는 비타민 B1과 마을의 황화아릴 성분이 결합해 '마늘 비타민 B1'이 되면서 필요한 만큼 사용이 되고 나머지는 몸 안에 저장됩니다. 몸에 저장된 마늘 비타민 B1은 머리를 많이 쓰는 공부 작업을 할 때 두뇌에 공급되면서 두뇌 기능을 활성화시킵니다.

1) 공부하는 아이들 반찬으로 좋은 마늘 튀김

[준비물] 마늘 피망, 밀가루, 계란, 빵가루, 레몬, 브로콜리, 산적 꼬치

① 마늘과 피망을 잘라 준비합니다.

② 산적 꼬치에 마늘과 피망을 교대로 꽂은 뒤 밀가루와 빵가루, 계란을 묻힙니다.

③ 기름에 살짝 튀겨 냅니다.

④ 기름을 완전히 뺀 후에 야채 장식을 곁들여서 접시에 담습니다.

2) 간식과 반찬으로 적당한 마늘 탕수육

[준비물] 탕수소스, 양파, 당근, 피망, 계란, 표고버섯, 녹말가루, 튀김가루

① 양파와 당근, 피망을 적당한 크기로 자릅니다.

② 표고버섯을 물에 불린 다음 먹기에 편하게 조각을 나눕니다.

③ 통마늘을 녹말가루와 계란 흰자위와 소금에 넣고 버무려 기름에 살짝 튀깁니다.

④ 프라이팬에 기름을 두르고 채소를 볶아서 탕수소스 양념을 넣고 끓입니다.

⑤ ④에 녹말을 푼 물로 농도를 맞춥니다.

⑥ 튀겨낸 마늘을 접시에 담고 탕수소스를 뿌립니다.

3) 간식으로 먹기 편한 마늘 잼 샌드위치

[준비물] 마늘, 설탕, 치커리, 식빵, 레몬, 방울토마토, 식빵, 양상추, 파슬리

① 마늘을 믹서에 돌려서 잘게 갈아줍니다.

② 간 마늘을 냄비에 담고 설탕과 레몬을 넣고 졸여 잼을 만듭니다.

③ 식빵에 마늘 잼과 각종 야채를 넣은 후에 빵으로 덮고 면 헝겊으로 싸 둡니다.

④ 샌드위치를 썰어 접시에 담고 치커리, 방울 토마토, 파슬리로 장식합니다.

Chapter 12

공부의 적 스트레스 해결

1) 휴식을 해야 학습 효과가 좋다

사람들은 공부한 내용이 잘 기억나지 않는 이유를 노력 부족과 학생의 나쁜 머리탓으로 돌립니다. 전통 학습의 관점도 이와 같습니다.

기억하고 잊어버리는 것을 밥 먹듯 하는 두뇌는 아마도 이런 식으로 답변할 겁니다.

"두뇌는 담기만 하면 채워지는 빈 그릇이 아니다.", "잠잘 시간, 휴식 시간도 없이 무작정 외우라고만 하니 기억 못 하는 건 당연하잖아."

전통 학습의 주장처럼 노력과 시간이 성적을 올리는 가장 중요한 이유라고 여겼던 학생들은 잠을 줄였고 쉬는 시간에도 쉬지 않았습니다. 그러나 잠과 휴식에 대한 전통 학습의 주장은 완전히 잘못되었다는 것이 최근 두뇌 과학에 의해 밝혀졌습니다. 잠을 줄이는 것이 공부가 아니라 잠을 제대로 자는 것이야말로 공부였던 것입니다.

두뇌도 저장할 시간이 필요하다

국사 공부를 마치고 수학 공부를 한 적이 있습니다. 수학 문제를 풀다가 갑자기 국사 공부의 역사 배경이 떠오르기 시작했습니다.

"내가 집중력이 떨어졌나?"하는 의문을 가졌습니다. 그러나 이러한 생각은 나의 뜻이 아니라 두뇌의 뜻이었습니다. 이럴 때에는 정환 원장도 잠시 스트레칭을 하고 쉬기로 한 적이 있습니다.

2) 두뇌는 저장할 시간이 필요하다

학생은 공부를 하고 난 후에 반드시 휴식 시간을 가집니다. 두뇌에게 학습내용을 입력을 하였다고 해서 공부가 끝난 것이 아닙니다. 학생은 스스로 학습 정보를 잘 관리해야 합니다.

학습 정보가 제대로 두뇌에 저장되기 위해서는 새로운 과정을 거쳐야 합니다. 학습 정보를 기억으로 오래 시간 동안 지속적으로 유지하려면 두뇌에게 저장할 시간이 필요합니다.

두뇌는 입력 정보를 정리를 잘해야만 오랫동안 학습내용을 기억합니다. 학습 정보가 새로운 회로망을 구성 하여 두뇌에 견고하게 자리 잡으려면 두뇌에게 정리 시간이 필요합니다.

새로운 두뇌 회로망이 견고 해 지기 전에 또 다른 학습 정보가 입력되면 두뇌는 정리할 시간이 없어져서 이전에 공부 내용을 잊어버릴 수 있습니다. 두뇌는 새로운 회로망을 정리하기 위해 지속적 활동합니다. 두뇌는 새로 입력된 학습 정보를 기존회로망과 연관시켜 정리합니다.

두뇌는 간섭과 혼란 현상이 발생합니다. 입력 정보가 새로운 회로망을 구성되기 전에 새로운 학습 정보가 입력되면 이전에 입력된 학습 정보는 나중에 입력 학습 정보에 의해 간섭받아 폐기 처리됩니다.

두뇌는 기억용량을 더 많이 확보하기 위해 신경세포를 중복 사용합니다. 그래서 두뇌는 간섭현상이 발생합니다. 입력 학습 정보가 신경세포 회로에 정확하고 견고하게 저장되었지만, 다른 입력 학습 정보와 신경세포에 겹쳐 지면 간섭과 혼란이 발생 합니다.

고3 수험생과 재수생, 중간고사와 기말고사 기간에 공부하는 학생들은 제한된 시간에 많은 공부를 해야 합니다. 열정과 의욕으로 공부를 많이 하면 두뇌의 정보처리 속도와 용량은 일시적으로 초과가 됩니다. 그러면 힘이 들게 공부 내용이 머릿속에 남아 있지 않습니다.

두뇌는 학습 정보를 정리해서 저장하는 시간은 약 1분 정도 걸립니다. 그래서 학생들은 20분 정도 공부하고 1분 정도 스트레칭을 하고 잠시나마 휴식을 합니다. 공교육의 고등학교는 수업을 50분 하고 10분 쉬는 시간을 가집니다.

3) 잠과 공부관계

전통 학습에서는 공부를 많이 해야만 성적을 올릴 수가 있었습니다. 그리고 학생은 잠을 줄여 가면서 공부를 해야 했습니다. 그러나 두뇌 과학 학습법은 학생에게 잠을 자도록 권유합니다. 두뇌가 기억을 하기 위해서는 잠이 필요합니다. 잠은 내일 공부에 필요한 휴식임과 동시에 오늘 공부를 마무리하는 과정입니다. 그러므로 두뇌 학습법에는 잠은 필요한 과정입니다.

일기와 수면

불면증은 침대에 누웠을 때에 생각나는 온갖 잡념 때문입니다. 이런 잡념들은 대개 학생의 마음속에 남아 있는 불안함과 걱정 때문에 생겨납니다. 이런 문젯거리로 인하여 잠이 들 수가 없습니다. 잠을 잘 수 없게 하는 방법 중에 하나는 일기를 쓰는 것입니다. 침대에 가기 전에 일기를 쓰면서 학생 마음속에 있는 고민과 걱정, 불안을 글로 적어야 합니다. 그러면 학생 생각이 머릿속으로 정리가 됩니다. 한결 마음이 가벼워 져서 잠을 깊이 잘 수 있습니다.

4) 공부는 질적으로 하자

전통 학습이 "공부의 양"을 강조하고 두뇌 기반 학습은 "공부의 질"을 강조한다. 공부의 양은 "공부 시간"이고 공부의 질은 "학습내용을 많이 기억하고 학습 효과가 가장 크다."입니다.

두뇌는 학습 입력 정보를 기억회로에 연관하여 저장할 시간이 필요합니다. 그래서 학생은 공부를 꾸준히 열심히 한다고 해서 좋은 것은 아닙니다. 학생은 학습 스케줄에 의해 효과를 크게 볼 수 있도록 공부합니다.

필자의 경험 목차를 이해 후에 전체 내용을 공부합니다.
먼저 목차를 먼저 이해한 후에 전체 내용을 약 5시간 동안 공부하였습니다. 그리고 난 뒤에 1시간 정도 머릿속에서 정리하였습니다. 정리는 내용을 읽고 쓰면서 요약노트를 만들었습니다.

학생은 휴식시간을 철저히 정하고 학생의 리듬을 만드는 것이 중요합니다. 휴식도 수면도 모두 공부입니다. 학생은 휴식과 수면은 두뇌 기억의 한 과정이라고 여겨야 합니다.

5) 두뇌 저장방식의 활용

가) 잠을 자기 전에 공부 핵심을 머릿속으로 정리하자

학생은 잠자리에 들기전에 당일 공부한 내용 중 핵심만을 머릿속으로 정리합니다. 학생이 내용을 정리한 단권화 노트 또는 암기노트를 머리 베개 옆에 두고 잠자리에 듭니다. 아침에 일어나 보면 어제 공부한 내용이 자연스럽게 떠오를 것입니다.

나) 학습량을 조절하자

학습량의 조절이 중요합니다. 특히 많은 학습량을 소화해야 하는 고3 입시생이나 고시 준비생은 학습량 조절에 신경 써야 합니다. 과식하면 배탈이 나듯 너무 많은 것을 입력하려 들면 두뇌는 멍해집니다. 한꺼번에 몰아서 하는 것보다 학습량을 균등히 나누는 것이 학습 총량 대비 효과를 높일 수 있는 비결입니다.

다) 적절히 과목을 교체해 보자

특성이 다른 과목을 적절한 시간마다 교대로 공부하는 것도 한 방법입니다. 수학 공부를 1시간 하고 나서 국어로 바꾸는 식입니다. 저장 창고인 신경세포를 중복 사용해 두뇌가 혼동을 일으키지 않게 하기 위해서라도 한 과목에 너무 매달리는 것은 좋지 않습니다. 여기에서 20분마다 과목을 교체해야 한다는 이야기는 무시해도 좋습니다. 과목을 교체하는 중간중간 휴식을 취하고 부담 없이 정리할 시간을 두뇌에게 준다면 한 과목이 1시간을 넘어도 큰 지장은 없습니다.

라) 휴식을 취하면서 두뇌를 도와라

휴식 시간 중 두뇌는 스스로 기억을 정리하지만 공부한 내용을 편안하게 떠올리는 것은 그것을 기억으로 고정시키는 강력한 방법입니다.

구분	장기 기억의 조건
첫째	공부 후에 휴식과 수면을 합니다.
둘째	두뇌가 요구하는 조건대로 학습내용을 반복합니다.

6) 단순 반복과 의미 반복

영어 단어를 1시간 이상 연습장에 단어 하나를 적으면서 반복하며 외우고 있습니다. 수백 번을 적고 난 후에 다른 단어를 적으면서 외웁니다. 이렇게 외운 영어 단어를 며칠이 지나고 난 후에 물어보면 영어 단어를 기억하지 못합니다.

반복하면 기억된다는 말은 일종의 상식입니다. 얼마나 반복을 많이 했는지가 실력을 결정한다는 말은 시간과 노력이 성적의 결정적 요소라는 전통 학습의 논리와 다르지 않습니다. 반복은 분명 기억을 강화시킵니다. 단 두뇌가 원하는 방식으로 반복할 때만 이 효과를 높일 수 있습니다.

전통 학습은 정확한 논리와 근거 없이 그저 복습이라는 말로 반복을 강조합니다. 하지만 두뇌 기반 학습은 두뇌가 요구하는 반복 조건을 지키라고 말합니다.

7) 의미 기억

단기 기억이 아니라 장기 기억으로 공부해야 합니다. 단기 기억이 장기 기억으로 전환되기 위해서는 2가지 조건이 있어야 합니다. 하나는 앞에서 강조한 적절한 휴식과 수면이고 또 하나는 반복입니다.

공부와 동시에 지식이 기억된다면 얼마나 좋을까요? 그러나 두뇌는 절대 서두르지 않습니다. 만족할 만한 조건이 이루어져야 천천히 기억을 만드는 것이 바로 두뇌입니다. 기억은 두뇌의 반응이고 전기적, 화학적으로 일어나는 반응입니다.

두뇌에서 단기 기억이 장기 기억으로 옮겨 가려면 두뇌가 제시하는 일정한 조건을 충족시켜야 합니다. 입력된 정보가 몇 차례에 걸쳐 전기적으로 뉴런 회로를 통과하지 못하면 장기 기억으로 정보를 옮기지 않게 되어 있습니다.

두뇌에 입력된 정보의 활용가치에 의해서 장기 기억으로 갈지 결정합니다. 두뇌는 활용가치가 높은 정보를 선호합니다. 그렇다면 두뇌는 어떻게 정보가 다시 활용될지, 안 될지를 판단하는 것은 생각보다 아주 간단합니다. 일단 두뇌는 자신이 보관하고 있는 정보 가운데서 계속 확인 점검되는 정보를 중요하다고 판단합니다. 자주 반복되었으니 앞으로도 사용될 가능성이 높은 정보라고 생각하고 장기 기억 속으로 정보를 쏙 집어넣습니다.

특정한 정보의 활용은 "정보의 확인과 점검이 언제 이루어지느냐?"라는 점검 타이밍에 달려 있습니다. 오히려 일정한 간격을 두지 않고 집중적으로 점검하는 정보는 쉽게 사라집니다. 같은 횟수라도 간격을 두고 확인하고 점검하는 정보를 두뇌는 다시 활용할 가치가 높다고 생각합니다.

반복에서 타이밍과 함께 중요하게 고려해야 할 요소가 하나 더 있습니다. 바로 의미입니다. 입력 성공의 열쇠였던 의미입니다. 일화 기억을 빠르게 처리하는 두뇌도 의미 기억에서는 다른 처리 과정을 보여줍니다. 의미 기억을 제대로 기억하기 위해서는 지속적인 반복 자극이 주어져야 합니다. 이러한 반복과정에서 의미가 더욱 분명해지는 정교화 과정을 거칩니다. 따라서 반복과정에서 의미를 떠올리는 것은 무척 중요합니다. 기계적이고 단순한 반복은 두뇌에게 아무런 전기 자극을 주지 못합니다.

두뇌는 관리하지 않은 정보를 무효화시킵니다. 전통 학습은 반복의 횟수만을 강조했지만 두뇌 기반 학습은 타이밍을 조절하고 의미를 떠올릴 것을 요구합니다. 단순한 반복이 아니라 두뇌에 맞는 학습 전략을 세워야 하는 것입니다. 인내와 노력보다는 두뇌의 법칙과 순리를 따르는 것이 훨씬 좋습니다.

8) 작은 차이와 큰 결과

　수학 내용을 어렵게 겨우 이해했다 하더라도 주기적으로 관리하지 않으면 사라지고 맙니다. 성적 차이는 누가 공부한 내용을 잘 관리하느냐에 달려 있습니다. 정보를 입력하는 방법에서 이미 상위권과 중위권은 크게 구별됩니다. 그러나 상위권 내에서의 성적 차이는 입력보다는 주로 관리의 차이로 발생됩니다. 비슷한 시간과 노력을 들였더라도 저장 단계에서 어떻게 시간을 안배했느냐에 따라 성적 차이는 크게 벌어집니다. 입력에 성공했지만 제대로 관리하지 못해 정보가 손실되면 그것을 되살리기 위해 또다시 많은 시간과 노력을 투입해야 합니다. 특히 두뇌에서 정보가 삭제되면 처음부터 다시 시작해야 합니다.

　처음 공부한 시간의 10%만 관리에 투자해도 대부분의 입력 정보는 손실되지 않습니다. 시험의 합격과 불합격이라는 엄청난 차이는 시간과 노력이 아닌 단순히 관리 차원에서 결정됩니다.

　적절한 관리 전략을 구사하지 않은 사람들은 저장 단계에서 적지 않은 정보를 유실했고 그 결과 힘이 드는 길을 걸어야 했습니다.

　내용의 저장과 관리되지 않는 정보는 두뇌에서 소멸된다는 사실을 경험 속에서 깨닫고 예방합니다. 입력의 성공은 절반의 성공입니다.

Advice
정환 원장의 경험 : 반복 학습을 위한 스케줄 설정

영어 문장은 큰 소리로 3번 정도 반복해서 읽었습니다. 수학 문제는 한 번 풀고 넘어가는 것이 아니라 나중에 여러 번 더 풀어 봐야 했습니다. 처음 계획을 세울 때부터 2번 더 본다는 전략을 세우고 시간 스케줄을 짜는 것이 좋습니다.

학습 효과 극대화 방법

1) 학습 효과를 극대화시키는 반복 학습

가) 1차 반복 중요

학습이 끝난 이후에 생성된 두뇌의 정보 회로는 매우 불안정합니다.

시간	두뇌의 기억회로 재생성 노력
– 1시간 이후	처음 입력 과정에서 학습 노력의 50%를 공부합니다.
– 5시간 이후	처음 입력 과정에서 학습 노력의 75%를 공부합니다.
– 30일 이후	학습 효과는 거의 소멸되고 처음에 입력 과정에서 학습 노력의 100%를 공부합니다.

특히 학습 후 처음 20분이 가기 전에 학생은 빨리 새로운 전기 자극을 가해야 합니다. 즉 학생은 학습내용을 복습합니다. 처음 입력 단계에서 소비 시간의 10%로 가능하고, 교재나 노트에서 핵심 정보를 찾아 표시해 두면 효과적인 반복 학습이 가능합니다. 이렇게 반복할 때를 위해 공부한 내용을 다음과 같은 기준으로 분합니다.

구분	설명
중요	중요하다고 판단되는 내용과 그렇지 않은 내용
기억의 판단	기억해야 할 내용과 그냥 넘어가도 되는 내용

나) 간격 효과를 살리자

간격효과를 살리기 위한 가장 좋은 방법은 10분 후에 1차 반복, 48시간쯤 되었을 때 2차 반복, 일주일 후에 3차 반복합니다.

다음과 같은 단계로 공부합니다.

단계	설명
1단계	10분 후 1차
2단계	전체 수업 종료 후 2차
3단계	잠들기 전 3차
4단계	일어나서 4차
5단계	주말 총 정리 5차

다) 학습 분량을 조절하자

학습량을 조절하여 충분히 소화할 수 있는 분량만 열심히 공부합니다. 공부할 과목이나 범위를 너무 넓게 잡는 것보다 하나씩 확실하게 장기 기억으로 갈 수 있도록 공부합니다. 그리고 학생은 하루를 마무리 잘해야 합니다.

라) 학습의 핵심 정보를 집중 관리하자

학생은 공부 내용을 주요 핵심 내용과 기타 주변 내용으로 분류합니다. 학습내용의 핵심만을 관리합니다. 몇 개의 단어 중심으로 내용을 정리합니다. 그리고 학습내용의 핵심 정보 중심으로 관리 하여 두뇌 전체 회로를 강화시킵니다.

마) 의미 있는 반복을 하자

학습내용을 요약하여 단권화 노트와 암기노트를 작성합니다. 학습내용을 다시 구성하여 반복하는 것이 효과적입니다. 학생은 단권화 노트와 암기노트를 눈으로 보고 읽고 쓰고 암기합니다. 그리고 맨 나중에는 머릿속으로 학습내용을 정리합니다.

2) 긴장 상태로 공부하자

학생은 긴장하면서 공부를 해야 합니다. 시험 시간에는 학생은 긴장한 상태에 놓입니다. 이럴 때에는 긴장한 상태에서 공부를 하였던 내용만이 떠오릅니다. 학생이 편안한 상태에서 공부 내용은 시험 시간에는 아예 떠오르지가 않을 겁니다.

두뇌는 "어떤 감정 상태에서 정보를 입력했는가."에 따라서 정보 출력도 달라집니다.

3) 두뇌는 학습내용과 감정 상태를 함께 저장한다

학습할 때의 감정과 출력할 때의 감정은 서로 연결되어 있습니다. 학생이 공부 학습할 때와 시험 볼 때의 감정상태가 동일할 때 기억이 잘 떠오릅니다.

두뇌는 정보를 입력하고 저장할 때의 환경과 감정 상태까지 함께 저장합니다. 처음 학습할 당시와 같은 환경, 감정 상태에 있을 때 두뇌는 이전의 정보를 쉽게 검색합니다. 두뇌 본연의 작동 방식이 바로 학생이 처한 상황과 상태에 필요한 정보를 쉽게 찾아냅니다.

두뇌는 하나의 정보에 대해 출력할 수 있는 단서를 만듭니다. 두뇌는 출력할 때에 가장 중요한 단서는 주변 환경과 학생의 감정 상태입니다. 학생이 공부 환경과 학생의 감정 상태에서 얻어진 경험이 유사한 환경에서 활용됩니다.

두뇌는 정보를 학생의 공부 상황과 연관되어 기억하고 유사한 상황일 때에 두뇌를 활성화 시켜 공부의 내용을 출력합니다.

그래서 시험도 공부의 한 과정입니다. 학생의 머릿속에 무수히 많은 지식을 가지고 있어도 이 지식을 적절히 꺼내지 못하면 소용이 없습니다. 두뇌 기반 학습은 출력 공부의 과정입니다. 두뇌에 입력된 정보는 올바른 연습에 의해서 정보가 제대로 출력합니다.

4) 시험에 강해지는 4가지 출력 연습

학생은 시험에서 행운을 기대해서는 안 됩니다. 학생 주변에는 시험에 강한 사람이 있습니다. 그런데 이것은 운이 아니라 출력의 중요성을 알고 노력한 것입니다.

시험에서 제대로 실력 발휘를 하기 위해서는 시험을 공부 결과의 확인이 아닙니다. 시험은 공부를 구성하는 출력단계로 인식하고 연습해야 합니다.

가) 실전을 연습같이 하고 연습을 실전같이 한다

평소에 모든 시험과 문제 풀이를 실전과 유사한 환경에서 해야 합니다.

특히 학생 혼자 문제를 풀 때에는 시험 시간과 동일하게 설정하는 것이 아니라 오히려 실제 시험 시간보다 줄여서 연습해야 합니다.

연습하는 주변 환경을 모두 시험 환경과 동일하게 할 수 없다면 책상만이라도 시험 때와 비슷한 상태를 만들어야 합니다. 학생이 시험문제를 풀 때에는 정해둔 시간 내에 긴장한 상태로 문제를 풀어야 합니다.

나) 연습도 시험이다

학생은 특히 모의고사 때에는 실전과 같은 마음으로 응시합니다. 연습이라 할지라도 단 한 문제라도 더 맞추기 위해 의식적으로 노력해야 합니다. 특히 어려운 문제는 그냥 넘기지 말고 어떻게 하든지 답을 찾으려고 노력합니다.

다) 중요한 시험은 최소 일주일 전부터 리허설을 한다

아침 기상 시간을 미리 조절하여 시험이 시작되었을 때 최상의 컨디션을 유지할 수 있도록 하는 것이 특히 중요합니다. 시험 일주일을 남겨 두고 무리하게 공부하여 컨디션 조절을 합니다.

모의고사를 실전과 최대한 비슷한 조건에서 일주일간 계속 보는 것도 좋은 방법입니다. 시험 날짜에서 마지막 3번 정도는 어려운 문제를 선택하여 풀어 봅니다. 어려운 문제는 시험 당일 날에 반드시 풀어야 할 마음을 다집니다.

라) 시험 때는 최대한 긴장을 풀어라

학생은 시험 볼 때 순간적으로 긴장 되면 바로 눈을 감고 심호흡을 합니다. 긴장된 상태에는 호흡이 빨라지고 얕아집니다. 호흡을 천천히 깊게 하면 두뇌의 상태를 변화시킬 수 있습니다. 학생 생각보다 문제가 어렵게 나와 긴장될 때에는 스스로에게 "모두에게 똑같이 어렵다."는 주문을 걸어 두뇌를 안심시킵니다. 그리고 "다른 사람이 긴장해도 나는 차분히 문제를 풀 수 있다."는 희망의 메시지를 두뇌에게 보내서 안정을 시킵니다. 그러면 두뇌는 어려운 문제를 쉽게 풀 수가 있습니다.

머리를 좋아지게 하는
음식들

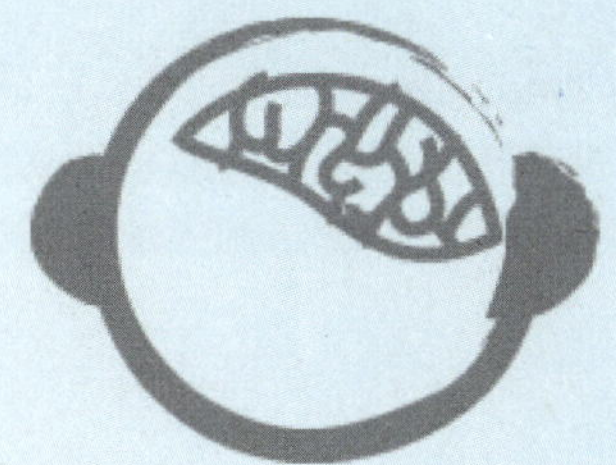

1) 꿀

공부에 지친 자녀에게 꿀을 먹도록 합니다. 대추차나 오미자차에 꿀 또는 엿을 타서 마시면 몸이 건강해지고 공부를 잘하게 됩니다.

2) 땅콩 식초

땅콩 식초는 두뇌의 피로를 풀어 줍니다. 땅콩을 속껍질째 일주일 정도 식초에 담가 두고 자녀가 공부할 때 서너 알씩 씹어 먹으면 두뇌의 피로가 풀리고 기억력이 향상됩니다.

3) 녹차

자녀에게 콜라, 커피 등의 음료수보다는 녹차가 더 좋습니다. 자녀가 녹차를 마시면 몸의 노폐물이 소변으로 배설될 수 있도록 합니다. 녹차는 공부에 지친 피로를 없애 주고 머리를 맑게 해 주어 공부의 학습 효과를 높여줍니다.

4) 칼륨

칼륨이 부족하면 쉽게 몸이 피로해지고 머리가 멍해집니다. 칼륨 영양소가 많이 들어 있는 미역과 말린 무, 말린 표고를 먹으면 피로가 풀리고 머리가 맑아집니다.

5) 셀레늄

셀레늄은 두뇌의 노화를 막아 주고 건강하게 합니다. 셀레늄이 함유되어 있는 음식은 콩 종류, 통밀류, 동물의 간, 마늘, 조개입니다.

6) 참깨

참깨를 꿀에 넣고 반죽해서 환약을 만듭니다. 이 환약은 정신이 맑아져서 정신환이라고 부릅니다. 통깨를 바로 먹으면 소화가 잘되지 않습니다. 그래서 통깨를 분말기에 곱게 갈아 사용합니다.

7) 산조인 차

산조인은 멧대추의 씨 속에 있는 알맹이입니다. 산조인은 신경안정 효과가 아주 뛰어납니다. 자녀가 공부에 지쳐 잠을 자기가 어려울 때 산조인 볶은 것을 물에 붓고 끓여 차로 마시면 잠을 이루기가 수월합니다. 산조인은 불면증에 좋습니다.

Chapter 14 — 공부의 출력 학습

1) 분명히 공부한 것 같은데 기억이 나지 않는다

시험을 칠 때에는 공부를 하였다는 사실은 떠 기억이 나지만 진작 학습내용은 아예 모르는 경우가 발생됩니다. 컴퓨터의 파일 이름이나 경로를 제대로 알지 못하면 하드 디스크에서 파일을 찾기는 쉽지가 않습니다. 시험에서도 학생은 이런 유사한 현상을 종종 경험합니다.

공부했던 기억은 분명 있는데 그 학습내용이 기억나지 않습니다. 시험은 학생의 이런 어려운 상황을 인정해 주지 않습니다. 학생이 공부를 열심히 했고 암기노트를 작성하였지만 시험 당일 날에 학습내용이 떠오르지 않습니다. 이것은 학생은 시험을 평가 수단으로 인식하고 공부의 영역으로 인식하지 않았기 때문입니다.

2) 복잡한 정보 속에서 단서를 찾아라

공부한 내용을 출력해 내지 못하는 실패 요인은 두 가지 이유가 있습니다.

구분	설명
첫째	기억이 두뇌에서 약화되었거나 혼동되었다.
둘째	기억이 저장된 곳으로 접근하는 단서를 찾지 못했다.

시험은 두뇌의 출력 능력을 평가하는 과정입니다. 두뇌의 원리에 맞추어 출력연습을 하지 않으면 입력과 저장 시간과 노력은 헛수고가 됩니다.

학교 시험은 범위가 좁기 때문에 선생님의 출제 문제 의도를 쉽게 파악할 수 있습니다. 즉 출력할 때의 단서를 쉽게 찾아낼 수 있습니다. 그러나 수능 시험이나 자격증 시험은 출제자의 의도를 파악하기가 어렵습니다. 시험 범위가 넓고 문제 유형이 다양해질수록 두뇌의 검색 범위도 함께 넓어지기 때문에 벌어지는 현상입니다.

학생의 목표라고 생각하는 시험에서 성공하려면 반드시 시험의 출제 범위와 문제 유형에 맞추어 출력 연습을 해야 합니다. 동일한 시간을 공부해도 출력 연습을 어떻게 했느냐에 따라 성적은 크게 달라집니다. 평소 특정 유형 중심으로 공부했다면 다양한 영역으로 공부의 범위를 넓히면서 출력 연습을 해야 합니다.

3) 시험에 강한 사람들의 5가지 노하우

가) 기출문제를 철저히 분석한다

시험에 강한 사람들은 사전에 본인이 목표로 하는 수능 시험이나 고시의 기출문제를 철저히 분석합니다. 한 번 보는 것으로 끝내는 것이 아니라 최종 마무리 단계에서 이전에 골라 놓은 기출문제를 다시 풀어 보는 경우가 많습니다. 기출문제를 공부할 때에는 출제 영역, 출제 의도, 함정 유무 등을 체크하면서 풀어 보는 것이 효과적입니다.

이러한 노력은 문제 중심적인 시각을 갖도록 만들어 주며, 출력 중심의 공부에도 탁월한 효과가 있습니다.

구분	설명
분야	어떤 부분에서 나온 문제인가?
내용	무엇에 관한 문제인가?
출제의도	출제 의도는 무엇일까?
주의사항	혹시 비슷한 문제가 나오면 주의할 사항은 없는가?

Advice
정환 원장의 경험 : 시험의 출제경향 파악하기

아무리 공부를 많이 하고 아는 것이 많다 하더라도 반드시 출제경향을 파악하고 난 후에 시험장에 들어갔습니다. 그래야만 제 실력을 발휘할 수 있습니다.

나) 평소 공부 내용을 출력하기 쉽게 구성

출력에 유리한 공부가 되기 위해서는 다음과 같이 해야 합니다.

구분	설명
체계적 정리	공부한 내용을 체계적으로 정리하는 습관 도서관의 서고처럼 체계적으로 정리되어 있는 정보는 빨리 검색 가능
이야기 구조	이야기 구조로 다양한 연관 관계를 구성
경험과 소재	공부한 내용을 다양한 경험과 소재를 통해 다각도 이해
연결고리	다양한 연결고리를 만들어 저장

시간이 지나면 기억했던 정보의 연결 정도가 약해지게 마련입니다. 이를 대비해서라도 다양한 검색 통로를 만들어 두는 것이 좋습니다.

다) 문제를 정성껏 풀고 꼭 확인해야 한다

시험에 강해지기 위해서는 문제를 정성껏 풀어 보고 반드시 확인하는 습관을 가져야 합니다. 특히 정답을 확인하는 과정에서도 다음 사항을 반드시 점검해야 합니다.

- 출제 영역
- 출제 의도
- 제대로 이해하지 못한 내용
- 다시 풀어 볼 필요 여부

단순히 확인하거나 복습하는 것을 뛰어넘습니다. 두뇌의 정보 저장에 필요한 반복적인 자극 외에도 이미 저장되어 있는 정보가 쉽게 출력될 수 있도록 재구성하는 효과를 가집니다.

또한 정답만 확인할 것이 아니라 다른 문제의 보기가 왜 오답인지 알아야 합니다.

라) 학생 기준에 맞추어 공부한 결과 정리

공부한 내용을 정리할 때에도 학생의 기준이 분명히 있어야 합니다.

다음은 공부 내용을 정리하는 순서입니다.

순서	설명
1단계	기본적으로 모두 이해가 되고 문제 풀이를 통해 확신이 있으면 시험에 꼭 나오는 문제라 하더라도 넘어갈 수가 있습니다.
2단계	문제 중 자신 없는 것만을 골라내어 집중적으로 공부하고 그러면서 공부 범위를 계속 좁혀 갑니다.
3단계	한번 풀어서 정답을 찾았지만 오답노트에 작성하여 다시 한 번 더 풀어야 합니다.

이 방법은 시험장에서 문제가 될 수 있는 요인들을 미리 찾아내고 하나씩 제거해 나

가는 과정입니다. 학생은 이 방법을 사용하여 시험 성적을 향상시킬 수가 있습니다.

마) 마무리 학습에 필요한 자료는 평소에 준비하라

구분	설명
첫 번째	오답노트 또는 주제별 핵심 내용을 하나씩 정리해 두었다가 마무리 학습에 활용합니다.
두 번째	교과서의 순서와 체계보다는 출제 영역과 주제별로 정리합니다.
세 번째	공부를 일주일 이내에 총정리할 수 있는 분량으로 정리하고 대학 입시 대비는 오답노트를 작성합니다.

수능이나 고시처럼 범위가 넓고 어려운 시험일수록 다음과 같은 준비는 필요합니다. 시험 전 일주일 동안의 마무리는 단순한 확인, 점검 차원에 끝나는 것이 아니라 이 과정을 통해 두뇌에 저장되어 있는 모든 공부 내용에 접근할 수 있는 단서가 만들어집니다.

4) 출력에 성공하기 위한 2가지 방법

가) 출력에 꼭 필요한 단서를 점검하라

교과서의 목차를 공부하여 출력에 필요한 단서를 암기합니다. 문제중심이 아니라 내용 중심이라는 한계는 있지만 가장 손쉽게 출력 성공 확률을 높여 주는 방법입니다. 물론 시험에 따라 다르지만 목차만 잘 기억해도 10% 정도의 성적 향상 효과를 기대할 수 있습니다.

나) 출력 실패에 대처하는 방법을 알아두자

시험에서는 분명 막히는 문제 또는 모르는 문제가 출제됩니다. 학생은 이때 분명히 공부했고 아는 내용이라는 생각이 들면 억지로 기억해 내려고 할 필요가 없습니다. 문제를 읽다가 생각나는 것을 시험지 여백에다 메모한 다음 계속 연상되는 것들을 연결시키다 보면 어느 순간 단서가 잡히는 경우가 있습니다.

그래도 해결되지 않으면 다른 문제를 풀고 난 후에 다시 그 문제를 풀어 봐야 합니다. 가끔은 다른 문제를 풀다가 이전에 못 풀었던 문제의 실마리가 떠오르는 경우도 종종 생깁니다. 이런 현상은 다른 문제의 내용에서 학생이 모르는 사이에 단서를 발견했기 때문입니다.

여기에서 주의할 점은 '무작정 해답을 찍어 버리거나 포기 한다.'는 생각은 버려야 합니다. 학생은 '내 머릿속 어딘가에 분명히 있어 잘 뒤져 보면 나올 거야.' 이렇게 생각하면서 여러 번 문제를 읽다 보면 단서를 잡을 수가 있습니다.

신경을 안정시켜 주고
머리를 맑게 하는
견과류

1) 호두

호두는 자녀의 기본 체력을 향상시켜 주고 신경을 안정시킵니다. 그래서 자녀는 머리가 맑아져서 공부를 잘하게 됩니다. 호두는 과자처럼 깨서 먹어도 좋습니다.

호두는 더운 물에 약 5분 정도 담가 속 껍질을 벗겨 내고 녹말가루를 묻혀 기름에 노릇하게 튀겨 소금간을 해서 먹습니다.

2) 은행

은행에는 신경조직의 모태가 레시틴, 아스파킨산이 함유되어 있습니다. 비타민 D의 모태가 되는 에르고스테롤이 많이 들어 있습니다. 그러므로 자녀가 은행을 먹으면 두뇌 피로가 풀어지고 머리가 맑아집니다.

은행은 생걸로 그대로 먹으면 청산 중독이 일어날 수 있습니다. 후라이팬에 은행이 푸른색으로 변할 때까지 볶아 먹습니다.

3) 헌마 호두 잣죽

[준비물] 현미, 천마, 호두, 소금, 청주

① 현미는 약 3시간 정도 물에 불리고 센불로 끓입니다.

② 현미가 끓기 시작하면 약한 불로 줄이고 거품을 걷어내고 더 약한 불로 끓입니다.

③ 현미가 부드러워지면 천마를 넣고 끓입니다.

④ ③에 호두와 잣을 넣고 소금과 청주로 간을 맞춥니다.

학습법 수행

1) 기억 프로그램 사용법

성실과 노력, 마음가짐, 의지 등을 강조하는 태도는 지금까지 사회적으로 권장되어 왔습니다. 방법과 요령, 지름길이 있고 그것을 활용하는 것이 중요하다는 생각은 전통 학습에서는 위험한 발상으로 치부됩니다. 또 우리들 마음속에서도 역시 머리가 좋아야 한다는 생각, 공부가 적성에 맞아야 한다는 생각이 자리잡고 있습니다.

제 생각 역시 공부에도 지름길이 있다는 생각에 가깝지만 근본적인 차이가 있습니다.

- 일반적인 원리보다는 효과적인 방법을 강조합니다.
- 공부하는 사람들의 생각이나 태도, 습관에 문제가 있다는 전제가 있습니다.

공부는 두뇌와 기억을 제대로 알고 이해해야 합니다. 공부와 두뇌에 대한 생각이 바뀌면 자연히 학습법이 변화할 것이고 결과적으로 성적도 향상됩니다.

중요한 것은 두뇌와 기억프로그램의 사용법을 배워야 합니다. 학생의 개성과 습관에 맞는 기억프로그램을 활용한다는 것이 공부의 관건입니다. 두뇌의 원리를 정확히 알면 공부 방법은 자연히 터득됩니다.

2) 두뇌기반 학습

학생 여러분은 다음과 같은 생각을 하도록 해야 합니다.

> – 공부가 타고난 적성이나 지능과 전혀 무관하지는 않지만 두뇌를 정상적으로 자극할 수 있는 의
> 미 있는 정보들을 지속적으로 입력하면 자연스럽게 공부가 향상됩니다.
> – 한번 공부하면 쏙쏙 머리에 들어가서 하나씩 기억되면 좋겠다는 희망은 부질없습니다.
> 공부는 관리하고 보살펴야 합니다.
> – 연습을 실전처럼 해야 합니다. 공부도 항상 실전 상황을 염두에 두고 확인하고 점검, 보완합니다.

다음과 같은 사항을 점검해 보세요.

> 1) 입력 단계에서 특히 문제가 되는 것은 쉽게 이해되지 않는 부분을 어떻게 처리할 것인가입니다.
> 이해가 잘 안 되는 것은 두뇌 속에 관련 정보가 부족하기 때문입니다. 이때 일단 체크하고 피해
> 가거나 주변사람이나 관련자료의 도움을 받아 해결해야 합니다. 이해가 되지 않는데도 공부를
> 하지 말자. 잘못하다가는 공부가 싫어지는 원인이 될 수가 입습니다.
> 2) 저장 단계에서는 무의미하게 기계적으로 반복하는 것이 문제가 된다. 반복은 횟수보다 어떻게
> 하느냐가 중요합니다. 그러나 학생들은 외우는 것에 너무 익숙해져 있어서 효과적으로 반복하
> 지 못하는 경우가 대부분입니다. 시험이 끝나거나 학년이 바뀌면 교재를 습관적으로 버리는 것
> 도 고쳐야 합니다.
> 3) 문제 중심의 공부를 오해하면 출력 단계의 공부는 엉뚱한 방향으로 흐를 수 있습니다. 문제 중
> 심의 공부는 문제만 풀라는 것이 아닙니다. 두뇌에 저장되어 있는 정보를 문제 중심으로 다시
> 정리해서 시험 때 실력을 제대로 발휘해야 합니다.

두뇌 과학의 도움으로 우리는 학습에도 두뇌를 이용하여 같은 결과를 얻을 수 있습
니다.

> **1) 입력 성공률 향상**
> - 잊어버리기 위해 공부하는 수준에서 벗어납니다.
> - 조금만 노력하면 누구나 원하는 정보를 쉽게 입력할 수 있습니다.
>
> **2) 중간 손실률 향상**
> - 노력해서 입력한 정보가 도중에 사라지는 이유를 확인합니다.
> - 조금만 신경을 쓰면 학생의 기억력에 신뢰가 갑니다.
>
> **3) 출력 성공률 향상**
> - 공부 내용의 실수는 없습니다. 즉 틀리는 문제가 사라졌습니다.
> - 실전처럼 공부 하면 평소 실력 이상의 결과가 나옵니다.

두뇌 기반 학습은 반드시 성적 향상을 보장합니다. 두뇌 기반 학습이 정학되면 학습 효과가 전이되어 성적 향상을 배가 시킵니다. 그러나 무엇보다 중요한 것은 두뇌 기반 학습이 공부에 대한 부담을 덜어줍니다. 특별하게 머리가 좋거나 대단한 의지나 각오를 갖지 않아도, 많은 시간을 투자하지 않아도 성공할 수 있는 길을 두뇌 기반 학습은 제시하고 있습니다.

> - 머리의 좋고 나쁨보다 두뇌 프로그램의 활용도가 더 큰 영향을 미칩니다.
> - 의지나 노력의 강약보다 두뇌 프로그램의 활용도가 더 큰 영향을 미칩니다.
> - 공부 시간의 많고 적음보다 두뇌 프로그램의 활용도가 더 큰 영향을 미칩니다.

3) 학교생활의 중요성

현재의 교육체계에서 두뇌의 기억 원리에 적합한 공부를 할 수 있는 곳은 학교입니다. 학교에서는 진도를 가장 천천히 나가기 때문에 공부하는 내용을 충실히 입력할 수 있는 여유가 있습니다. 또 학교 수업은 정보의 입력 ⇨ 저장 ⇨ 출력 ⇨ 과정을 학생들의 생활 속에서 자연스럽게 운용할 수 있는 스케줄을 제공하고 있습니다. 1일, 일주일 주기와 시험 주기를 기준으로 공부를 하면 특별한 계획 없이도 충분히 입력 ⇨ 저장 ⇨ 출력을 적절하게 할 수 있습니다.

학교 수업이 두뇌 기반 학습에 적합한 또 다른 이유는 수업이 진행되는 시간대에 있습니다. 우리의 일과중 가장 많은 시간을 차지하고 있는 것이 학교 수업입니다. 또한 학교 수업은 인간의 생체리듬이 가장 왕성히 활동하는 시간대에 편성됩니다. 따라서 수업이 얼마나 성적을 결정짓는데 중요한 요소인지를 쉽게 알 수 있습니다.

수능형 문제와 내신형 문제는 본질적으로 차이가 있기 때문에 학교 수업만으로 모든 공부를 해결할 수는 없습니다. 그러나 교과목에 대한 기본적인 이해는 학교 수업만으로도 충분히 가능합니다. 이런 기반 없이 수능 공부는 성립할 수 없습니다.

또한 공부를 하나의 시스템에 비유하면 학교 중심의 공부 시스템은 연결 – 발전 구조를 갖고 있는데 비해, 학교를 무시하는 공부 방식은 단절 – 고립 구조를 갖습니다.

Advice
정환 원장의 경험 : 정환 원장의 경험 시대적 역사적 배경을 상상하라

정환 원장은 조선 시대를 공부할 때 이런 상상을 했습니다.
"조선 시대의 사람은 어떤 생각을 하며 살았을까, 일상생활의 모습과 사회는 어떠했을까, 시대적인 배경은 어떠했을까"
이런 상상을 하다 보면 어느 순간부터 책을 눈으로만 읽고 이해하는 것이 아니라 책 속의 시대와 나 사이의 시간과 공간을 뛰어 넘어 내가 마치 책 안에서 살아 숨쉬고 있는 듯한 느낌이 들었습니다. 그 시대가 내 상상 속에서 부드럽게 살아 움직이는 것 같았습니다.

4) 공부 경험

가) 입력분야의 우수

역사는 사람과 사건, 연도를 무작정 외우는 것이 아니라 그 시대를 상상으로 그려 가면서 두뇌를 자극해 가는 의미 기억으로 저장해야 합니다.

나) 저장분야의 경험

Advice 정환 원장의 경험 : 진지하게 시험 응시 후 오답노트 작성

중간고사와 기말고사, 그리고 모의고사 시험에도 진지하게 시험을 쳤습니다. 어떤 시험이라도 일단 끝나면 바로 오답을 확인 했습니다. 틀린 문제는 몰라서 고민하다가 틀린 경우라서 문제의 정답을 확인하고 문제의 주변 지식까지 공부 했습니다. 그러다 보면 머릿속에 자연스럽게 정리가 되었습니다. 오답노트를 만들어 통학시간에 정리했습니다.

다) 종합적인 경험

두뇌 기반 학습의 한 분야에서만이라도 성공을 거두면 성적은 크게 변화합니다. 사실 두뇌 기반 학습은 하나의 체계이기 때문에 각각의 분야는 서로 밀접하게 영향을 미친다고 할 수 있습니다.

> 1) 학생 기준에 따른 정보처리 효과
> - 일일 공부 목표는 모르는 것 10개를 찾아내어 정확하게 알고 넘어간다.
> - 공부 양에 연연하지 말자.

모르는 것을 철저하게 찾아내어 집중적으로 공부하겠다는 생각은 두뇌의 기억회로 활성화에 결정적인 역할을 할 것입니다. 그 결과 단기간에 성적이 비약적으로 향상될 수 있습니다.

공부 잘하는 사람, 기억력이 뛰어난 사람, 시험에 강한 사람들은 모두 천재가 아닙니다. 두뇌를 이용하지 못한 사람은 합격을 해도 성적이 제대로 나오지 않을 것이고 두뇌 기반 학습은 두뇌에 내재되어 있는 무궁한 능력을 발휘할 수 있도록 합니다.

공부가 지금 나에게 아무리 중요한 문제라 하더라도 공부와 관련된 정보가 우리 두뇌 전체를 지배할 수는 없습니다. 아무리 의지를 다지고 결심을 새롭게 해도 두뇌는 뜻대로 움직여 주지 않습니다.

두뇌는 학생 두뇌를 언제나 당당하게 관철시킵니다. 두뇌의 본능을 무시하고 강요하는 공부에 대해 두뇌는 강력한 반격을 준비합니다. 마침내 공부를 포기하도록 만드는 것입니다. 그러나 우리는 두뇌를 원망할 수 없습니다. 왜냐하면 두뇌는 생명 유지라는 자기 본연의 임무에 충실할 뿐입니다. 우리는 두뇌에게 낯선 공부를 강요해서는 안됩니다.

수험생의
식사

1) 아침식사

아침식사는 수험생의 영양을 결정하는데 중요한 역할을 하고 행동과 사고에 많은 영향을 줍니다. 두뇌의 에너지원은 주로 포도당이지만 포도당은 수험생 몸에 오래 저장할 수가 없습니다. 그러므로 아침을 먹지 않으면 혈당이 떨어지고 두뇌 활동에 필요한 비타민, 미네랄, 아미노산이 부족해지면서 두뇌 기능에 지장을 가져옵니다.

공부를 열심히 해야 할 수험생은 반드시 아침밥을 챙겨 먹어야 합니다.

2) 오래 씹어 먹습니다.

수험생은 밥을 오래 씹어 먹어야 치아의 운동신경이 두뇌에 전달해 두뇌를 활성화시키고 기억력을 좋게 하는 작용을 합니다. 밥을 씹을 때 분비되는 침은 면역 물질이 많이 들어 있어 밥을 꼭꼭 씹어 먹으면 수험생의 면역성은 커집니다.

밥을 오래 씹어 먹으면 수험생의 소화 부담이 줄어 들어 공부 학습에 집중할 수 있습니다. 공부를 많이 해야 하는 고시생들은 소화 부담을 줄이기 위해 적은 양의 밥을 수시로 많이 씹어 식사를 합니다.

공부의 욕구

Chapter 16

1) 두뇌를 이해하면 공부가 쉬워진다

두뇌와 공부의 관계를 나타내는 적절한 비유가 될 것 같습니다. 사람의 일생에서 공부는 결코 주인공이 될 수 없습니다. 인간이 공부만 하는 존재는 아닙니다.

두뇌 입장에서도 공부는 불청객에 불과합니다. 두뇌의 가장 중요한 역할은 생명을 유지하는 것입니다. 두뇌는 인간의 생존, 그리고 종족의 발전에 기여할 수 있도록 진화되어 왔습니다. 생존의 문제에 주의를 기울이는 두뇌는 공부에 별다른 관심을 갖지 않습니다. 두뇌가 공부에 투자하는 에너지는 놀이에 투자하는 수준을 뛰어넘지 못합니다.

공부도 다른 일과 마찬가지로 보편적인 생각이나 심리, 그리고 두뇌의 원리에 맞게 이루어져야 합니다. 정서와 욕구보다는 자기희생을 강요하는 공부는 전통 학습의 그릇된 생각일 따름입니다. 우리는 이제 다른 길로 가야 합니다. 새로운 길은 두뇌 기반 학습에서 찾을 수 있습니다. 두뇌의 본능을 이해해야 합니다.

2) 재미없는 공부

학생들의 공부 기피 정도는 매우 심각합니다. 초등학교 4학년부터 공부를 싫어하는 정도가 심해져서 중학교 입학 후 치르는 첫 중간고사에서 첫 번째 고비를 맞습니다. 그리고 시험을 볼 때마다 공부 기피 현상은 점점 심해집니다. 특히 공부를 싫어하게 만드는 결정적 계기는 고등학교에 들어간 뒤에 보는 첫 모의고사입니다.

시험과 성적 부진에 따른 부담감과 후유증은 매우 심각한 문제입니다. 학생들은 일반적인 공부도 하기 싫지만 공부 때문에 포기해야 할 다른 일이 너무 많다고 느낍니다.

하고 싶다는 욕구 없이 시작하는 공부가 잘 될리 없습니다. 욕구 없는 공부, 지긋지긋한 공부, 지겨운 공부와 이별을 결심할 때 비로소 새로운 길이 나타납니다.

3) 두뇌는 감성적이다

두뇌 과학자들은 두뇌가 중요한 판단을 내릴 때 "의식보다는 감성에 의존한다."는 사실을 밝혀냈습니다. 감성의 역할을 규명함으로써 두뇌 과학은 '인간은 이성적 존재'라는 전통적인 생각을 뒤집었습니다. 이성과 감성은 서로 밀접하게 연결되어 있으며 이성적 판단의 밑바탕에서 감성이 결정적인 역할을 합니다.

우리 행동에 결정적 영향을 미치는 것은 이성이 아닌 감성입니다. 잠재의식 속에서 작동하는 정서적인 기억이 나에게 명령을 내리는 것입니다. 우리는 어떤 일에 대해 충분히 생각하고 따져 본 다음에 판단을 내리는 것이 아니라 정서와 연결된 기억의 반응에 따라 매우 빠르게 의사결정을 하고 행동에 옮깁니다.

두뇌는 주로 정서 기억에 저장된 감성코드에 따라 행동을 결정합니다. 이성적으로 "공부해야 한다."는 결심보다 감성적으로 드는 "공부가 지긋지긋하다."는 정서가 우리의 행동을 지배하고 있습니다.

따라서 정서적 경험이 바뀌지 않으면 두뇌의 판단과 의사 결정은 달라지지 않습니다. 생각이나 의지만으로 두뇌의 판단을 조절하기 어려운 이유는 두뇌가 스스로 경험한 사실만을 정서 기억 속에 저장하기 때문입니다. 정서 기억의 빼대를 이루는 것은 "즐거웠다, 지루했다, 기뻤다. 슬펐다."는 느낌이고 그때마다 달라지는 신체반응입니다. 느낌에 따라 몸이 긴장된다거나 편해진다거나 하는 신체반응이 그것입니다.

"지겹다, 짜증난다, 정말 싫다." 부정적인 정서 경험이 잠재의식에 쌓이면 두뇌는 공부를 거부해야 할 대상으로 생각합니다. 두뇌도 기쁨과 슬픔을 느낍니다.

4) 이성적 공부와 감성적 공부

두뇌를 설득해서 공부 욕구를 갖게 하는 지름길은 공부에 대한 긍정적인 정서를 지속적으로 경험하게 하는 것입니다. 냉철한 이성적 판단만으로 공부에 열중할 수는 없습니다. 어떤 계기로 인하여 자연스럽게 공부 욕구가 생겨서 성공한 사람들은 많습니다.

불굴의 의지와 피나는 노력이 있어야 한다는 이성적인 공부는 소수의 성공과 다수의 실패를 야기시킵니다. 그러나 누구나 보편적으로 가지고 있는 두뇌의 본능을 이해하고 두뇌의 본능을 활용하는 감성적인 공부는 보통 사람에게도 성공할 수 있는 가능성을 열어 줍니다.

공부를 해야겠다는 결심으로 시작된 이성적인 공부는 유효기간이 짧은 반면 유효기간이 끝난 뒤에 찾아오는 슬럼프는 깁니다. 그러나 공부에 대한 정서를 자극하는 감성적인 공부는 성적이 떨어져도 만회할 수 있는 의욕을 주며 슬럼프도 크게 줄여줍니다.

공부에 올인해서 모든 에너지를 투입하면 친구관계나 가족사이도 멀어지기 쉽습니다. 반드시 이겨내야 한다는 강박관념이 학생을 어느새 '공부기계'로 만듭니다. 그러나 두뇌의 감성코드를 자극하면 내일을 위해 현재를 희생할 필요는 없습니다. 정서적 만족감이 드는 현재가 즐거울 수밖에 없습니다. 두뇌에너지의 균형적인 배분을 통해 가족 관계도 대부분 좋아집니다.

이성적으로 각성되어 있다는 것은 두뇌가 긴장하고 있다는 말입니다. 긴장이 누적되면 피로할 뿐 아니라 긴장한 정도에 따라 공부의 기복이 심하고 긴장한 탓에 큰 시험에서 어처구니없는 실수를 할 수도 있습니다. 하지만 감성적인 공부를 하는 두뇌는 긴장보다는 적당한 흥분 상태에 있습니다. 꾸준한 자극으로 인해 기복도 적고 큰 시험에 강한 경향을 보입니다.

이성적인 공부의 가장 큰 문제점은 공부를 회피하라는 두뇌의 거부 반응을 억누르기 위해 점점 더 강한 의지와 각오가 필요해진다는 사실입니다. 감성적인 두뇌의 도움 없이 의지만 가지고 도전하는 사람에 공부는 무지 어렵습니다. 결국 몸과 마음도 함께 지쳐가고 있습니다.

5) 성공 열쇠는 공부 욕구

영어 공부에 쉽게 성공할 수 있는 욕구들입니다.

> - 컴퓨터 게임에 나오는 영어를 해석하기 위해 사전을 찾아보니 실력을 쌓게 되었습니다.
> - 어릴 때 꿈이었던 해외여행을 위해 영어 공부를 하게 되었습니다.
> - 외국인 친구를 사귀기 위해 영어를 배웠습니다.

욕구가 동반된 영어 공부는 대부분 성공합니다. 욕구를 찾는 것이 공부의 시작이 되어야 합니다. 두뇌를 강하게 자극하는 계기를 발견했을 때 욕구는 급속 충전됩니다.

6) 공부 욕구 자극법 2가지

가) 유치한 상상이 필요하다

지겹고 머리 아픈 고민 대신 공부와 관련된 사소하고 즐거운 상상에 빠져 보세요. 즐겁기 위해서는 유치해질 필요가 있습니다. 유치한 목표와 사소한 계기가 욕구를 자극하고 두뇌를 움직여 공부를 쉽게 만듭니다.

- 원하는 대학의 정문에 서 있는 사진을 찍어서 가지고 있으세요.
- 시험 후 합격의 모습과 불합격 모습을 상상하고 합성사진을 만들어 보세요.
- 합격해야만 할 수 있는 일, 꼭 하고 싶은 일들을 적어 보세요.
- 합격한 덕분에 자신의 이상형과 결혼하는 모습을 그려 보세요.
- 공부에 몰두하고 있는 자신의 모습을 이미지로 만들어 책상앞에 걸어 놓으세요.
- 나이 들어 실업자가 되어 친구들로부터 따돌림 당하는 상상이나 사귀던 이성친구에게 공부 못한다고 무시당하는 모습을 그려 보세요.

나) 유전자 코드를 깨워라

극적인 성적 역전 사례의 뒷면에는 예외없이 강한 정서적 충격을 받은 계기나 사건이 숨어 있습니다. 누구에게나 인생에 3번의 기회가 찾아온다는 말이 있습니다. 두뇌에는 어떤 생명이든 소중하기 때문에 잘 살아야 한다는 유전적 메시지가 새겨져 있습니다. 이러한 유전자 코드를 자극하는 효과는 비교적 공부에서 멀리 떨어져 있던 친구들에게서 극적으로 나타납니다. 억지로 하는 공부에 비교적 덜 오염된 두뇌의 소유자들입니다.

인생역전, 성적 역전 주인공의 애기를 접하다 보면 뜻밖에도 극적인 계기가 있었음을 쉽게 알 수 있습니다. 무작정 덤빈다고 공부가 되는 것이 아닙니다. 욕구가 준비된 사람만이 공부와 친해질 수 있습니다.

Advice 정환 원장의 경험 : 공부의 계기

정환이는 4남1녀의 두 번째 차남으로 태어났습니다. 형제들이 많은 탓에 부모님은 차남 정환이를 많은 신경을 쓸 수가 없습니다. 그러나 정환이는 부모님의 관심을 받고 싶어 공부를 잘 해야겠다는 생각을 했습니다. 공부를 잘하는 부모님은 정환에게 관심을 가지고 되고 칭찬을 정환에게 많이 해 주었습니다. 이런 부모님의 칭찬을 듣고 싶어 정환이는 열심히 공부를 했습니다.

공부 습관

1) 공부 습관

공부는 습관이 중요합니다. 필요하다면 습관도 바꿔야 한다는 이야기를 주변 사람들에게 자주 듣습니다. "공부라는 중요한 일 앞에서 사소한 습관 하나 뜯어 고치지 못한다면 정신력에 문제가 있다." 이런 말에서는 학생들은 고개를 숙입니다. 그러나 우리는 잘 알고 있습니다. 오랜시간 동안 굳어진 습관을 쉽게 바꿀 수 없습니다.

습관의 중요성을 이야기할 때 '잠'입니다. 시험에 합격하기 위해서는 "하루에 최소 몇 시간은 공부 해야 한다."는 절대 시간에 관하여 이야기합니다. 잠은 최소한 5시간 이상 자야만 공부를 할 때에 집중을 잘할 수 있습니다.

공부시간을 늘리면 나중에 찾아오는 부작용이 심각합니다. 실제로 잠을 줄이고 공부시간을 늘리려다 자포자기하거나, 집중력이 떨어진 것 때문에 슬럼프에 빠진 사례를 많이 보아 왔습니다.

학생의 생활 습관을 바꾸는 것은 한마디로 극단적인 선택입니다. 좋은 습관이 무엇인지에 대해 강조하는 것은 좋지만, 학생 누구나 실천할 수 있는 좋은 습관이란 사실 존재하지 않습니다. 좋은 습관을 강조하는 것은 습관의 본질과 본능을 무시하는 것입니다. 성공한 사람의 습관을 보고 배우라는 충고는 고맙지만 습관이 어떻게 바뀌는지 가르쳐 주지도 않으면서 그렇게 하지 못하는 사람을 이러쿵저러쿵하지 말아야 합니다. 천천히 시간을 두고 바꿔야 하는 것이 습관입니다.

새벽에 공부하는 습관

고흥주는 미국 행정부에서 한국인으로 가장 높은 지위까지 올라갔습니다. 클린턴 대통령 시절 미국무부의 인권 담당 차관보가 바로 고흥주입니다. 2004년에는 예일대 로스쿨 대학원 원장을 했습니다.

부모님은 새벽마다 고흥주 학생을 깨워 책상에 공부를 하도록 했습니다. 고흥주 학생은 영어 단어와 라틴어 단어 암기노트을 만들어서 활용했습니다. 책을 읽고 독후감을 매번 적었습니다. 고흥주 학생은 새벽에 일찍 일어나서 공부를 했습니다.

고흥주 학생은 새벽에 공부하는 습관을 가지게 되어 훗날 미국에서 유명한 대학원 원장이 되었으며 미국의 최고 고위직 공무원을 하게 되었습니다.

2) 두뇌가 거부하는 변화, 수용하는 변화

두뇌는 서서히 진행되는 변화에는 둔감하고 급격한 변화에는 매우 예민하게 반응합니다. 공부를 위해 갑자기 잠을 줄이면 단순한 수면 부족 문제 이상으로 두뇌의 격렬한 저항에 부딪히게 됩니다. 두뇌는 갑자기 일어나는 변화를 위험 신호로 이해하기 때문입니다. 갑자기 무리해서 운동하면 근육통이 생기는 것과 마찬가지로 두뇌도 자극의 변화가 심하면 몸살을 앓을 수 있습니다.

다만 두뇌의 몸살은 근육통 같은 육체의 감각으로 나타나지 않을 뿐입니다. 두뇌에는 통증을 느끼는 신경세포가 없기 때문입니다. 대신 두뇌는 자신만의 독특한 의사 표시를 통해 자극에 대응하고 주로 공부하기 싫다는 강한 느낌, 컨디션 저하, 슬럼프, 스트레스가 두뇌의 의사를 표현합니다.

공부를 처음 시작할 때에 스케줄은 빡빡한데 공부는 잘 안 되는 경우가 있습니다. 마음은 급하고 두뇌는 천천히 가고 있기 때문입니다. 그래서 조급한 마음에 의욕적으로 과감한 계획을 세우고 무리한 계획일수록 포기할 가능성이 높아집니다.

학생 두뇌를 지배하고 있는 것은 생활 패턴, 곧 습관입니다. 따라서 근본적인 생활 습관의 변화는 천천히 실행해야 합니다. 모든 생활에서의 자극은 전기 자극 형태로 두뇌에 전달됩니다. 공부 시간이 늘어난 만큼 다른 생활이 줄어들면 두뇌에 가해지는 자극에 큰 변화가 일어납니다. 갑자기 공부 자극이 늘어난 것도 문제지만 잠, 놀이, 여가 같은 자극이 사라지거나 감소하면 그 자극에 대한 두뇌의 갈증이 더 큰 문제가 됩니다. 학생이 마음 편하게 놀 때가 그리워지고 공부 말고 다른 무언가를 하고 싶다는 욕구가 생기는데 그것이 바로 두뇌의 강력한 반발입니다.

3) 결국 더 빠른 길

학생의 생활 습관과 정서를 제대로 파악하고 공부를 절대 무리해서는 안 됩니다. 어떤 동기 유발로 공부에 관해 의욕이 넘치게 되면 공부 시간이나 분량을 늘려도 별 무리가 없습니다. 의욕을 느끼는 두뇌 회로의 지원을 받기 때문입니다. 그러나 학생의 의욕이 약화되면 그때부터 두뇌의 반발이 시작됩니다. 그동안 참아 왔던 욕구가 분출됩니다. 남보다 늦게 시작해서 뒤쳐져 있다는 느낌이 들더라도 초조해 하지 말아야 합니다. 공부 내용 자체는 갈수록 어려워지지만 두뇌가 적응하면 공부하기는 훨씬 쉬워집니다.

무리하지 않고 천천히 공부 시간을 늘려나가는 학생들은 대부분 안정적인 모습을 보여줍니다. 학생이 조금씩 적응해 나가다 보면 공부가 편해질 때가 있습니다. 학생은 어떤 습관이 좋다는 말에 현혹되지 말고 자신이 가장 쉽게 익숙해질 수 있는 습관을 찾아내야 합니다.

급할수록 돌아가라는 옛 어른들의 말에 공부에도 딱 들어 맞는 이야기입니다. 두뇌

속에 공부 욕구를 담고서 서서히 꾸준하게 변화의 불을 지펴야 합니다. 뜸이 들 때까지는 조금 시간이 걸리겠지만 느긋한 자세로 길게 내다 봐야 합니다. 모든 일이 그러 하듯이 공부도 누가 먼저 시작하고 누가 얼마나 많이 하느냐보다 누가 더 오래 지속하느냐에 성패가 달려 있습니다. 오랫동안 학생의 페이스를 유지하면 중도 포기 없이 결승점에 도달할 수 있습니다. 그것이 바로 지름길입니다.

Advice
정환 원장의 경험 : 실패를 부르는 무리한 스케줄

필자도 고2 시절에 기말고사를 앞두고 새벽 5시에 일어나서 공부를 하려고 했습니다.
그러나 새벽 6시에 일어나는 습관인데 무슨 방법으로 새벽5시에 일어나겠습니까? 결국에는 새벽 5시30분에 일어나 공부하기로 공부 스케줄을 변경했습니다.
무리한 공부 스케줄은 두뇌와 신체에 부담을 줍니다.

4) 천천히 가는 지혜 3가지

가) 고정관념에서 벗어나자

공부하는 학생이 공부 말고 다른 일을 해야만 합니다. 간단한 취미 활동은 괜찮습니다. 예를 들어, 무리하지 않고 친구들과 같이 농구를 30분 정도 하고 중간고사와 기말고사를 마친 후에는 감정을 건드리는 영화를 보는 것도 좋습니다.

여가나 취미를 공부와 병행한 친구들은 정신적으로 건강한 수험 생활을 보냅니다. 놀이를 통한 운동자극이나 음악 자극이 오히려 성적 향상에 도움이 됩니다.

나) 변화에 적응하는 기간은 최소 3개월

3개월은 필요한 공부 시간을 확보하기 위한 적응기간입니다. 느리게 생겨나는 변화에 별다른 반응을 보이지 않는 두뇌의 허점을 이용합니다. 특히 두뇌가 주의를 잘 기울이지 않는 자투리 시간이나 낭비하는 시간을 찾아내 활용하는 것이 좋습니다. 자투리 시간을 활용하면 점진적인 생활의 변화를 통해 공부에 활용할 수 있는 시간을 자연스럽게 확보할 수 있습니다. 성적 격차가 많이 벌어지거나, 어떤 계기를 통해 공부에 새롭게 도전하겠다는 생각이 들면 보통 목표를 높게 잡는 경향이 있는데 이때 침착해야 합니다.

다) 잠을 줄이거나 수면 시간대를 조정하는 것은 피하자

잠자리에 드는 시간은 상황에 따라 조정할 수 있지만 아침에 일어나는 시간을 바꾸는 것은 매우 어렵습니다. 잠을 줄이는 대신 낭비되는 시간을 찾아내 공부에 활용하는 것이 지혜로운 방법입니다.

Tip 학습 공부를 권투 시합에 비교하자

학습 공부를 권투 시합에 비교를 해 보도록 하겠습니다. 학생은 개념 이해를 해서 공부를 하게 되면 권투 시합에서 잭 펀치를 날리는 것과 유사합니다. 개념 이해를 하여 학습내용을 파악하여 계속적으로 공부를 하게 되면 권투 시합의 상대방 선수에게 지속적으로 펀치를 날리는 것과 같습니다. 상대방 선수는 한 방, 두 방의 펀치를 맞아도 끄덕이 없습니다. 계속적으로 펀치를 맞으면 결국에는 상대방 선수는 쓰러집니다. 그러다가 상대방 선수는 또 일어납니다. 학생은 또 다시 반복적으로 공부를 하여 상대방 선수에게 펀치를 날립니다. 학생은 학습내용을 잊어 버리지 않도록 단권화를 하여 학습 암기노트를 작성해야 합니다.

암기노트와 수학의 오답노트를 작성하여 상대방 선수에게 마지막 한 방의 펀치로 쓰러뜨려야 합니다. 개념 이해와 암기노트는 매우 중요합니다. 학생과 부모님은 이런 사실을 충분히 인지를 하셔야 합니다.

Chapter 18

공부에 변화를 주자

1) 쉬운 목표를 정하자

기선제압의 원칙은 공부에도 그대로 적용됩니다. 공부가 강자로 느껴지면 모르게 위축되고 소극적으로 변합니다. 그렇기 때문에 많은 사람들이 자신감의 중요성을 이야기하는 것입니다.

만약 거창한 목표나 계획을 세운다면 두뇌는 회피할 궁리부터 하게 됩니다. 반대로 쉬운 목표를 세울 때 두뇌는 공부를 만만하게 봅니다. 두뇌가 공부를 만만하게 생각해야 천릿길을 떠나는 발걸음이 가벼워집니다. 앞으로 부딪칠 고난을 미리 걱정하지 말고 현재에 충실하다 보면 나도 모르는 사이에 목표지점에 도달합니다.

Tip

자투리 시간 활용하기

싱가포르 항공사에서 국제선 승객들을 대상으로 비행기를 타고 가는 동안 무슨 일을 하는지 조사를 했습니다.

1등석 승객은 33%가 업무와 관련된 일을 하고 2등석 승객은 12%만 업무와 관련된 일을 하고 있었습니다. 2등석보다 1등석 승객들이 약 3배 더 생산적인 시간을 비행기에서 보냈습니다.

비행기를 타고 가는 동안을 일종의 자투리 시간으로 정하면 이 시간을 잘 이용하는 사람이 1등석으로 대표되는 사회적 성공에 더욱 가깝게 다가갈 수 있다는 것을 알 수가 있습니다.

2) 공부 부담을 덜어 주는 3가지 방법

가) 토막 공부 활용하기

토막 공부는 두뇌가 별 부담을 느끼지 않고 쉽게 공부를 합니다. 토막 공부는 필요한 학습량을 부담 없이 쌓아 갈 수 있다는 장점뿐만 아니라 두뇌가 공부에 적극적인 성향을 보이도록 만듭니다. 토막 공부를 지속적으로 하면 자신도 모르게 쌓인 공부량을 보면 큰 성취감을 맛봅니다.

토막 공부를 성공적으로 이룰려면 다음과 같은 다양한 프로그램을 준비합니다.

- **예습 프로그램 활용하기**
  - 진도 범위에 해당되는 문제를 미리 풀어 봅니다.
  - 교과서를 보면서 중요하다고 판단되는 단어에 밑줄을 긋습니다
  - 수업 시간에 질문할 사항을 고릅니다.

- **복습 프로그램 활용하기**
  - 문제를 푸는 방법이 가장 수월합니다.
  - 문제 개수를 정해서 풀어 봅니다.
  - 문제 풀이에 적응하면 시험문제를 예상합니다.
  - 통학 시간 또는 자투리 시간에는 주로 학생이 정리한 암기노트를 공부합니다.

- **기타 자투리 시간 활용하기**
  - 역시 미리 정해 놓은 문제를 공부합니다.
  - 수학 문제 몇 개, 영어 단문 독해 몇 개 정해서 시간이 날 때마다 공부합니다.

나) 실행하기 쉬운 공부 스케줄을 세우기

"이 정도면 한번 해 볼만 하다"라는 정도의 계획을 세웁니다.

"이번 주까지 중간 유형의 수학 문제를 푼다."

실행할 수 있는 공부 스케줄을 세웁니다.

다) 쉬운 것부터 시작하기

쉬운 공부에서 출발해 공부 강도를 단계적으로 높여 갑니다. 성공의 경험이 쌓아져 자연스럽게 자신감이 생기면 두뇌는 공부가 해 볼 만한 상대라는 것을 깨닫습니다. 그 때가서 목표를 높여 잡으면 됩니다.

3) 새로운 것에 관심

새로운 것, 내가 알지 못했던 것을 배워서 익히는 것이 공부의 참모습입니다. 새로움을 찾아가는 과정, 라이브 음악처럼 느껴지는 공부가 지겨울 수 있겠습니까? 변화가 있으면 흥미를 가집니다.

변화는 새로움을 의미하고 두뇌는 새로운 것에 관심을 보입니다.

4) 두뇌는 새로운 변화 요구

싫고 지겹고 반복되는 공부라도 두뇌가 참아 주면 좋겠지만 두뇌는 참을성이 많지 않습니다. 지루하다고 생각되면 바로 거부 반응을 일으킵니다. 지겨움을 거부하는 것은 인간의 생존과 직결된 두뇌의 반응입니다. 두뇌의 지상 과제는 자신이 속한 인간의 생존입니다. 생존에 위협을 주는 위협요소를 발견하는 것은 두뇌가 변화를 알아차릴 때 가능해집니다.

따라서 두뇌는 따분함에 쉽게 적응하면 안 되며 두뇌는 강하게 반발하여 새로운 것을 찾으려는 속성을 반드시 지켜야 합니다.

장기간 변화가 없다면 두뇌는 지루함이라는 반응을 통해 스스로 변화를 감지하려는 본능을 되살립니다. 지루함은 변화를 찾으라는 두뇌의 의사표시입니다. 그런데도 어떠한 변화도 주어지지 않으면 두뇌는 변화를 감지하려는 의욕을 잃습니다. 지루함이 계속되면 위험상황이 아니라고 판단하고 차라리 내일을 위해 휴식을 취하는게 낫다고 명령합니다. 졸립다는 느낌이 바로 두뇌의 의사표시입니다.

두뇌는 항상 변화를 찾으려고 애쓰고 있으며 그런 변화 속에서 자신을 단련시켜 왔습니다. 항상 새로운 것을 찾아가려는 두뇌에게 은근과 끈기를 요구하다가는 영락없이 반격을 당합니다. 변화를 요구하고 지루함을 못 참는 두뇌의 반응은 누구에게나 예외가 없습니다.

5) 두뇌에 변화를 주는 5가지 공부 방법

가) 20분 집중하고 정리하라

최소 1시간은 집중할 수 있어야 공부를 제대로 할 수있다는 생각은 버립니다. 물론 1시간 정도 집중 할 수는 있습니다. 그러나 두뇌가 가진 정리 능력을 제대로 활용하기 위해서는 20분 정도 집중한 뒤에 짧은 휴식을 취해서 두뇌가 정리할 시간을 주어야 합니다. 20분씩 간격은 전혀 무리가 없는 경우는 내용적인 이해의 변화가 두뇌를 계속 만족시켜 주고 있기 때문입니다.

나) 과목을 바꿔가면서 공부하라

특히 본격적인 공부를 처음 시작할때는 여러 과목을 쌓아 놓고 두뇌가 싫증을 내면 다른 과목으로 바꿔줍니다. 물론 한 과목을 공부하는 시간이 너무 짧으면 공부 효과에 문제가 생길 수 있습니다. 하지만 일단 공부에 두뇌를 붙잡아 두는 것이 급선무일 경우에는 욕심을 내서는 안 됩니다. 관심있는 과목부터 시작해서 관심 없는 과목으로 옮겨가고 다시 관심 있는 과목으로 바꾸면서 공부하는 전술이 필요합니다.

다) 같은 과목도 패턴을 바꾸면서 공부하라

시험공부 때문에 일정시간 이상 한 과목을 공부할 때에도 변화를 주는 것이 좋습니다. 교과서에서 참고서로, 읽기에서 문제 풀이로, 공부한 내용 정리하기에서 기억한 내용을 가지고 떠들어 보기 등으로 자주 이동합니다. 한 과목을 공부하면서 "내용 이해 ⇨ 문제 풀이 ⇨ 기억해 보기" 순으로 공부 패턴에 변화를 주면 큰 도움이 될 것입니다.

라) 동작과 자세도 바꿔라

장시간 공부에 매달려야 할 때는 동작에 변화를 줍니다. 앉아서 책을 읽다가 일어나서 해 보기도 하고, 걸으면서 읽어야 합니다. 또 혼자서 공부하는 시간, 함께하는 시간, 질문하는 시간을 적절히 안배하면 집중력을 유지할 수 있습니다. 여러 가지 변화를 주면서 두뇌가 좋아하는 변화를 살펴 봅니다.

마) 변화를 발견하라

새로운 환경을 욕심내기보다는 기존 환경에서 새로움을 발견해야 합니다. '오늘 교실에 가면 어떤 느낌이 들까?' 하는 기대감을 스스로 불러 일으키는 것도 좋은 방법입니다. 교실 환경에서 변화를 찾는 것. 어제와 다른 선생님의 변화를 찾아 보는 것도 도움이 됩니다.

Advice 정환 원장의 경험 : 성취감이 주는 기쁨

수학 참고서의 마지막 장을 넘길 때의 기분은 말로 설명하기 어려운 정도로 좋았습니다.

학습 능률을 높여 주는
전통음료 l

효능 : 청량음료에는 맛을 내기 위해 인산을 넣습니다. 청량음료의 인산은 피 속에 녹아 들어가 몸속의 칼슘과 결합해 소변으로 빠져 나가게 합니다. 자녀의 몸에서 칼슘이 빠져 나가면 뼈 속의 칼슘을 뽑아내 부족한 몸의 칼슘을 보충합니다. 그러므로 뼈 속의 칼슘이 빠져 나가서 자녀의 뼈는 약해집니다.

청량음료의 콜라를 마시면 이가 썩고 뼈가 푸석해집니다. 자녀의 머리를 감싸고 있는 뼈가 약해지면서 학습능력이 떨어집니다. 공부하는 자녀에게 콜라는 절대로 먹여서는 안 됩니다. 부모님은 집 안에 청량음료를 사 두지 말고 전통음료를 보관하여 자녀에게 마시게 합니다.

1) 식혜

[준비물] 엿기름, 밥, 설탕 또는 꿀

① 엿기름을 주물러 물을 빼어야 단맛이 많이 납니다.

② 엿기름을 걸러 낸 물을 약 1시간 정도 두면 하얀 물질이 가라앉습니다.
  윗 부분의 맑은 물만 걸러 냅니다.

③ 밥통에 찬밥을 넣고 ②를 부어 발효시킵니다. 약 8시간 정도 보온 상태로 유지하면 발효가 됩니다.

④ 전기밥통에 밥알이 몇 개 정도 뜨면 발효가 끝났습니다.

⑤ ④에 설탕과 꿀을 넣어 팔팔 끓입니다.

2) 구기자차

자녀의 몸속에서 면역 증가 물질을 만들어 내고 조혈 작용이 강해 대뇌에 맑은 피를 공급합니다.

[준비물] 구기자, 꿀

① 티 없는 구기자 열매를 골라 찬물에 씻습니다.

② 주전자에 구기자를 넣고 물을 부은 뒤 고운 빛이 우러 나올 때까지 끓입니다.

③ 잔에 구기자차를 따른 다음 꿀을 타서 마십니다.

공부 컨디션

1) 공부와 컨디션

공부는 컨디션보다 정신력이 중요하다는 생각에서 빨리 벗어나야 합니다. 다른 준비가 충분하더라도 컨디션 난조로 부진의 늪에 쉽게 빠질 수 있는게 공부이고 그 피해는 생각보다 심각합니다. 컨디션은 의지를 다지고 마음을 새롭게 가진다고 해서 달라지는 것이 아닙니다. 두뇌의 변화에서 컨디션 관리의 해법을 찾아야 합니다.

2) 공부의 스트레스

학생의 생각과는 무관하게 어쩔 수 없이 해야 할 일들이 많으며, 주변에서 늘 이해할 수 없는 일들이 자주 벌어집니다. 가끔은 그런 상황에서 벗어나고 싶지만 마음대로 되지 않습니다.

스트레스는 공부에 들이는 생각 정도에 머무르고 있습니다. 스트레스는 공부에 들이는 노력과 시간을 몇배로 더 낭비하게 만드는 부작용을 일으킬 수 있습니다. 특히 공부 때문에 생긴 스트레스가 계속되면 그 공부는 거의 실패합니다.

공부만 하면 졸음이 쏟아지는 학생은 비타민 B 결핍증

자라나는 청소년의 두뇌 발달에 가장 중요한 영양소는 비타민 B입니다. 비타민 B를 충분히 섭취하지 못하면 피로감이 쉽게 오면서 졸음이 몰려 옵니다. 의욕이 떨어지면서 집중력이 약해집니다. 청소년에게는 두뇌 세포의 화학 변화와 두뇌 기능 발달에 많은 열량을 소비합니다. 그래서 비타민 B가 부족하지 않게 부모님은 자녀에게 양질의 단백질을 많이 섭취하도록 해야 합니다.
비타민 B가 많이 들어 있는 식품은 동물의 간, 우유, 표모, 쌀겨, 계란, 감자, 당밀입니다.

3) 두뇌 컨디션 조절법

가) 자연으로 돌아가라

두뇌는 자연을 좋아합니다. 등산이나 가벼운 산책의 효과는 의외로 큽니다. 주말의 여가를 두뇌 컨디션을 관리하는데 적극 이용해야 합니다. 공부하는 장소도 가능하면 자연과 가까운 환경을 택하면 좋습니다. 학원의 탁한 공기와 밀집된 자리 배치가 두뇌를 쉽게 스트레스에 빠지게 할 수 있습니다. 또한 자연식에 가까운 아침식사를 꼬박꼬박하고 깨끗한 물을 자주 마시는 것만으로도 두뇌 컨디션은 좋아집니다.

나) 다양한 자극으로 두뇌를 활성화시켜라

휴식과 운동, 일과 여가의 조화가 필요하듯이 두뇌 컨디션을 최적으로 유지하기 위해서는 운동 자극, 소리 자극, 시각 자극 등 자극의 균형이 필수적입니다. 다양하고 조화로운 자극은 두뇌 컨디션을 최적으로 만들어 줍니다.

상대성이론을 만든 아인슈타인 과학자는 좌뇌와 우뇌를 전부다 사용했습니다. 일반적으로 과학자들은 좌뇌가 우뇌보다 더 뛰어나다고 알려져 있었습니다.

그러나 아인슈타인은 여름날 침대에 누워 자신이 우주끝까지 태양 광선을 타고 가는 공상을 했습니다. 연구실에 돌아와서 아인슈타인은 공상을 논리적으로 정리했습니다. 이 논리가 바로 상대성이론입니다. 아인슈타인은 좌뇌와 우뇌를 골고루 사용했습니다.

다) 사람들과 좋은 관계를 유지하라

두뇌 컨디션은 친구 관계에서도 영향을 많이 받습니다. 고민을 털어 놓을 수 있는 친구를 갖고 있으면 심리적으로 안정될 뿐 아니라 스트레스 해소에도 도움이 됩니다. 부모님과의 관계도 원만하게 해야 합니다.

부모님은 가장 훌륭한 상담자이고 든든한 후원자입니다. 그렇기에 부모님처럼 가까운 사람에게서 상처를 받으면 두뇌 컨디션에 결정적인 타격을 입습니다. 부모님과 갈등관계에 있으면서 우수한 성적을 내는 학생을 본 적이 없습니다. 그 밖에 이성 친구와의 문제가 슬럼프에 빠지는 결정적인 요인이 될 수 있으니 주의해야 합니다.

일본의 시인 마사오는 하품을 할 때마다 새로운 아이디가 떠오른다고 합니다. 이런 아이디어는 마사오의 작품마다 주옥같은 문구로 적용이 됩니다. 하품은 공부할 때 지겨우면 나옵니다. 마사오는 이런 이야기를 주변사람들에게 자주해 주었습니다. 주변사람들은 마사오의 하품이야기를 단지 웃음거리로 넘겼습니다.

하품은 사람의 심호흡 작용이고 심호흡을 하면 순간적으로 많은 양의 산소가 두뇌에 공급되면서 정신이 맑아집니다.

머리를 맑게 하는 기지개

공부를 할 때 지겨우면 힘차게 몸을 펼치는 게 기지개입니다. 기지개는 몸의 근육을 세차게 끌어당기는 역할을 합니다. 일종의 스트레칭과 유사합니다. 몸의 근육이 스트레칭을 원하는데 학생이 해주지 않아서 머리가 강제적으로 기지개를 하도록 시킵니다.

기지개를 하면 숨을 크게 들이 마시면서 근육을 충분히 이완시킵니다. 근방추는 근육의 상태를 뇌에 전달하는 구실을 합니다. 근육과 뇌는 밀접한 관계를 가지고 있습니다. 학생이 공부를 하는 동안 근육은 긴장된 상태로 있습니다.

그러다 보니 당연히 뇌도 자극을 받지 못해 기능이 떨어집니다. 뇌는 그런 상태를 근방추를 통해 근육에 전달합니다. 두뇌는 기지개라는 강제성을 통해 근육을 충분히 이완시켜 뇌의 기능을 활성화시킵니다. 이런 작용으로 기지개를 크게 하고 나면 머리가 맑아집니다.

4) 순간적으로 컨디션을 회복하는 방법

가) 워밍업을 하자

공부 시작 전의 컨디션 조절은 두뇌를 학습 상태로 바꾸는 과정입니다. 운동 전에 워밍업을 하는 것과 마찬가지로 눈을 감고 심호흡을 하면서 가장 편안한 모습을 머릿속에 그려 보세요. 생각의 변화는 두뇌의 화학적인 변화를 유도하는데 그렇게 되면 구체적인 효과를 경험하게 됩니다. 마음을 차분히 가라 앉히는 음악을 잠깐 듣는 것도 탁월한 효험이 있습니다.

나) 두뇌 상태를 점검하자

공부가 잘 되지 않는다는 느낌이 들면, 가벼운 마음으로 자신의 두뇌 상태를 살펴 본다고 생각하세요. 음악을 듣거나 가벼운 운동으로 안정 상태가 되도록 바꿔 보려는 노력도 필요합니다. 다시 강조하지만 운동과 음악은 시간적으로는 공부와 대립하지만 컨디션 측면에서는 공부와 협조관계에 있습니다.

다) 시험 중의 두뇌 컨디션 조절

심호흡을 하면 일시적으로 긴장 상태에서 벗어날 수 있습니다. 자신있게 문제를 해결해 나가는 모습을 상상해 보세요. 어떤 일에 열중했던 경험과 그 속에서의 자기 모습을 떠올려 보는 것도 큰 도움이 됩니다. 될 수 있는 한 결과에 대해서는 미리 걱정하지 말아야 합니다. 오히려 결과는 반드시 좋을 것이라고 자기암시를 해야 합니다.

Tip

두뇌의 알파파

두뇌는 알파파가 나옵니다. 알파파는 몸과 마음이 균형을 이룰 때 나오는 파장입니다. 하품을 할 때 순간적으로 뇌에서 알파파가 발생됩니다.
학생이 공부를 할 때 지겨우면 하품과 기지개를 하는 게 좋습니다. 하품은 다른 학생에게 피해가 되지 않도록 입을 가려서 합니다. 기지개는 규칙적으로 해 주는 것이 좋습니다.

5) 공부의 성취감과 만족감

학생은 공부 자체가 어려움이라는 부정적인 생각을 버려야 합니다. 그래야 공부에서 성취감과 만족감을 얻을 수가 있습니다. 부정적인 생각은 두뇌 에너지를 아예 없애 버립니다.

"지금 하는 공부가 어렵고 힘이 들어도 미래를 위해 참아야 한다!", "현재를 이겨 내면 미래가 달라진다!" 라는 말에는 함정이 있습니다. 공부에 성공하기 위해 무조건적인 의지와 인내는 거의 무한에 가까운 두뇌 에너지를 아예 없애 버릴 수 있습니다.

공부보다는 공부와 관련된 목표를 달성한다는 사실이 중요합니다. 목표의 달성은 두뇌에게 많은 만족감을 줍니다. 작은 목표를 달성하여 두뇌가 만족감을 느끼면 공부 과정이 즐겁고 재미 있는 일이라고 여깁니다.

물론 마지막 성취를 이루기까지의 과정이 힘들 수는 있습니다. 그러나 그것은 보통 사람들이 감당할 수 있는 수준을 넘지 않습니다. 공부도 사람이 하는 일입니다. 공부가 미래를 위해 현재를 희생하는 고행이 아니라 즐거운 생활이 될 수 있어야 합니다. 수도승이나 경지에 오른 도사가 아닌 보통 학생들이 공부에 성공하기 위해서는 생활이 즐거워야 합니다.

6) 두뇌는 언제 만족하는가

두뇌에는 정신 에너지를 공급하는 매우 강력한 '자기 보상시스템'이 있습니다. 두뇌 과학자들은 두뇌의 강력한 보상 쾌감 중추라고 알려진 부위를 찾아냈습니다. 자신이 종족의 유지와 발전에 중요한 기여를 할 경우 두뇌는 이 부위에서 엔돌핀을 분비하여 강력한 쾌감을 느끼게 만듭니다.

엔돌핀의 분자구조는 사람이 만들어 낸 마약과 매우 비슷합니다. 엔돌핀이 강한 만족감을 느끼게 만드는데, 학생에게 "그 행위를 계속해라."라는 권장 메시지와 같습니다. 이 같은 장치가 두뇌에 유전적으로 마련되어 있습니다.

공부가 잘되면 정서 중추인 변연계가 유쾌함 또는 재미라는 만족감으로 보상합니다. 공부를 통해 두뇌가 강하게 추구하는 것은 호기심 충족과 이를 통해 얻을 수 있는 만족감입니다. 인간은 본능적으로 새로운 경험을 추구할 때 만족해 합니다. 이는 미지의 세계에 대한 탐색과 도전을 강력하게 고무해서 인간 종족을 발전시키려는 두뇌의 전략입니다.

두뇌는 학습과 관련해서 2가지 경우에 강력한 보상시스템을 발동하고 에너지를 충전시켜 줍니다.

학습 과정에서 만족감을 느낄 수 있다면 공부는 더 이상 힘들지 않습니다. 따라서 두뇌에 잠재되어 있거나 일부 개발되어 있는 자가 자기 보상시스템을 최대한 살려내려고 노력해야 합니다.

일반적으로 '보상'은 '결과에 대한 보상'과 '과정에서 느끼는 쾌감'으로 구분됩니다. 결과에 대한 보상으로는 성적 향상, 진학, 선물 등이 있고 과정에서의 보상에는 성취감, 뿌듯함 등이 해당합니다.

"공부에 한번 맛들이면 아무도 못 말린다."는 말처럼 내적 보상의 힘은 엄청납니다. 단기적인 외적 보상은 오히려 공부하는 사람의 자발적인 동기를 훼손할 수가 있습니다. 반면에 성공 사례를 분석해 보면 내적 보상이 매우 중요합니다.

또 내적 보상시스템은 공부 시간을 단축시켜 주는 효과가 있습니다. 또 공부를 중도 포기할 가능성을 줄이고 시험장에서의 긴장도 낮춰줍니다.

내적 보상을 아직 경험하지 못한 사람들에게 꼭 당부하고 싶은 말이 있습니다. 공부가 재미있다는 애기는 머리가 좋거나 잘난 일부 사람들만의 자랑이 아니라는 것을 알아야 합니다. 그들은 정말로 공부를 통해 행복을 느끼기까지 합니다. 공부하는 과정이 힘들고 어려운 것은 공부의 맛을 제대로 느껴 보지 못 했기 때문입니다.

7) 두뇌 에너지 활용법 4가지

학생들은 하루의 충실한 생활과 작은 성취감이 공부를 잘하도록 만들어 줍니다. 장기 레이스에서 승리하기 위해서는 누가 먼저, 그리고 자주 성취감을 느끼느냐가 중요합니다. 두뇌에너지를 살려내지 못하면 공부의 길은 땀과 눈물로 얼룩질 수밖에 없습니다. 그러나 자기 보상 시스템을 잘 작동시키면 두뇌의 공부엔진이 몇 배의 에너지로 증폭되어 공부를 도와 줍니다.

가) 작은 성취감이 시작이다

작은 목표를 정하고 그것까지만 일단 하자는 생각으로 끝을 내세요. 책을 한 권 정해 일단 끝까지 보는 것도 유용한 방법입니다. 한 권의 책을 다 읽었다는 사실만으로 커다란 성취감을 느낄 수 있습니다. 작은 목표를 먼저 달성하고 그때 느낀 성취감으로 더 큰 목표에 도전하는 것이 바람직하다. 성취감의 강도와 크기는 개인마다 다릅니다. 남들은 가볍게 보더라도 자신만의 목표를 정하고 몰입할 때 누구나 성취감을 맛볼 수 있습니다.

나) 하루가 1년을 좌우한다

하루 일과를 계획하고 딱 하루만 실천해 보세요. 만족스럽게 보낸 하루는 뿌듯함을 줍니다. 스스로가 기특하다는 느낌, 그것이 1년 공부를 책임집니다. 알차고 즐거운 하루가 주는 만족감은 마약과도 같아서 내일도 그렇게 하자고 강하게 유혹합니다.

다) 두뇌가 원하는 자극을 찾자

우선 시험과 성적을 의식하지 말고 책을 펼쳐 보세요. 그 속에서 두뇌가 원하는 자극을 찾아 보세요. 내 인생에 도움될 만한 무언가가 그 속에 있다고 생각하세요. 일주일만 투자하면 누구나 그런 자극을 경험할 수 있습니다. 직접 학생들을 앉혀 놓고 해 보면 대개 1시간 안에 느끼게 됩니다. 물론 처음에 경험하는 자극은 약합니다. "뭔가 새로운 것을 알게 된다."는 느낌 정도일 수 있습니다. 그러나 하나 둘 새로운 내용이 두뇌 회로를 자극하면 점점 더 강한 느낌으로 발전합니다. 성취감만큼 강한 지적 만족감이라는 것도 그렇게 찾아 가면 되는 것입니다.

라) 학생이 원하는 결과물을 만들자

암기노트나 오답노트를 바라는 두뇌는 뿌듯합니다. 자신이 작업한 결과물이 구체적으로 눈에 보이면 두뇌는 보람을 많이 느낍니다. 단순히 시험과 성적에 미치는 효과만을 따질 일이 아닙니다. 두뇌를 공부에 점점 집중하게 만드는 강한 에너지를 얻을 수 있습니다.

학습 능률을 높여 주는
전통음료 II

1) 오미자 차

오미자 차는 산이 많아 시큼한 맛이 나고 두뇌 활동을 향상시킵니다. 자녀가 오미자 차를 마시고 나면 학습 집중력이 좋아집니다.

[준비물] 오미자, 꿀

① 오미자를 찬물에 씻어 건집니다.

② 주전자에 오미자를 넣고 물을 붓고 끓입니다. 오미자를 너무 많이 끓이면 떫은 맛이 나서 단 한 번만 끓입니다.

③ 꿀을 타서 마십니다.

2) 생강대추 차

생강과 대추는 자녀에게 신경 안정을 하도록 합니다. 자녀가 공부에 긴장이 되면 생강대추차를 마시고 나면 긴장이 풀리면서 학습 집중력이 좋아집니다.

[준비물] 생강, 대추, 꿀

① 대추는 통으로 준비하고 생강은 쪽이 굵은 것을 얇게 썰어 준비합니다.

② 주전자에 대추와 생강, 물을 붓고 끓입니다.

③ 약한 불로 달입니다.

④ 꿀을 타서 마십니다.

3) 솔잎차

소나무 숲에 들어 가면 기분이 상쾌해지면서 머리가 시원해집니다. 솔잎차를 마셔도 머리가 시원해지고 정신적으로 안정이 됩니다.

[준비물] 솔잎, 꿀

① 솔잎을 깨끗히 씻어 약 3분 정도 삶습니다.

② 삶은 솔잎을 햇볕에 말립니다.

③ 말린 솔잎을 다기 그릇에 넣고 끓인 물을 부어 우려냅니다.

④ 은은한 향기를 내는 솔잎차가 됩니다.

⑤ 꿀을 타서 마십니다.

학습 능률을 높여 주는
전통음료 Ⅲ

1) 당귀차

당귀차는 혈액순환을 돕고 두뇌로 가는 혈액량을 늘려 두뇌 활동을 촉진시킵니다.

[준비물] 당귀, 꿀

① 당귀를 약 3분 정도 삶습니다.

② 삶은 당귀을 햇볕에 말립니다.

③ 말린 당귀을 다기 그릇에 넣고 끓인 물을 부어 우려냅니다.

④ 꿀을 타서 마십니다.

2) 박하차와 갈근차

박하차와 갈근차는 자녀의 두통을 없애주고 공부에 지친 자녀의 목의 피로를 풀어 줍니다.

[준비물] 박하와 갈근

① 박하와 갈근을 약 3분 정도 삶습니다.

② 삶은 박하와 갈근을 햇볕에 말립니다.

③ 말린 박하와 갈근을 다기 그릇에 넣고 끓인 물을 부어 우려냅니다.

④ 꿀을 타서 마십니다.

3) 유자차

유자차는 자녀에게 있는 기의 막힘을 풀어 주고 회복과 감기 예방에 좋습니다. 자녀가 집중력
이 떨어질 때 유자차를 마시면 머리가 시원해지면서 심리적으로 안정이 됩니다.

부모는 시험 기간일 때에 자녀에게 유자차를 마시게 합니다. 자녀는 안정이 되어 공부에 집
중을 할 수 있습니다.

[준비물] 유자, 꿀

① 유자을 약 3분 정도 삶습니다.

② 삶은 유자를 햇볕에 말립니다.

③ 말린 유자를 다기 그릇에 넣고 끓인 물을 부어 우려냅니다.

④ 꿀을 타서 마십니다.

공부 슬럼프를 극복하라

1) 공부 슬럼프의 시작

어떤 계기를 통해 큰 결심을 하고 공부 계획을 세웠다고 가정해 봅시다. 그러나 결심할 때의 느낌과 기분을 계속 유지하기란 쉬운 일이 아닙니다. 강한 의욕을 느낄 때에는 두뇌에 강력한 회로가 구성되어 그 계획을 꼭 이룰 수 있을 것 같은 느낌이 듭니다.

그러나 일상생활에서 주어지는 자극들이 두뇌 회로의 구성과 상태를 계속 변화시킵니다. 공부하려고 했는데 갑자기 친구가 찾아와서 자신의 두뇌를 점령해 버립니다. 혼란을 일으킨 두뇌는 방황을 준비합니다. 한번 흔들린 두뇌 회로는 교란되고 슬럼프에 빠집니다.

외부의 자극 때문이 아니라 자신도 모르는 이유로 슬럼프에 빠지는 경우도 있습니다. 이런 일은 사소한 혼란으로 인한 순간적인 판단착오에서 비롯되는 수가 많습니다. 두뇌의 순간적인 판단이 비관적으로 흐를 경우 그것을 조절하지 못하여 슬럼프에 빠져들 수 있습니다.

"그럴 수도 있지!" 하고 긍정적인 생각으로 가볍게 넘어가면 되는 문제를 심각하게 받아 들여서 스스로 무너지는 것입니다.

한마디로 건강상의 요인이 정신적 충격에 따른 경우를 제외하고 처음부터 장기간 계속되는 슬럼프란 없습니다. 결과적으로 그렇게 될 뿐입니다. 어떤 요인 때문에 그렇게 해야 한다고 생각하면서도 혼란을 수습하기가 힘듭니다. 수습되지 않은 혼란이 계속되면 페이스가 떨어지고 결국 장기 슬럼프로 이어집니다. 그렇게 결과적으로 공부를 포기합니다.

가) 공부 슬럼프 탈출

학생도 사람이라서 공부가 안 될 때가 있습니다. 학생은 공부 슬럼프에 푹 빠진 것입니다. 이럴 때에는 공부를 잠시 멈추고 목표를 떠올리거나 마음을 가다듬은 후 공부를 진행해야 합니다.

학생은 공부 스트레스가 없는 상태에서 해야만 두뇌가 잘 돌아가서 공부 학습 효과가 큽니다.

나) 다음은 공부 슬럼프에 빠져 나오는 방법이다

구분	설명
공부에 성공한 분의 사례 책을 읽기	– 공부에 성공한 분의 사례 책을 구해서 읽어 봅니다. – 학생의 목표를 이룬 사람들의 이야기를 토대로 학생의 공부에 대한 생각과 생활을 비교합니다. – 학생도 충분히 성공 할 수 있다는 자신감을 가집니다.
대학탐방 또는 원하는 직장	– 원하는 대학에 가 봅니다. – 그 대학의 캠퍼스를 걸어 보면서 새로운 각오를 다짐합니다. – 원하는 직장의 업무를 알아보고 그 직장의 동영상을 통해 간접경험을 해 봅니다.

마음을 정서적으로 안정시키는 무즙

무즙에는 많은 칼슘을 함유하고 있습니다. 성장기 자녀에게는 무즙은 정서적으로 안정되게 합니다. 공부에 지친 수험생의 날카로워져 있는 마음을 무즙은 부드럽게 변화시킵니다.

무즙은 자녀가 먹기에는 맛이 씁쓸합니다. 그래서 무즙에 주스를 타서 먹으면 한결 넘어 가기가 수월합니다. 부모는 아침과 저녁에 자녀에게 무즙을 한잔씩 매일 마시게 하면 차분해져 가는 자녀를 볼 수가 있습니다. 무즙을 믹서기보다는 강판에 갈거나 녹즙으로 짜내는 것이 좋습니다.

2) 두뇌의 방황

무척 복잡할 것만 같은 두뇌는 의외로 주어지는 정보만 가지고 순간적으로 판단하는 단순함도 지녔습니다. 우리가 공부에서 슬럼프에 빠지는 주요 원인은 성적의 하락이나 정체입니다. 특히 노력한 만큼 성적이 나오지 않을 때는 실망부터 하게 됩니다.

3) 슬럼프를 예방하는 7가지 방법

가) 공부 스케줄 지키기

학생은 매일 공부스케줄을 보면서 공부와 관련해서 해야 할 일을 확인해야 합니다.

학생은 공부 스케줄에 의해서 공부를 하는 게 좋습니다. 머릿속으로 공부 스케줄을 기억하고 있어야 합니다.

나) 긍정적인 판단

학생은 항상 긍정적으로 생각을 해야만 됩니다. 공부를 등한시 하여 스케줄을 못 지키면 미리 예상하여 스케줄을 재조정해야 한다는 긍정적인 판단을 합니다.

판단의 기준이 되는 정보를 잘 관리하면 됩니다. 공부 스케줄에 의해 학습 진도가 나가지 않으면 두뇌가 싫어합니다. 잘못 하다가는 두뇌가 지쳐 버려 공부가 하기 싫어집니다. 이럴 때에는 학생 스스로가 너무 많은 욕심을 부렸는지를 판단합니다. 학생이 무리한 욕심을 가졌다는 생각을 하면 두뇌는 유연해집니다.

공부 스케줄에 방해가 되는 일을 미리 예상하고 두뇌에 정보를 입력해 두면 상황마다 긍정적인 판단을 할 수가 있습니다.

Advice 정환 원장의 경험 : 성취감이 주는 기쁨

정환 원장은 수학 참고서의 진도가 예상 만큼 진도가 나가지 않을 때에는 고민을 많이 했습니다. 그러나 누구나 겪는 고비라고 생각하고 일찍 찾아와 주어서 다행이라고 생각했습니다. 그러고 난 후에 공부 스케줄대로 학업진도가 나가기 시작되었습니다.

다) 여유와 확신 갖기

슬럼프 예방은 스스로 세운 스케줄을 잘 수행하면 반드시 성적이 오른다고 믿어야 합니다. 처음에는 성적이 안 오르고 학생 스케줄에 신뢰가 안 갈 수도 있습니다. 그러나 학생은 아직은 학교 성적이 올라갈 때가 아니라는 생각을 합니다.

공부를 시작하고 난 다음에 성적이 오르기까지의 고비는 누구나 겪는 어려움입니다. "공부라는 게 정말 어렵구나. 내 머리로는 안 되나 봐!"라는 부정적인 생각은 공부 슬럼프로 이어질 수 있습니다. 공부에 성공한 사람들은 슬럼프에 빠질 수 있는 고비를 오히려 성적 향상의 기회로 전환시키는 능력이 있습니다.

성공한 사람들의 자기 대화

라) 두뇌를 혼란시키는 4가지 함정을 피하기

① 성적 정제현상 : 학습 초기에는 공부 부진은 당연합니다.

공부가 많이 힘이 들고 잘 안되는 시기가 있습니다. 초반에 공부 부진은 비약적인 성적 향상을 위해 필요한 과정입니다.

② 다른 학생과의 비교 : 위협적인 정보를 차단합니다.

"다른 학생들은 마음을 먹으면 공부를 잘하는 것 같은데 나만 왜 이럴까?"라는 생각을 하지 말아야 합니다. 다른 학생들은 말을 안해서 그렇지 다들 비슷비슷한 생각을 하고 있습니다. 이런 생각을 하지 않고 학생의 상황을 객관적으로 지켜 봐야 합니다.

"이렇게 하면 반드시 성공한다."는 명확한 학생의 본인 기준과 판단을 굳건히 지켜 가면 대부분 성공합니다.

③ 모든 걸 알아야 한다는 생각 : 할 수 있는 것부터 잘해야 합니다.

모든 내용을 전부 알고 공부해야 한다는 생각은 버려야 합니다. 자기 실력으로 충분히 소화할 수 있을 만큼만 충실히 해 나가면 됩니다. 그것만으로도 충분히 원하는 성적을 거둘 수 있습니다. 오히려 공부량을 줄이는 것이 비결입니다.

④ 결과에 대한 속단과 당황 : 조급함을 버려라

조급함이 슬럼프를 몰고 옵니다. 마음먹고 시작했을 때 곧 바로 잘 되었으면 좋겠지만 결과는 항상 시간 차이들 두고 나타나게 되어 있습니다. 내용을 이해하고 방법을 아는 것과 직접 문제를 풀 수 있는 것 사이에는 반드시 연습이 필요합니다. "왜 문제가 안 풀리는 걸까?"라는 생각은 욕심에 지나지 않는다. "연습을 조금 더 해야겠다"는 판단이 옳은 것이다.

⑤ 공부계획에 여유를 주자

시간 계획에서 일요일 정도는 비워 두는 여유가 필요합니다. 의욕이 앞서서 그 정도 여유마저 확보해 두지 않으면 당연히 무리하게 되고 장기 슬럼프에 빠지는 빌미를 스스로 만들게 됩니다. 적어도 일요일 하루는 두뇌를 안정시키는 시간으로 활용하는 것이 좋습니다.

⑥ 슬럼프를 우습게 보지 말라

슬럼프를 지나치게 의식하는 것도 피해야겠지만 반대로 방심하는 것도 종종 화근이 됩니다. 시간이 지나면 당연히 결과가 드러나고 그 댓가를 지불해야 하는데도 무작정 뒤로 미루는 것은 슬럼프를 불러 들이는 것과 같습니다.

"공부는 때가 있는 법이야.", "급하게 서두른다고 달라질게 뭐 있겠어?"같은 자기 합리화도 역시 두뇌의 순간적인 판단 본능입니다. 슬럼프는 이런 방심에서 나옵니다.

⑦ 순간적인 방황에 지혜롭게 대처하자.

시험때 잠시 나타나는 순간적인 슬럼프도 있습니다. 특히 시험 때 주의 할점은 다음과 같습니다. 출제된 문제가 어려우면 나만이 아니라 모두에게 어렵다는 생각을 해야 합니다. 차분하게 끝까지 최선을 다하면 의외로 좋은 결과가 나오고 쉬는 시간에 정답을 맞춰 보는 것은 피해야 합니다. 혹시 실수라도 확인되면 두뇌가 방황하기 시작해서 남아 있는 시험에 악영향을 미칩니다.

정답을 확인할 시간이 있다면 시험시작 5분 전에 자리에 앉아 심호흡을 하면서 마음을 가라 앉힙니다. 화장실을 가거나 복도를 잠시 걸으면서 최선을 다하는 내 모습을 떠올리는 것도 효과적입니다.

음악의 치료 효과

1) 호흡은 천천히 들이마시고 내쉬어야 합니다. 공부 또는 다른 일을 하면서 음악을 꾸준히 감상합니다.
2) 몸과 마음을 음악 선율에 자연스럽게 맡기고 곡을 분석하거나 해석하지 않습니다.
3) 학생이 원하는 이미지를 상상하면서 또는 마음속에 선율의 흐름을 그려 가면서 편안하게 감상합니다.
4) 오디오 시스템을 사용 하도록 합니다. 저음역대 확장이 되어 음악 감상 효과가 많습니다.
5) 자연음이 들릴 정도의 소리로 즐깁니다.

4) 공부도 외로움을 탄다

공부는 대단한 각오와 의지, 고통을 이겨 내는 불굴의 노력이 들어야 합니다. 공부를 '자신과의 싸움'으로 생각하는 사람들은 공부의 속성 가운데 하나가 '고독'이라고 합니다. 공부를 혼자서 하는 외로운 전쟁입니다.

5) 다 같이 함께 공부 학습, 스터디 학습의 장점

토론 수업의 활용도 협동 학습 원리입니다. 협동학습은 다음과 같은 2가지 중요한
역할을 합니다.

● 스터디 학습의 장점 ●

- 서로 칭찬하고 위로하는 협동 과정이 공부 부담을 덜어 주고 즐거움을 가져다 줍니다.
  서로 의지하는 공부의 동반자는 중도 포기를 예방하며 함께 완주하는데 도움이 줍니다.

- 모르는 것을 물어 보고 설명해 주는 상호 피드백을 통해 공부 효과를 크게 향상시킬 수 있습니다.
  모르는 내용도 쉽게 해결할 수 있으며 이미 저장된 정보도 확실히 다질 수 있습니다.

나 홀로 공부의 시행착오를 줄 일 수 있고 새로운 정보를 신속하게 얻을 수 있다는
장점이 있습니다. 나홀로 공부와 협동 학습의 공부의 지혜로운 조화는 안정된 공부 즉
효과적인 공부에 도움을 줍니다.

6) 스터디 학습의 공부 방법 3가지

가) 누구에게나 배울 것은 있다

사람과 사람이 힘을 모으면 몇 배의 능력을 발휘합니다. 무슨 일이든지 서로 도움을
주고 받을 때 공부의 효율은 커집니다.

나) 외롭지 않는 환경을 선택하라

시험을 앞둔 고시생과 자격증을 준비하는 독서실에서 공부합니다. 그래야만 외롭지

않는 환경이라서 학생은 공부를 더 잘할 수 있습니다.

다) 스터디를 해라

스터디 그룹은 관심 분야와 본인이 자신 있는 과목이 서로 다른 친구들이 모이면 시너지 효과를 볼 수 있습니다. 무작정 노는 모임이 아니라 공부하는 스터디 모임은 부모님도 지원을 해 줄 것입니다. 스터디 장소는 각자의 집을 번갈아 가면서 활용하는 것이 좋고 밀폐된 장소가 아닌 개방된 장소를 선택합니다.

7) 집중의 문제점

공부를 잘하는 학생들은 주로 운동을 좋아합니다. 공부가 잘 안되는 시간 즉 두뇌가 갈등하고 방황하는 시간에는 농구 또는 축구를 합니다. 운동 욕구를 충분히 채우고 나머지 시간은 공부에 집중합니다.

집중력이 부족해서 공부에 전념할 수 없는 것이 아니라 두뇌에 공부자극을 제대로 주지 못하기 때문에 집중력이 떨어지는 것입니다. 집중력은 능력이 아닙니다. 집중을 잘하는가 못하는가는 "얼마만큼 지속적으로 두뇌의 주의를 끌 수 있는 유효자극을 주느냐"에 달려 있습니다.

8) 공부 학습법

① 내성적인 사람

- 자습 위주로 공부하면서 부분적으로 수업 내용을 활용합니다.

- 자신과의 약속이라는 관점에서 공부 계획을 세웁니다.

② 외향적인 사람

- 협동 학습과 스터디 그룹을 만들어 공부합니다.

- 다른 사람과의 약속을 지켜야 한다는 생각을 가지고 공부 계획을 세웁니다.

③ 꼼꼼한 사람

- 문제 풀이 중심의 공부합니다.

- 복습 중심으로 공부합니다.

④ 덜렁대는 사람

- 요약정리 스타일로 공부합니다.

- 예습 중심으로 공부합니다.

⑤ 성격이 급한 사람

- 공부 계획을 대략적으로 세워도 가능합니다.

⑥ 여유 있는 사람

- 공부 계획을 구체적으로 계획을 세워 공부합니다.

⑦ 깊이 생각하는 사람

- 수학을 잘하며 원리 이해 중심으로 공부합니다.

⑧ 폭 넓게 생각하는 사람

- 외국어나 언어를 잘합니다.

- 수학은 유형별 암기식으로 공부합니다.

침착함과 끈기를 키워주는
칼슘

효능 : 칼슘은 신경세포에서 신경전달이 일어날 수 있도록 도와주고 근육의 수축과 이완작용을 합니다. 칼슘이 부족하면 신경이 날카로워지면서 집중력과 기억력이 떨어집니다. 성장기의 학생은 하루 칼슘은 5g 이상 섭취해야 합니다. 칼슘이 풍부한 음식을 꾸준히 먹어야 신체적 성장과 공부 학습 효과를 상승시킵니다.

1) 칼슘이 풍부한 멸치 당근 볶음

[준비물] 멸치, 꽈리고추, 당근, 양념장

① 당근을 가늘게 썰고 고추를 손질합니다.

② 멸치는 머리를 떼어 내지 않습니다.

③ 프라이팬에 기름을 두르고 멸치를 볶습니다. 그러고 난 후에 양념장을 넣고 다시 볶습니다.

④ 고추와 당근을 넣고 약 3분간 볶습니다.

⑤ 멸치볶음을 좋아하지 않는 사람은 마지막에 카레 가루를 뿌립니다.
카레의 향기로 멸치볶음을 잘 먹을 수 있습니다.

2) 학생들의 영양간식 빙어 튀김

[준비물] 빙어, 양배추, 녹말가루, 튀김 기름

[조리법]

① 빙어의 배 껍질이 벗겨지지 않도록 합니다. 소금과 후추를 뿌려 간을 맞춥니다.

② 빙어의 물기를 닦아내고 녹말가루를 묻힙니다.

③ 프라이팬에 식용유를 넣고 ②을 튀겨 바삭바삭하게 만듭니다.

스터디 스케줄

1) 타임스케줄의 세부 목표 설정

해결책을 실행하기에 앞서 어떤 순서로 해야 할지 단계별 세부 목표를 세워 보는 활동입니다. 이러한 활동은 큰 목표를 단계별로 세분화시켜 주기 때문에 해결책을 쉽게 실행합니다.

목표는 커야 하지만 그것을 실행하는 계획은 단계적이고 구체적이어야 합니다. 예를 들어 한 권의 책을 산 후 무조건 그날 즉시 모두 읽겠다는 사람도 있지만, 어떤 사람은 전체 쪽수를 확인한 후, 현재 자신이 활용할 수 있는 시간과 그 시간에 어느 정도 읽을 수 있는지를 예상해서 언제까지 책을 읽겠다고 하는 사람이 있습니다. 목표를 달성할 확률은 당연히 후자의 사람이 전자의 경우보다 높을 것입니다.

계획 세우기는 후자와 같은 습관을 갖게 하는 데 목적이 있습니다.

자투리 시간 활용(서울대 장승수)

'공부가 가장 쉬웠어요'의 저자 서울대 입학생 장승수 씨는 버스 안에서 암산으로 푼 수학 문제는 책상에서 푼 문제보다 더 많았다고 합니다. 주로 자투리 시간을 이용하여 수학 공부를 했다고 합니다.

해결과정1	달성 목표 확인하기 → 달성하고자 하는 목표를 확인합니다.
해결과정2	목표 달성 기간 정하기 → 계획에 총 소요 되는 시간을 먼저 정해야 합니다. 가능하면 구체적인 일자를 기록하는 것이 효과적입니다.
해결과정3	단계별 계획과 세부 계획, 그리고 장애요인 및 대처 방안 만들기 → 먼저 단계별 목표를 정해야 합니다. 단계별 목표란 달성해야 할 목표를 세분화 합니다. 그리고 각 단계별 세부계획을 만듭니다. 세부계획은 실천 가능한 행동계획입니다. 행동계획은 다음과 같습니다. – 무엇을 할 것인가, – 누가 할 것인가, – 어떻게 할 것인가, – 언제 할 것인가, – 어디서 할 것인가, – 왜 하는가 → 계획을 실행하는 장애요인을 찾아 보고 그에 따른 해결책을 세웁니다.

Tip

피니시벨 학습법

필자가 사교육 현장에서 수학을 가르칠 때입니다. 학생들이 공부를 하기 싫다고 했습니다. 시험날짜는 다가오고 가르쳐야 할 내용은 많아서 학생들이 힘들다고 하니 어쩔 수가 없었습니다.

필자는 학생들을 달래기 시작했습니다.

"우리 공부 딱 30분만 하고 쉬었다가 하자."

"원장님 싫습니다. 수학이 너무 어려워요."

학생들이 불만스러운 목소리를 내기 시작했습니다.

"자 그렇다면 여기 벨이 울리면 그만하도록 하자. 딱 30분이다. 30분 이전에 정해둔 문제를 다 풀면 쉬자. 어때?"

"원장님, 벨이 울릴 때까지 공부하겠습니다."

필자는 벨이 울리기 전에 정해둔 수학 문제를 학생에게 풀어주었습니다. 마지막 문제를 풀고 난 후에 벨이 울려댔습니다. 학생들은 정해둔 문제 풀기 또는 벨이 울릴 때까지 집중을 했습니다.

가) 나현이는 어떻게 했을까

나현이는 다음과 같이 실행합니다.

해결과정1	달성 목표 확인하기 – 효과적인 공부 방법 익히기
해결과정2	목표 달성 기간 정하기 – 9개월
해결과정3	단계별 계획과 세부 계획, 그리고 장애요인 및 대처 방안 만들기 [1단계] 학습 습관 검사하기 　　1) 어디서 : 상담실 또는 전문검사기관 　　2) 왜 : 무엇이 문제인가를 정확히 알기 위해 [2단계] 학습전략 배우기 　　1) 어디서 : 학습 전략 전문학원 또는 기타 관련 교육기관 　　2) 기간 : 약 3개월 정도 　　3) 장애요인: 비용마련 　　4) 해결책 : 용돈과 부모님께 도움받기 [3단계] 예습과 복습 실천하기 　　1) 언제부터 : 즉시 시작 　　2) 왜 : 성적 향상과 학습전략 훈련 목적 [4단계] 과목별 학습 방법 체계화하기 　　1) 누가 : 본인 　　2) 어떻게 : 학습전략에서 배운 전략들을 근거 　　3) 장애요인 : 본인 스스로 하기에 한계 발생 　　4) 해결책 : 과목별로 선생님에게 도움받기

나) 다른 전략들과의 관계

계획 세우기는 문제 해결 마지막 전략으로 앞 단계들이 문제를 인식하고 탐색한 해결책들을 효과적으로 실행할 수 있도록 계획을 세워 보는 전략입니다. 계획 내용 중에서 만약 구체적인 해결책이 더 필요한 경우에는 앞에서 시행해 본 전략들을 다시 활용할 수 있습니다.

다) 계획 세우기 원리 및 점검

● **계획 세우기 원리** ●

1) 무엇을 위한 계획 인가를 정확하게 알고 있어야 합니다.
2) 계획을 실천할 때 문제될 수 있는 점은 미리 예상해서 그에 대한 대비책을 세웁니다.
3) 계획은 가능한 구체적이고 현실적인 자료를 바탕으로 세웁니다.
4) 계획은 간단명료해야 하며 그 자체가 처음부터 너무 복잡하거나 부담을 주어서는 안 됩니다.
5) 계획은 이상적인 것이 아닌 실천 가능한 것이어야 합니다.
6) 세부계획 중에서 구체적인 해결책이 더 필요한 경우에는 2단계 해결책 탐색의 3가지 전략을 활용합니다.

● **계획 세우기 점검** ●

1) 목표 달성에 적합한 것인가
2) 혹시 지키지 못한 계획은 아닌가
3) 단계를 잘못 선정하지 않았는가
4) 만약 지키지 못할 경우를 대비하고 있는가
5) 부담스러운 계획은 아닌가

2) 공부 계획 세우기

가) 공부하기 좋은 시간

공부는 계획을 세워서 합니다. 오늘 수업은 어떤 과목이 있고 공부할 분량은 얼마나 되는지 어떻게 준비를 하고 어떤 자세로 수업을 들어야 할지 생각하고 공부하는 것과 전혀 계획 없이 공부하는 것은 공부의 질과 결과에서 차이가 납니다.

무작정 큰 목표를 세우기보다는 학생 스스로 지킬 수 있는 목표를 세워야 합니다. 공부시간과 자투리 시간이 얼마나 되는지 알아보아야 합니다. 그래야 학생이 공부할 분량과 과목을 정할 수 있습니다.

학생이 공부할 수 있는 시간을 고려하지 않고 공부 욕심만 앞세워 학습 분량을 정하면 실패할 수 있습니다. 반드시 학생이 실천할 수 있는 학습 계획을 세웁니다.

● **공부 가능 시간** ●

내용	시간
등교 후	40분
쉬는 시간 7회	70분
점심시간 – 밥 먹는 시간	40분
오후 4시 30분 ～ 오후 6시	90분
저녁 10시 30 ～ 01시	150분
총합계	390분
실제 공부 최소시간	250분

나) 계획표

상위 학생권들은 본인 나름대로 공부 계획표를 만들어 두고 있습니다. 상위 학생권들은 공부계획표를 최대한 지켜 가면서 공부하기에 성적을 최상권으로 유지 하고 있습니다.

학생이 계획표를 작성한다는 것은 오늘 학생이 공부할 내용과 분량을 알고 있다는 것입니다. 학생 생각이 아닌 글로써 표현하여 계획을 실천하려고 노력합니다.

다) 계획표의 종류

목적 있는 공부를 하기 위해 계획표를 작성합니다. 하루의 계획을 세운다는 것은 하루의 목표를 설정하고 일주일의 계획을 세운다는 것은 일주일의 목표를 세운다는 것입니다.

학생이 처음 계획을 세우거나 많은 실패의 경험을 했다면 우선 하루 계획에만 집중합니다. 하루 계획 세우기를 반복하다 보면 자연스럽게 일주일, 한 달 목표도 세울 수 있습니다.

① 일일 계획표

학생이 새벽에 일어나서, 등교 후 자습시간, 쉬는 시간, 점심시간과 남은 시간, 등등 자세히 조사해서 학생이 공부가 가능한 시간을 알아야 합니다. 이후에 일일 계획표를 작성합니다.

● 일일계획표 ●

구분	설명
6시 00분	기상
6시 00분 ~ 6시 30분	세면, 운동
6시 30분 ~ 7시 00분	TV 뉴스 시청, 신문
7시 00분 ~ 8시 00분	아침 식사, 30분 공부시간 확보
8시 00분 ~ 8시 10분	등교
8시 10분 ~ 8시 30분	공부
12시 30분 ~ 13시 20분	점심 식사, 공부

16시 20분 ~ 16시 30분	하교
16시 30분 ~ 17시 30분	공부
17시 30분 ~ 18시 00분	저녁 식사
18시 00분 ~ 22시 00분	공부
22시 00분 ~ 22시 30분	간식
22시 30분 ~ 12시 30분	공부
12시 30분 ~ 06시 00분	취침

② 주간 계획표

주간 계획표는 이번 주에 해야 할 공부의 목표입니다. 이번 주는 2차 방정식 인수 분해와 복소수 응용문제 풀기 등 공부 목표를 세웁니다. 학생이 주말에 공부를 하려고 계획했지만 공부를 하지 못했던 내용을 주간 계획표에 배치합니다.

③ 월간 계획표

월간 계획은 월간 목표를 세웁니다. 한 달, 즉 30일이라고 하여 시간이 많다고 하지만 막상 학생이 공부를 하려고 하면 시간이 그다지 많이 않습니다. 일간 계획표와 주간 계획표, 월간 계획표를 다 같이 공부 목표를 세웁니다.

④ 주말 계획표

주간에는 학교 수업과 사교육도 있어 학생이 따로 공부를 하려고 했으나 시간이 맞지 않아 공부를 못 했던 내용이 있습니다. 이런 공부 내용을 주말에 시간을 내서 학생 스스로 공부합니다. 그러면 작은 시간에 최대의 공부 효과를 낼 수 있습니다.

한 주간의 계획표를 확인하여 주간에 공부 계획을 했지만, 공부를 하지 못했던 내용은 주말에 공부를 합니다. 주말 계획표의 공부는 다음 주로 절대로 미루지 말아야 합니다.

● 주말계획표 ●

구분	토요일	일요일
09시 00분 ~ 12시 00분	수학 미적분	물리, 화학
13시 00분 ~ 16시 00분	국어 문학	영어 숙어와 문법
18시 00분 ~ 23시 00분	영어 독해	수학 수열

라) 계획표 만들 때 주의 사항

계획표를 작성하는 이유는 학생의 공부 내용과 분량을 정하여 목적을 달성하기 위해서 입니다. 그러나 학생이 계획을 제대로 세우지 못하면 공부하는 과정이 힘이 들고 열심히 공부를 했지만 노력한 만큼 공부 효과는 크게 없습니다.

다음은 계획표를 어떻게 작성하는지 설명합니다.

- 학생의 공부 시간을 알고 체계적인 목표를 세웁니다.
  - 학생은 공부 시간을 늘려 가는 게 좋습니다.
  - 무리하게 공부 시간을 설정하지 않습니다.
- 학교나 사교육 시간을 정합니다.
  - 학교나 사교육 시간은 학생이 정할 수가 없습니다.
  - 먼저 사교육 시간을 따로 빼 두어야 합니다.
  - 공교육과 사교육시간을 제외한 나머지 시간을 공부 시간으로 정합니다.
- 학교 수업의 복습과 예습 시간을 정합니다.
  - 학교 수업의 공부는 집에 돌아와서 바로 복습합니다.
  - 예습 시간은 아침 자습시간 또는 점심시간에 정합니다.
- 인터넷 수업을 계획표에 배치합니다.

– 학생은 인터넷 수업을 원하는 시간에 공부할 수 있습니다.

– 인터넷 수업도 다음 주로 미루지 말아야 합니다.

• 영어와 수학은 주요 과목이라서 계획표에 우선적으로 배치합니다.

– 영어와 수학은 매일 공부해야 합니다.

• 부족한 과목을 미리 공부합니다.

• 계획을 세울 때는 공부량과 난이도에 따라 시간을 적절히 배치합니다.

마) 토요일과 일요일 주말에 공부하면 좋은 과목

• 부족한 과목에 집중 투자

• 일주일간 읽지 못한 신문 몰아 읽기 또는 주간지 읽기

• 매주 마다 소설과 문학작품을 공부

• 논술 기출문제 풀어 보기 또는 모범 답안 공부

• 주중에 못한 과목과 주요 과목에 밀러 못한 과목을 공부

3) 공부 세부 계획 세우기

가) 해야 할 일이 무언인지 생각하고 우선순위를 정한다

학생이 공부해야 할 내용이 무엇인지를 과목별로 나누어 생각합니다.

과목	설명
영어	독해 문제집 하루에 10페이지씩 풀기, 숙어별로 암기하기
수학	미적분학 공식 유도하기, 수열 문제 풀기
과학	화학기호 암기하기, 물상의 힘 원리 이해하기

어느 과목을 우선적으로 공부할 것인지 순위를 정해야 합니다. 우선순위 정하기는 계획에서 중요합니다.

Advice
정환 원장의 경험 : 성취감이 주는 기쁨

정환이는 하루를 마감하고 난 후에 침대에 눕습니다. 그리고 난 후에 하루 동안 공부 내용을 머릿속에 정리를 해 봅니다. 오늘은 무슨 공부를 했을까? 특히 정환이는 수학에 관심이 많아 머릿속으로 수학 공식을 정리해 봅니다. 그러면서 잠에 빠져듭니다.
정환이는 내일도 오늘과 마찬가지로 보람차고 행복한 하루를 맞이할 것입니다.

나) 공부할 수 없는 시간을 알아낸다

학생의 일과 시간을 살펴보면, 공부할 수 없는 시간들이 존재합니다. 잠을 자는 수면 시간, 공교육과 사교육에서 수업을 듣는 시간, 밥을 먹는 시간 들은 학생 스스로가 공부할 수 없는 시간들입니다.

다) 비어 있는 시간에 해야 할 공부 과목을 배치한다

타임스케줄에 정리해 놓은 반드시 공부해야 할 과목들을 넣습니다. 공부해야 할 양은 많고 시간은 부족합니다. 그래서 과목별 우선순위가 필요합니다. 우선순위 과목을 정해서 순위가 낮은 과목은 스케줄표에 빼거나 주 1회 또는 며칠에 한 번씩 공부를 하는 정도로 정합니다. 맨 먼저 중요한 과목과 부족한 과목부터 타임스케줄표에 넣습니다.

좋아하지 않는 과목은 공부가 잘되는 시간대에 배치하고 공부 순서에서 최대한 앞쪽에 공부합니다. 왜냐하면 잘되는 시간대에 좋아하지 않는 과목을 공부해야만 공부 향상을 얻을 수 있습니다. 만약에 좋아하지 않는 과목을 뒤에 배치하면 다른 공부에 밀려서 자꾸 다음날로 연기가 됩니다. 계속 연기를 하다 보면 좋아하지 않는 과목은 아예 공부를 못 할 수가 있습니다.

라) 계획을 실행해 보고 적절하게 조절한다

학생은 타임스케줄대로 공부를 합니다. 타임스케줄의 공부대로 하다 보면 예상과 달리 시간이 오래 걸리는 공부나 시간이 짧게 걸리는 공부들이 있습니다. 그리고 계획을 세울 때에는 신념과 의욕에 넘쳐 시간을 풀타임으로 세웠지만, 공부를 실행해 보니 체력이 뒷받침이 안 됩니다.

학생은 타임스케줄표를 잘 못 지킨다고 해서 실망할 필요는 없습니다. 계획을 실행 이후에 잘 맞지 않는 과목은 재조정하여 타임스케줄 표에 배치하면 됩니다. 이럴 때 조심해야 될 부분은 타임스케줄표는 수정만 해야 됩니다. 타임스케줄표의 과목을 전체를 바꿔서는 안 됩니다. 이럴 경우에는 처음부터 타임스케줄표를 다시 작성하는 게 빠릅니다.

마) 정해진 계획은 목표를 달성한다

타임스케줄표의 목표대로 최선을 다해 공부합니다. 자기 합리화하는 것을 버려야 합니다.

학생 스스로 시간을 투자하여 만든 타임스케줄표를 의미 없는 것으로 만들지는 말아야 합니다. 학생이 타임스케줄표의 목표대로 최선을 다해 노력했지만 100% 지킬 수는 없습니다. 이런 경우에는 "왜 타임스케줄표를 지키지 못 했을까."라는 문제점을 분석해서, 타임스케줄표를 지키려고 노력해야 합니다.

타임스케줄표을 지키려고 했지만 불가피한 상황은 발생될 수가 있습니다. 이럴 때에는 타임스케줄표의 순서를 재배치합니다.

필자는 영어 공부를 하다가 지겨우면 "너무 힘이 들어서 오늘은 여기까지만 해야지. 어려워서 안 되겠어."라는 생각을 해 왔습니다. 자기 합리화를 시키는 마인드는 버려야 합니다.
타임스케줄을 정한 대로 최선을 다해 공부해야 합니다.

바) 하루 공부와 일주일 공부 연결하기

변화된 하루와 일주일 주기를 연결시켜 자연스럽게 기억력을 높이는 방법이 있습니다. 주말을 멋지게 보내면 됩니다. 어떻게 하면 주말을 잘 활용할 수 있는지 그 방법을 알아보도록 하겠습니다.

우선 토요일과 일요일을 대략 4시간 단위로 5등분 해 봅시다. 토요일 오후와 저녁, 일요일 오전, 오후와 저녁으로 구분할 수 있습니다. 그중에서 가장 쉽게 공부로 대체할 수 있는 시간을 하나만 선택합니다. 선택한 4시간을 모두 공부하라는 말은 아닙니다. 최소 1시간, 보통 2시간 정도면 일주일 동안 공부한 내용을 다시 살펴보는 데 전혀 무리가 없습니다.

5등분 시간 가운데 하나만 공부에 투자한다고 생각하면 두뇌도 순순히 뜻을 따라 줄 것입니다. 나머지 4개의 덩어리 시간을 "어떻게 하면 재미있게 보낼 수 있는지"에 대한 계획을 구체적으로 세운다면 더 쉽게 두뇌의 협조를 얻을 수 있습니다.

하루에 최소 2번씩 두뇌에 자극이 가해진 공부의 흔적은 생각보다 강합니다. 일주일 동안 아무리 진도를 많이 나갔다 하더라도 한 과목에 20분 정도 투자하면 주말 총정리를 할 수 있습니다. 왜냐하면 암기하는 것이 아니라 그냥 편하게 읽어 보는 것이 때문입니다.

사) 스터디 타임스케줄 업데이트하기

타임스케줄 업데이트는 돌발 상황입니다. 갑자기 친구가 찾아온다거나 집안 식구가 아프거나 이런 저런 일이 생기는 경우에 스터디 타임스케줄을 업데이트해야 합니다.

중요한 시험을 앞둔 학생이라면 스터디 스케줄을 실행을 하는 게 맞지만 단지 하루 타임스케줄은 변동이 될 수 있습니다. 일주일 타임스케줄에 하루 스케줄의 과목을 배치하면 됩니다.

① 환경적응력을 키워 나가자

시간 계획보다 더 중요한 것이 바로 환경관리입니다. 진정으로 실천이 중요하다고 생각한다면 주변사람, 스마트폰, 오락거리 등을 어떻게 관리하겠다는 판단이 있어야 합니다. "이럴 때는 이렇게 하자"는 대책을 미리 세워 놓고 예방할 수 있어야 합니다. 그리고 가급적 공부는 방해물이 별로 없는 시간과 공간에 배치하는 지혜가 필요합니다.

초기에는 시간 계획을 융통성 있게 짜는 것도 생각해 봐야 한다. 불가피한 일이 벌어지면 계획 전체를 포기하고 마는 경우가 생깁니다. 계획 할 때와 달라진 상황을 재빨리 알아 내어 타임스케줄을 업데이트하면 공부의 진도 혼란을 예방 할 수 있습니다.

스터디 타임스케줄을 실천하는데 있어 방해되는 요인들은 있습니다. 학생은 현명한 지혜로 헤쳐 나가야 합니다. 계획보다 타임스케줄 실천이 중요하다는 말은 바로 환경관리의 중요성을 강조합니다.

아) 자투리 시간이 중요하다

시간 자원의 효율성을 높이는 방법이 있습니다. 자투리 시간을 최대한 찾아내어 공부를 합니다.

어떤 상황에서도 자투리 시간을 활용하려면 미리 토막 공부를 할 수 있는 준비가 되어 있어야 합니다. 토막공부란 주로 문제 풀기, 정리한 노트 살펴보기 등을 말하는데 중간에 끊어져도 상관없는 공부이다. 그래서 암기노트와 오답노트를 만들어야 합니다. 자투리 시간에는 암기노트를 활용하여 공부를 합니다.

자투리 시간에 암기노트와 오답노트로 공부를 하면 학습의 누적 효과는 매우 큽니다.

자투리 시간은 토막이 난 짧은 시간이라서 시끄러운 환경이 많습니다. 공부를 하다가 잠시 멈출 수 있는 공부를 합니다.

다음과 같은 분야로 공부합니다.

자투리 시간에 공부 분야
– 언어영역 맞춤법 암기
– 수리영역 관련 문제 풀기
– 외국어 영역 암기노트의 숙어
– 약 5분 정도 쪽잠을 자고 나면 공부에 더 집중할 수 있습니다.
– 공부 계획 세우기

자) 공부의 피니시 타임을 정한다

모든 일은 피니시 타임을 분명히 하는 것이 필요합니다. 우리는 보통 평상시에 여유를 부리다가 시험이 코앞에 닥치면 급해집니다. 마음이 급해지는 것은 상황 변화에 따른 학생의 준비이며 반응입니다. 학생이 지정한 피니시 타임도 이 같은 효과를 발휘합니다.

물론 쫓긴 나머지 조바심을 느껴서는 곤란하지만, 통제할 수 없는 시간의 흐름 속에 피니시 타임을 지정하면 학생이 집중할 수 있는 효과를 볼 수가 있습니다.

① 타임스케줄은 반드시 체크합니다.

스케줄은 세우는 것보다 점검하는 것이 더 중요합니다. 스케줄대로 되어 가는지 캘

런더에 빨간색 연필로 O, X를 표시하는 것부터 시작해도 좋습니다. 암기노트의 체크박스에 "v"를 표시합니다. 그래야만 현재 스터디 스케줄을 파악하기가 수월합니다.

스터디 타임스케줄에 따라 공부가 안 되는 날에는 공부의 원인 분석을 해야 하고 해결해야 합니다. 이왕이면 스터디 타임스케줄에 의해 공부를 해야 하는 습관을 가지도록 합니다.

시간계획을 세웠으면 그것을 주변 사람들에게 공개해야 합니다. 사생활 보호보다 실천이 중요하다고 생각한다면 주저하지 말아야 합니다. 주변의 감시를 의식하면 자연스럽게 계획에 집중할 수 있게 됩니다.

자투리 시간 활용(서울대 법학교 이상면 교수)

서울대학교 법학과 이상면 교수님은 8개 언어를 능숙능란하게 하는 분이십니다. 이상면 교수님은 자투리 시간을 활용하여 외국어 공부를 했습니다. 이런 자투리 시간에 외국어를 공부해서 8개 언어를 마스터했습니다. 일반 사람에게는 그냥 흘려보낼 자투리 시간에 교수님은 8개 언어를 외국인처럼 잘할 수가 있었습니다.

4) 각 학년별 공부

가) 중학교 3학년 겨울방학, 고등학교 1학년 여름방학과 겨울방학

① 수학은 반드시 약 2년 이상 선행 학습을 합니다.

- 수학은 선행 학습은 최소 약 1년 이상을 해야 합니다. 공교육의 시험문제가 학생들의 변별력을 위해 상위 학년의 내용을 응용문제로 출제합니다.
- 내신 2등급을 받으려면 1년 이상은 선행 학습을 해야만 합니다.

– 학생이 선행 학습을 했다고 해서 수학 실력이 있다는 것는 아니지만 수학 사고 능력이 향상됩니다. 그래서 공교육의 시험문제를 잘 풀 수가 있습니다.

② 기초부터 영어 실력을 다집니다.

– 영어 공부는 웬만하면 대학 수능 외국어 영역 공부 형식을 기반으로 공부합니다.

– 영어 실력이 부족하면 중학교 수준부터 다시 공부합니다.

– 영어 실력이 중간 이상이면 토익이나 토플, 텝스 수준으로 공부합니다.

③ 다분야의 책을 읽습니다.

– 문학작품은 흥미 위주보다는 작품성이 인정된 작품들 중심으로 읽습니다.

– 단편소설을 읽은 후에 문학작품을 읽습니다.

– 청소년 권장 도서를 읽습니다.

④ 다양한 경험을 경험합니다.

– 사회에 소외되는 고아원 또는 양로원에 가서 자원봉사를 합니다.

– 음악 캠프에 참가해 봅니다.

나) 고등학교 2학년 여름방학

① 언어 영역

– 기본편 문제집은 유형에 따라 공부합니다.

– 국어 참고서에 나온 소설들의 전문을 읽습니다.

– 수능과 관련이 깊은 소설들 중심으로 읽습니다.

② 수리 영역

– 최소한 다음 학기 선행 학습을 해야 합니다.

– 기본서 위주로 선행하면서 응용문제를 풀어 봅니다.

- 지난 학기에 배운 수학을 복습합니다.

③ 외국어 영역

- 기초 수준부터 공부합니다.

- 토익, 토플, 텝스 등을 준비합니다.

④ 대학 탐방을 합니다.

- 가고 싶은 대학을 정해서 대학 탐방을 합니다.

- 공부를 왜 하는지 이유가 생겨 공부에 집중하기가 쉽습니다.

다) 고등학교 2학년 겨울방학 : 본격적인 수능 준비

① 언어 영역

- 파트별로 문제집을 풀어 봅니다.

- 비소설 분야와 소설 분야를 정해서 다시 한 번 읽어 봅니다.

② 수리 영역

- 선행 학습을 마지막으로 마칩니다.

- 2학년 수학 과목을 복습합니다.

- 1학년 수학에서 어려운 문제를 풀어 봅니다.

- 고3 모의고사 문제를 풀어 봅니다.

③ 외국어 영역

- 어려운 영어 문제집으로 공부합니다.

- 영어 듣기는 토플, 텝스, 토익을 이용한다.

④ 사회 과학탐구 영역

- 사회 과학 탐구 영역의 문제집으로 공부합니다.

- 이제부터는 대학 수능 대비를 해야 합니다.

⑤ 논술과 구술 면접

　　– 일간지 신문과 주간지를 읽습니다.

　　– 상식 책과 시사성이 있는 참고서를 공부합니다.

라) 고등학교 3학년 여름방학

　　– 부족한 분야를 공부하며 암기노트와 오답노트를 활용합니다.

　　– 모의고사에서 틀린 문제를 중점으로 공부합니다.

　　– 모의고사에 출제된 문제 중에서 어려운 문제를 중심으로 공부합니다.

　　– 매월 모의고사 시험에 응시해서 실력을 테스트합니다.

우등생의 공부 인테리어

1) 자녀의 학습과 관련이 없는 물건은 치워야 합니다.

자녀가 초등학생 또는 유치원생이라고 할지라고 공부방은 공부방 분위기를 연출해야 합니다. 자녀의 방은 집안의 잡동사니로 채워져 있는 경우가 많습니다. 자녀의 공부방에 공부와 관련 없는 물건이 많을수록 자녀의 정신은 그만큼 분산이 되고 공부에 집중을 할 수가 없습니다.

2) 공부방은 넓지 않아야 합니다.

자녀의 공부방은 넓지 않아야 합니다. 자녀가 공부방이 작아서 갑갑하지 않을 정도면 됩니다. 공부방이 너무 넓을 때는 책장으로 칸막이를 하고 불필요한 물건들을 치워 주고 정리를 해야 합니다.

공부방은 오로지 학습내용에 집중을 할 수 있도록 해 주어야 합니다.

5) 언어영역

- **일주일 단위로 공부 계획을 세웁니다.**
  - 일주일을 하나의 단위로 해서 한 단위마다 공부의 매듭을 지을 수 있게 계획을 세웁니다.
  - 내가 할 수 있는 최소한의 공부량을 기준으로 계획을 세웁니다.
  - 현실 가능한 계획을 짜서 목표 달성의 기쁨을 느낍니다.

- **비문학은 작가의 심중을 파악해서 공부합니다.**

- **문제 유형식으로 합니다.**

- **중학교 3학년 겨울방학**
  - 다양한 문학작품을 읽습니다.
  - 단편소설, 현대시를 공부합니다.
  - 생활 국어의 문법과 관련된 내용을 공부합니다.

- **고등학교 1학년**
  - 학생 스스로 글을 잘 읽어 보고 정확히 이해합니다.

6) 수학

구분	설명
두려움	수학을 두려워하지 않는다.
반복 학습	수학을 처음에는 어려워도 반복하여 문제를 풀어 봅니다.
연습장	수학은 눈으로 계산하지 말고 직접 연습장에 풀어 봐야 합니다.

7) 문제 해결 방안

구분	설명
문제 인식	학생의 문제는 무엇인가
방법 탐색	문제를 해결하는 다수의 방법을 찾습니다.
해결책 방안	문제를 풀 수 있는 다수의 방법 중에서 몇 개의 방법을 선택합니다.
정답을 선택	답안 중에서 가장 논리적이고 해결 가능한 답을 선택합니다.
답안대로 수행	문제를 답안대로 수행해 봅니다.

Advice 정환 원장의 경험 : 암기노트의 필요성

필자의 고등학교 2학년 시절에 할머니가 편찮으셔서 병원에 입원했습니다. 필자는 할머니 병실을 지키고 간호하면서 공부를 등한시했습니다. 이럴 때에는 공부 암기노트를 만들어 병실에서 부족한 과목을 공부했습니다.

Tip 시험문제는 끝까지 읽어라

학생이 문제를 잘못 읽는다는 것은 "다음 중 틀리지 않은 것을 고르세요."를 틀린 것으로 이해하는 경우와 "다음 중에 맞지 않은 것을 고르세요."를 맞는 것으로 이해하는 경우입니다.
그렇다면 어떻게 해야만 시험을 칠 때에 이런 실수를 안 할까요? 문제지에 "맞은", "틀린" 단어에 빨간 펜으로 밑줄을 긋고 문제를 끝까지 읽어야 합니다. 또 하나만 정답을 골라야 하는데 2개를 골라 틀리는 학생이 있고 2개를 골라야 하는데 달랑 1개만 골라 틀리는 학생이 있습니다.
이런 학생들은 잘못 읽어 틀리는 경우가 생기지 않을 때까지 문제와 지문을 두 번씩 읽는 습관을 길러야 합니다.

대학수학능력평가 시험에서 이런 실수를 하게 되면 학생의 인생이 좌지우지될 수 있습니다. 문제를 끝까지 정확하게 읽고 중요한 표현에 밑줄을 그으면서 시험문제를 풀어야 합니다.

Chapter 22

스터디와 시험

1) 공부를 시험과 성적에 연결하자

학생이 독후감을 적기 위해 억지로 책을 읽습니다. 보고서를 작성하기 위해 다른 지역의 견학은 괴로운 일이 되어 버립니다. 학생은 책 자체를 즐기고 학생의 감정을 정리한다고 생각하면서 적은 독후감이 항상 최고 점수를 받게 됩니다.

학생은 시험과 성적에 대한 부담을 떨쳐 버리는 것이 시험에서 학습 효과가 크게 나옵니다. 머리의 공부 기능을 마비시키는 바이러스가 학생에게 시험과 성적에 대한 부담으로 작용하게 됩니다.

두뇌를 이용해서 공부와 시험을 전략적으로 결합시키는 것이 중요합니다.

가) 감점 요인을 찾아 제거해 나가기

① 수업 주기를 잘 활용합니다.

학생은 틀린 문제를 모아 놓고 감점의 요인을 분석하고 해결하는 방식을 찾습니다. 막연히 모르는 것을 배워 가는 공부와는 질적으로 다릅니다.

문제를 풀거나 시험을 보는 선행 과정이 있어야 하며. 철저하게 수업을 중심으로 해야 합니다. 학생은 수업을 듣고 일정한 시간이 지나면 중간고사 시험을 봅니다. 이를 준비하는 과정에서 학생은 문제도 풀어 보고 시험이 끝나면 채점합니다.

감점 요인을 찾아낼 때도 수업용 교재와 참고서 그리고 문제집, 시험지만 가지고 찾습니다. 충분히 감점 요인을 찾아낼 수 있으며 해결책도 그 안에 모두 있습니다. 단, 감점 요인을 분석하고 해결해 나가는 과정에서 주의할 사항이 있습니다. 어떤 내용을 잘 몰라서 틀렸다는 식의 막연한 판단은 정확한 분석이 아닙니다. 원인을 정확하게 밝혀내는 것이 핵심입니다. 두뇌의 정보처리 단계별로 다음과 같이 질문하면 누구나 쉽게 정확한 원인과 해결책을 찾아낼 수 있습니다.

구분	설명
입력단계	사실을 정확히 알고 있었으며 그 의미도 제대로 파악했는가
저장단계	분명히 알고 있었는데, 어느 순간부터 기억이 희미해진 것은 아닌가
출력단계	기억한 내용을 문제와 연결시키고 조건에 맞게 변형하여 활용하지 못한 것은 아닌가

② 이론과 실습의 구분

감점 요인을 분석하는 과정에서 출력 단계에 특별한 주의를 기울여야 합니다. 이론으로 아무리 이해했다 하더라도 실습 과정에 문제가 있으면 정답을 찾기가 어려워집니다. 학생의 생각을 글로 옮기기 위해 필요한 두뇌의 실습 과정이 복잡하기 때문입니다.

그러나 충분히 연습하여 소화 시킨 학생은 글쓰기가 한결 수월해집니다. 마찬가지로 연습을 통하지 않으면 성적 향상을 기대할 수 없는 경우가 많습니다.

주어진 시간 내에 빠르게 읽고 내용을 파악해야 하는 언어와 외국어 영역의 독해는 반드시 연습 과정을 거쳐야만 능력이 향상됩니다. 수학이나 과학처럼 수식을 이용해야 하는 경우도 마찬가지입니다. 개념이나 공식을 제대로 알고 있다 하더라도 문제와의 연관성을 찾아내는 실습, 문제 조건에 맞게 단계를 설정하는 실습 등이 부족하면 문제를 풀 수 없습니다. 단어나 숙어 또는 구문 공부는 연습이 아닙니다. 수학 공식이나 개념을 공부하는 것도 마찬가지입니다.

③ 감점 요인의 보완과 관리

오답노트는 필수이고 이름이나 형식에는 제약을 받지 않습니다.

단 하나의 노트에 모아 놓으면 물론 효과적이지만 분산시켜 놓아도 큰 지장은 없습니다. 기록 자체를 유지, 관리하는 데 초점을 맞추는 것이 중요합니다.

작성된 오답노트는 모아두어야 합니다. 학년이 바뀌고 상급 학교에 진학하더라도 절대 버려서는 안 됩니다. 마치 도서관처럼 잘 분류, 보관하고 있다가 언제든지 필요할 때 찾아서 활용할 수 있도록 합니다. 두뇌의 기억회로에 한 번이라도 등록된 적이 있는 자료는 처음 보는 자료보다 훨씬 쉽고 빠르게 기억되고 회상할 수 있습니다.

오답노트는 두뇌의 기억장치를 보완하는 외장형 하드 디스크라고 생각하면 됩니다. 이는 두뇌의 경쟁력을 획기적으로 향상시켜 주기 때문입니다. 그 속에서 모든 문제가 다시 출제된다는 사실을 명심하십시오. 오답노트는 임박한 실전에서 효과적인 마무리 공부를 하는 데도 필수적인 준비물입니다. 원인이 분명하게 파악되지 않은 경우나 정말 어려운 문제 등은 다음 단계의 과제로 넘어갑니다.

나) 실전처럼 연습하자

다음은 문제를 풀 때 반드시 지켜야 할 사항들입니다.

① 목표로 삼고 있는 시험과 최대한 같은 조건에서 문제를 풀도록 합니다. 제한 시간을 스스로 정해 놓고 꼭 엄수합니다. 처음에는 실전보다 조금 여유 있게 시간을 배정하다가 적응이 되면 실전보다 배정 시간을 줄여 나갑니다. 전체 시간보다는 문제별로 배정 시간을 분명히 정해 놓습니다.

② 정답을 찾기가 쉽지 않을 때 그냥 넘어가거나 찍어서는 안 됩니다. 1점이 절실하다는 마음가짐으로 최대한 정답을 추측해 보는 습관을 길러야 합니다. 그리고 반드시 점검 하는 것도 잊어서는 안됩니다.

③ 문제만을 보면서 스스로 답을 찾아내야 합니다. 사전이나 노트를 뒤적여서는 절대 안됩니다. 특히 영어독해 문제를 풀 때 주의해야 하는 것이 있습니다. 어떤 문제집은 어려운 단어나 숙어의 해설이 문제 옆에 나와 있는 경우가 있는데 절대 참고 해서는 안 된다는 것입니다. 수학도 문제 주변에 표기된 출제 영역이나 의도 또는 힌트를 봐서도 안 됩니다.

이 방법은 평소 연습을 통해 시험에 강해지도록 두뇌를 단련시킵니다. 이렇게 하면 공부의 양적 차이를쉽게 극복할 수 있어 질 높은 공부를 할 수 있습니다. 실전에서 극적으로 성적 역전에 성공한 사람들이 활용한 비결이며 실전에서의 긴장과 실수를 예방할 수 있는 가장 확실한 방법입니다.

다) 성공적인 공부 전략을 세워라

장기전에서 성공과 실패를 가르는 또 다른 요인이 있습니다. 바로 공부전략입니다. 다음 3가지 사항만 고려한다면 누구나 성공적인 전략을 마련할 수 있습니다.

① 성적 목표를 단계적으로 세워라

희망이나 장기적인 목표와 분명하게 구별되는 중간 목표를 반드시 갖고 있어야 합니다. 중간 목표를 어떻게 달성하겠다는 구체적인 계획이 있어야 하는데 목표 달성에 필요한 시간도 두 달을 넘기지 않는 것이 좋습니다. 목표 지점이 눈에 보이고 실현 가능성이 분명하다고 판단되어야 두뇌 스스로 매달리게 되기 때문입니다. 이 같은 중간 고지를 하나씩 정복하다 보면 어느새 최정상에 올라 있는 자신을 발견하게 될 것입니다.

② 전략 과목과 취약 과목에 대한 전략을 세워라

무리 하지 않고 쉽게 해결해 나가는 것이 방법입니다. 우선 국어와 사회 과목을 하나로, 외국어 따로, 나머지는 수학과 과학 과목으로 영역을 구분한 다음 우선순위를 정합니다. 주요 과목 또는 부진한 과목에 신경을 뺏기지 말아야 합니다. 철저히 자신이 잘할 수 있다고 생각하는 과목부터 시작합니다.

하나의 영역에서 한 과목만 학생 기준에 따라 선정하여 집중합니다.

2개 이상 과목을 동시에 공부하면 학생의 머리는 아파지기 시작합니다. 최소한 1년 정도의 시간을 두고 한 과목씩 해결해 나가야 합니다.

전략 과목 학습에서도 별도의 계획보다는 수업을 최대한 활용합니다. 기초가 부실하다고 생각하면 수업 시간을 따라가기 위한 준비 차원에서 보충하고 수업 후에도 조금 더 신경을 써서 공부하는 것이 좋습니다.

불가피하게 혼자 공부를 해야 한다면 반드시 얇고 쉬운 책을 골라서 깔끔하게 소화해야 합니다. 혼자 공부하는 시간 역시 1일과 일주일 주기를 연결하는 공부가 되어야 합니다.

③ 하루 공부량을 조절하라

'하루에 몇 시간을 공부해야 할까'이런 문제는 장기전에서 별로 중요하지 않습니다. 꾸준히 페이스를 유지하여 결과적으로 전체 학습량을 필요한 만큼 채울 수 있어야 합니다. 하루에 많은 공부를 하더라도 그것이 내일의 슬럼프를 낳을 수 있습니다. 학습량의 기복을 분석해 보면 그 사람의 성패를 대략 예측할 수 있습니다.

Advice 정환 원장의 경험 : 시험 보기 전의 공부 성적 좌지우지

필자는 시험 보기 전 일주일 내에 공부 내용을 시험 볼 때에 답안지에 옮겨 적을 수 있었습니다. 필자도 주제별의 암기노트를 활용하여 시험 보기 일주일 전에는 암기노트로 공부를 했습니다.

2) 시험공부의 사항

가) 첫째, 누가 시험문제를 출제하는가

담당 선생님이 학급 학생들은 대상으로 내는 시험, 전교생을 대상으로 하는 기말고사와 같은 정규 시험과 시 단위의 지역에서 내는 시험, 교육부에서 전국의 학생들을 대상으로 내는 시험 등 시험에 따라 각각 다른 목적과 기능을 갖습니다. 시험을 보기 전에는 반드시 출제하는 사람이나 단체 등에서 이전에 낸 시험문제나 비슷한 목적으로 낸 다른 문제지를 구해서 미리 풀어 보는 것이 좋습니다. 출제자에 따른 시험문제 스타일과 친숙해지는 가장 중요한 방법입니다.

나) 둘째, 시험문제를 내는 목적이 무엇인가

시험을 통해 학생의 어떤 점을 측정하려고 하는가, 논리적 사고력과 어휘력 측정을 해야 하는 대학 입시 수능 시험 준비를 하는 학생은 비평적인 독서, 논쟁을 계속해 이에 대한 능력을 늘릴 필요가 있습니다. 시험에 대비해 갑자기 공부해서 성적을 올리는 데는 한계가 있으며 기본 성적은 평소의 학습 능력이 그대로 반영된다는 점을 기억해야 합니다.

다) 셋째, 어떻게 시험준비를 할 것인가

간단하게 치르는 모의고사 등을 제외한 수능과 같은 큰 시험은 일찍 준비할수록 유리합니다. 대학입학 수학 능력 시험이 측정하려는 어휘력이나 논리적 사고력은 하루아침에 길러지는 것이 아니고 적어도 1년 또는 2년 이상 매사를 논리적인 눈으로 보는 훈련을 통해 익힐 수 있습니다. 그 때문에 고등학교에 입학한 후 시험을 두 번만 치러 보면 그다음에 학생이 기적적으로 점수를 회복하는 일이 드물다는 것을 알 수 있습니다.

시험문제를 출제하는 기관에서 시험 준비를 돕기 위해 만드는 책자를 소홀히 여기지 말고 미리미리 꼼꼼하게 검토하면서 무엇을 공부해야 하는지에 대한 도표와 어디서 정보를 찾을 것인지에 대한 도표를 작성해 둡니다. 일단 도표가 작성되면 6개월간의 공부 계획부터 세웁니다. 적어도 1년 이상 장기적인 시험 준비를 하는 학생은 이런식으로 준비하는 것이 효과적입니다.

아무리 어려운 시험도 6개월, 1년 동안 쉬지 않고 꾸준히 규칙적으로 하며 하루에 15분에서 1시간 정도씩만 투자하고도 상당히 높은 점수를 받을 수 있습니다. 정신이 집중되지 않는데 하루 종일 책만 붙들고 앉아 있으면 안심이라고 생각하는 모범생들 보다 더 높은 점수를 받을 수 있습니다.

여기서 학생들은 시험준비를 할 때마다 각 단계에서 "왜","어떻게" 의 질문을 던져 보고 그에 대해 하루하루 실천할 수 있는 계획을 세우는 것이 중요합니다. 책만 붙들고 앉아서 시간을 낭비하는 것보다 하루에 15분씩 벽돌 쌓듯이 하나하나 꾸준히 배워가다 보면 자기도 모르는 사이에 우등생이 되어 있을 겁니다.

사전을 찢어 먹으면 과연 공부가 잘 될까

아버지는"사전을 찢어 먹으면서 공부를 했다."고 말씀을 하십니다. 그만큼 아버지는 공부를 열심히 하셨다는 의미입니다. 그런데 실제로 사전을 찢어 먹으면 공부 학습 효과가 있을까요?
사전을 찢어 먹는다는 것은 두 번 다시 사전을 볼 수 없다는 것입니다. 반드시 사전의 단어와 숙어를 암기해야 한다는 의미입니다. 일반적으로 사람이 막다른 상황에 이르면 평소보다 몇 배의 능력을 발휘하여 그 상황을 해결합니다. 결론적으로 사전을 찢어 먹으면 공부는 잘될 수도 있습니다.
한 예를 들어서, 학생을 두 개의 집단으로 나누었습니다. A집단에는 시험 날짜를 알려 주고 B집단에는 시험 날짜를 알려 주지 않았습니다. 며칠 뒤에 2개의 집단에 시험을 치르게 했습니다. A집단은 시험 날짜를 알고서 시험 대비로 공부를 했지만 B집단은'언젠간 시험을 치르겠지'예상만 하고 공부를 열심히 하지 않았습니다. 그래서 A집단 평균성적이 B집단 평균성적보다 높았습니다.
학생이 어떤 자세로 공부를 하느냐에 따라서 결과가 달라질 수 있습니다.

라) 6개월 계획표의 예제

- **첫째 달**
  - 관련 분야 서적 찾아 독서하기 10분
  - 전문용어가 많은 책의 독서 10분
  - 어휘 외우기 10분

- **둘째 달**
  - 독서 어휘와 모의고사를 통해 자신의 약한 부분 진단
  - 하루에 20분 독서하며 자신이 약한 부분을 어떻게 보충할지를 독서 리스트 교체

- **셋째 달**
  - 독서 어휘 교정과 시험이 똑같은 모형으로 되어 있는 모의고사 문제지를 시간 재면서 일주일에 하나씩 풀기
  - 시험관들이 사용하는 용어와 말투로 한두 문장씩 일주일에 세 번 일기처럼 공책에 쓰기

- **넷째 달**
  - 첫때 달 과정과 모의고사 풀 때 각 부분마다 10분씩 시간이 남게 풀기와 작문

- **다섯째 달**
  - 독서, 어휘, 작문, 지난 3년 동안 배운 교과서와 공책의 요점 훑어보기
  - 부족한 부분이 있는지 점검하기
  - 모든 부분을 이해했는지 점검하기
  - 문제집을 하루에 20분씩 아주 빠른 속도로 풀기
  - 한 문제 푸는데 약 5초 이내로 풀어 보기

- **여섯째 달**
  - 운동과 영양보충
  - 모의고사 풀이를 제한된 시간의 절반 안에 끝내기
  - 스트레스 조절 방안 실시

마) 수능 30일 전

① 30일을 어떻게 보낼지 계획을 세웁니다.

– 필요한 공부와 부족한 공부를 타임스케줄표에 배치합니다.

– 완벽하게 공부를 하겠다는 생각은 버려야 합니다.

② 사회 과학탐구 영역

– 부족한 부분을 암기노트를 재 작성합니다.

– 수능 당일 쉬는 시간에 볼 수 있는 암기노트를 만듭니다.

③ 영어 듣기

– 수능 당일에 고사장이 어수선할 경우를 대비하여 시끄러운 곳에서 영어 듣기 연습을 합니다.

– 최대한 돌발 상황이라고 가정하여 영어 듣기 연습을 합니다.

④ 모의고사

– 시간 기능만 가지고 있는 스톱워치를 구합니다.

– 모의고사를 실제 시험이라고 여기고 실전처럼 푸는 연습을 합니다.

⑤ 시간을 관리

– 아침형 인간형으로 바꾸어야 합니다.

– 당일 수능 시간대로 바이오리듬을 맞추어 두어야 합니다.

– 낮잠 자는 습관을 없애야 합니다.

– 수능 당일에 최상 두뇌를 활용할 수 있는 상태로 만들어야 합니다.

바) 수능 하루 전

① 수능 시험날의 필기구에 익숙해야 합니다.

– 수능 시험날에 연필과 지우개, 샤프심입니다.

② 수면시간은 평소와 비슷하게 합니다.

③ 수능 전날 식사는 간단하게 합니다.

④ 고사장 위치를 확인합니다.

3) 시험 기간의 공부 학습법

가) 시험 스트레스 해소 방법

① 시험 전날에는 잠을 푹 잡니다.

시험 보기 전날 밤을 새워 열심히 공부를 하여도 잠을 자지 않아 두뇌는 피곤함을 느낍니다. 이런 피곤한 두뇌는 시험 시간에 집중을 할 수가 없습니다. 그래서 시험 전날에는 두뇌의 최상 컨디션을 유지하고 있어야 합니다.

② 아침에는 밥을 꼭 먹습니다.

시험 보는 당일에는 단백질이 적고 탄수화물이 많은 밥으로 아침 식사를 해야 합니다. 아침밥을 먹지 않을 경우에는 불안감이 일어나고 속이 울렁거려서 두뇌는 힘을 발휘하지 못합니다.

Advice 정환 원장의 경험 : 아침밥의 필요성

필자는 시험 기간에는 꼬박 아침밥을 먹고 갔습니다. 필자의 어머니는 간단하게 먹을 수 있고 속에 부담 없는 수프 위주로 아침을 챙겨 주었습니다. 두뇌의 영양을 도와주는 미역국도 간혹 주셨습니다. 미역국을 먹은 필자는 두뇌를 빨리 회전시켜 시험을 잘 볼 수가 있었습니다.

③ 준비물을 챙깁니다.

학생은 연필, 지우개 등 필기도구는 준비합니다. 얇은 옷을 몇 개 준비하는 것이 좋습니다.

고사장이 더우면 얇은 옷을 하나씩 벗어 가면서 시험을 쳐야 합니다. 몸의 컨디션에 의해 옷의 양을 조절합니다.

④ 스트레칭을 합니다.

시험을 앞두고 약 1주일 전부터는 팔굽혀펴기, 윗몸 일으키기 등의 간단한 스트레칭을 합니다. 매일 아침마다 약 10분간 스트레칭을 해서 두뇌를 이완시켜 안정된 상태로 만듭니다. 시험을 보는 중에 양쪽 방향으로 목을 돌리고 양쪽으로 팔을 벌리는 동작을 하여 두뇌의 긴장을 풀어 줍니다.

⑤ 시험 시간에 당황하지 않아야 합니다.

학생들은 예상한 문제가 나올지 않을 경우에는 순간적으로 당황하여 긴장이 들어 시험을 망칠 수가 있습니다. 성적이 우수한 학생일지라도 모르는 문제가 나올 수 있습니다. 이럴 때에는 그동안 공부해온 두뇌를 믿어야 합니다. 긴장을 풀고 학생의 두뇌에게 물어봐야 합니다. 두뇌를 믿은 만큼 학생 여러분에게 시험을 잘 칠 수 있도록 도와줄 것입니다.

Advice 정환 원장의 경험 : 당황하지 마라

필자가 국사 시험을 볼 때였습니다. 예상치 못한 문제가 출제 되었지만 당황하지 않고 외쳤습니다. "두뇌야 응답해 주세요. 두뇌를 믿습니다." 필자는 역사의 현장과 상황을 떠올리면서 문제를 풀었습니다. 그래서 필자는 국사의 어려운 문제를 풀 수가 있었습니다.

나) 시험문제를 풀기

① 모의고사를 실제처럼 응시합니다.

실제 시험과 같은 분위기를 만들어 두고 시간을 재며 모의고사를 푸는 연습을 합니다. 알람시계를 준비하여 1문제당 몇 분씩 걸리는 시간을 체크하여 실제 시험에 대비합니다. 알람은 간단한 디지털 시계가 좋습니다. 책상 앞부분에 알람시계를 두어 모의고사 시험을 칠 때 중간 중간에 시간을 체크 하면서 남은 시간 동안 최선을 다해 모의고사 문제를 풉니다.

쉬운 문제부터 풀어야 한다

학생들은 시험문제를 순서대로 풀어야 한다고 생각합니다. 순서대로 문제를 풀다가 어려운 문제에 막히면 무작정 시험 시간을 흘러 보냅니다. 그러다 보면 학생은 "시험 시간이 부족해서 시험을 망쳤어요."라고 하소연합니다.

시험문제는 1번부터 풀어야 할 필요는 없습니다. 학생은 쉬운 문제부터 풀어야 하고 시간이 부족해서 못 풀었다는 이야기는 하지 말아야 합니다. 시간이 부족하면 몰라서 못 푸는 문제가 남아 있어야 합니다.

OMR 카드는 특별한 경우가 아니고서는 정답을 수정하지 말아야 합니다. 처음에 OMR 카드에 답안을 정하면 수정하지 않아야 합니다. OMR 카드를 교체하고 답안을 바꾸면 틀린 확률이 90% 이상이 됩니다.

학생이 헷갈리는 문제일 경우에는 맨 처음 선택한 것이 정답일 확률이 높습니다.

② 난이도가 쉬운 문제부터 풉니다.

일단은 난이도가 쉬운 문제부터 풀어 나갑니다. 그래야만 시간 안배에서 어려운 문제를 풀 수 있는 시간이 있습니다. 가장 쉬운 문제에서 어려운 문제 순서로 풀어 나갑니다.

다) 모르는 분야 반드시 질문하기

① 질문하기 전에 모르는 것에 대해 충분히 생각합니다.

공부하다가 모르는 문제가 나오면 먼저 혼자서 충분히 생각해 봐야 합니다. 특히 수학 문제의 경우 문제를 보고 어려울 듯하면 바로 질문하는 사람들이 많은데, 어떻게든 해결해 보려고 생각하는 시간이 필요합니다. 고민해 보는 시간, 그 시간을 통해 실력이 향상됩니다.

② 질문하기 전에 질문 내용을 구체적으로 정리합니다.

질문 내용을 고민해 보고 난 후에 선생님께 질문하는 내용을 정리합니다. 그래야만 선생님께 구체적으로 질문을 할 때 선생님은 모르는 분야를 설명해 주십니다.

③ 선생님의 한가한 시간을 알아봅니다.

선생님들께서도 다른 업무로 많이 바쁘십니다. 질문하기 전에 먼저 선생님께 질문을 하여도 되는지 여쭤 봅니다. 선생님께서 질문할 수 있는 시간을 학생에게 주실 것입니다.

시험에 모르는 문제가 출제되어도 포기하지 말아야 한다

시험에 모르는 문제가 출제되어도 포기하지 말아야 합니다. "내가 어려우면 다른 학생은 더 어렵다." 시험에는 수업 시간에 배운 문제가 출제됩니다. 고등학교 시험에는 어려운 문제가 나오더라도 대학 수능 문제보다는 쉬울 것입니다.

학생은 어려운 문제를 풀려면 먼저 침착해야 합니다. 예상하지 못하는 실마리로 어려운 문제를 풀 수가 있습니다. 끝까지 포기하지 않고 문제를 풀어야 합니다.

라) 필기노트와 암기노트를 활용한 공부 방법

공교육의 수업 시간에 부지런히 필기를 해 두어도 막상 시험공부를 하려고 노트를 펼치면 머리에 잘 안 들어오는 경우가 많습니다.

수학을 공부 할 때에 주의 사항

1) 문제만 풀지 않습니다.

문제를 풀기 전에 개념을 이해하고 암기를 합니다. 그러고 난 후에 문제를 풀어야 학습 효과가 좋습니다.

2) 너무 어려운 문제집으로 풀지 않습니다.

학생의 수준에 맞는 문제집으로 공부합니다. 학생 수준보다 어려운 문제집으로 공부하면 중도에 수학을 포기할 수 있습니다.

3) 수학 문제를 검산 연습을 합니다.

수학 문제는 다른 과목보다 정확한 계산을 요구합니다. 검산 연습을 하지 않으면 정확성이 떨어져서 반드시 검산 연습을 합니다.

4) 수학 문제를 빠른 시간에 풀어야 합니다.

수학 문제를 빠르고 정확하게 풀어야 합니다. 간혹 수학 문제를 암산으로 하면 계산 실수를 할 수가 있으니 이왕이면 연습장에 간단하게 적어 계산하는 것이 좋습니다. 학생은 정확하게 답을 찾아 한 문제라도 맞혀야 합니다.

5) 틀린 문제를 단원 별로 정리해 오답노트를 작성합니다.

학생은 틀린 문제를 분석하여 틀린 이유를 알아야 합니다. 이런 유사한 문제가 출제되면 반드시 맞추어야 합니다. 틀린 문제를 단원별로 정리하여 오답노트를 작성합니다.

다음과 같은 방법으로 해결하십시오.

① 수업 교재와 참고서를 보면서 전반적인 공부를 하고 난 후에 필기노트를 봅니다. 필기와 수업 교재를 번갈아 보면서 필기노트 내용을 이해 하고 암기노트와 오답노트를 활용합니다.

② 처음부터 노트 필기와 수업 교재를 번갈아 봅니다. 수업 교재에는 내용이 있지만 노트 필기에는 없을 수가 있습니다. 선생님이 생략한 설명을 필기노트에 정리 합니다. 필기노트와 수업 교재를 단권화 해야만 시험을 칠 때에 공부하기가 쉽습니다.

Advice
정환 원장의 경험 : 암기법

수학에서 1사분면, 2사분면, 3사분면, 4사분면을 암기 하려면 헷갈렸습니다.
필자는 시계 반대 방향으로 1사분면, 2사분면, 3사분면, 4사분면으로 외웠습니다. 그러나 간단하게
외우는 방법은 다른 단어와 연관시켜 "ㄷ"모양을 떠올렸더니 쉽게 기억이 났습니다.

마) 내 문제집을 찾아라

서점에 가면 문제집들이 참 많습니다. 새로운 문제집들이 계속해서 출간됩니다. 수많은 문제집들 중에서 어떻게 '내 문제집'을 고를 수 있을까요?

① 현재 학생 상황을 파악합니다.

현재 학생의 상황을 알아야 합니다. 왜냐하면, 다른 학생에게는 좋은 문제집이겠지만 본인 학생에게는 그 문제집이 좋을 수는 없습니다. 지금까지 학생이 공부한 모습과 시험 상황을 알아서 자신에게 무엇이 부족한지, 어떤 문제집이 필요한지를 알아야 합니다. 학생 스스로 자신의 상황을 알기가 어려우면 선생님과 부모님, 다른 사교육의 학습 전문가에게 문의해서 도움을 받습니다.

② 인터넷 수험생 카페나 사이트를 통해 교재 정보를 수집합니다.

수험생카페나 사이트를 찾아보면 대부분 문제집 평가와 관련된 게시판이 있습니다. 이런 게시판의 내용에서 해당 문제집을 풀어본 학생들의 평가가 나옵니다. 학생들의 평가를 보면서 학생의 상황에 적합할 만한 문제집들을 메모하고 추천 리스트를 작성합니다.

③ 서점에 가서 직접 문제집을 알아봅니다.

서점에 가면 추천 리스트 중심으로 문제집들을 알아봅니다.

④ EBS 연계 문제집

고등학교 1학년과 2학년 학생은 EBS와 타 출판사를 구분하지 말고 문제집 자체로만 고민해야 합니다. 당해 대학 수능 시험 출제가 어떻게 되는가보다는 학생 실력을 쌓은 데 더 포커스를 두어야 합니다. 고등학교 3학년과 N수생은 EBS 문제집을 알아봐야 합니다.

수능특강, 10주 완성, N제, Final 시험문제집 등은 반드시 풀어 봐야 합니다. 그 외에는 문제집 자체 내용의 질에 중점을 두어야만 합니다.

Advice 정환 원장의 경험 : 시험에 관련된 문제집으로 공부

요즘 시중에는 많은 문제집들이 있습니다. 필자도 대학 시험을 앞두고 문제집은 신중하게 고민을 해왔습니다. 제일 확실한 방법은 수능 연계교재를 맨 먼저 풀어 보았습니다.

그러고 난 뒤에 내용의 질이 우수한 다른 문제집을 공부했습니다. 먼저 수능 연계 교재를 마스터하고 난 후에 다른 교재를 공부해야만 됩니다.

다른 교재를 공부하다가 시험 직전에 수능 연계 교재를 시간상 공부를 못할 우려가 있습니다.

4) 중간고사와 기말고사 학년별 대비 전략

가) 전 학년

평소에 공교육 수업을 철저히 듣습니다. 선생님의 수업 내용 중에 시험에 대비한 문제들을 말씀하십니다. 선생님의 수업 내용에 바로 시험문제가 들어 있습니다. 수업 시간은 집중해서 들어야 합니다.

나) 1학년과 2학년

① 수학 과목

평소에 수학 공부를 열심히 합니다. 기본서를 풀고 다른 문제집도 여러 권 풉니다. 최소한 3권 이상은 공부합니다. 특히 최상위의 어려운 문제는 암기노트를 만들어 수시로 문제 풀이를 복습합니다.

② 국어와 영어

일주일에 하루 또는 이틀 정도 시간을 내서 일주일의 수업진도 내용을 복습합니다. 일주일 정도 수업을 하기 때문에 수업 내용은 그리 많지 않을 것입니다.

③ 한문과 암기 과목

공부 내용을 암기노트에 적어서 자투리 시간에 외웁니다. 평상시 자투리 시간을 활용해야만 시험 기간에 공부하기가 수월합니다.

구분	내용
시험 4주 전	– 본격적인 시험 준비기간 동안 어떤 과목을 언제 공부 할 것인지 대략적인 타임스케줄표를 작성합니다. – 무슨 과목을 타임스케줄표에 배치할지를 알아봅니다.
시험 3주 전	– 평상시에 수학공부를 많이 해서 수학공부 시간을 줄입니다. – 영어와 국어 과목의 복습은 중지합니다. – 시험 범위 중심으로 공부합니다. – 공부 시간을 더 많이 확보해서 암기 과목을 중심으로 공부합니다.
시험 2주 전	– 수학 공부 시간은 3주 전의 계획과 비슷합니다. – 3주 전에 공부한 암기 과목을 제외한 나머지 암기 과목을 공부합니다. – 한문과 국사 등의 시험 범위를 공부합니다.
시험 1주 전	– 수학은 2일 또는 3일에 한 번씩 복습하는 관점에서 공부합니다. 　수학 감각만 유지합니다. – 시험 기간 초에 공부했던 암기 위주 과목을 중심으로 합니다.

| 시험 전날 | – 내일 시험 칠 과목을 공부합니다.
– 평상시에 작성해 둔 암기노트를 활용합니다. |

다) 3학년

① 수학

- 수학은 꾸준히 공부합니다.

- 수리 영역을 공부하다 보면 자연스럽게 시험 범위의 내용을 공부하게 됩니다.

② 영어와 국어

- 일주일에 한 번 정도 타임스케줄표에 배치하여 공부합니다.

③ 한문과 기타 암기 과목

- 자투리 시간을 이용하여 공부합니다.

- 암기노트를 활용합니다.

구분	내용
시험 2주 전	– 학생이 평상시에 복습 정도와 공부 속도, 타임스케줄을 활용 – 시험 1일 전날에 시험공부를 정리할 수 있는 내용으로 암기노트를 작성 – 시험 1일 전날에 시험공부를 할 수 있을지 정합니다. 　벼락치기 공부가 가능한지를 알아봅니다. – 각각 과목별로 우선순위를 정해서 타임스케줄에 배치합니다.
시험 1일 전	– 시험 과목의 범위 전부를 공부합니다. – 암기노트를 활용합니다.

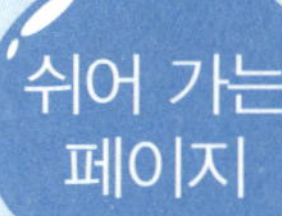

초조감과 긴장감을 없애주는
참깨

효능 : 참깨는 식물성 지방질입니다. 동양의학에서는 참깨를 약재로 사용했을 정도로 몸에 좋은 식품입니다. 참깨를 꾸준히 먹으면 스트레스를 덜 받고 초조나 긴장을 하지 않습니다. 중국산 참깨보다는 국산 참깨를 볶아 꿀에 타서 먹습니다. 참깨에 호두를 갈아 섞어 꿀에 타서 먹으면 더욱더 좋습니다. 참깨와 현미를 물에 불린 후에 죽을 만들어 먹어도 좋습니다.

1) 참깨 호두 꿀절임

[준비물] 참깨, 호두, 꿀

[조리법]

①참깨를 볶고 호두는 잘게 부숩니다.

② 볶음 참깨와 호두를 꿀에 넣습니다.

2) 참깨죽

[준비물] 참깨, 현미, 죽염

[조리법]

① 참깨와 현미에 물을 붓고 믹서로 돌립니다.

② ①을 체에 걸러 물을 버립니다.

③ ②에 물을 붓고 골고루 저어 강한 불에 끓입니다.

④ 죽염으로 간을 맞춥니다. 죽염이 없으면 일반 소금을 넣습니다.

3) 참깨 다시마 조미료

[준비물] 참깨, 다시마

[조미료]

① 참깨를 볶습니다.

② 다시마를 은박 포일에 싸서 볶아 가루를 만듭니다.

③ 볶은 참깨와 가루 낸 다시마를 반반씩 섞습니다.

Chapter 23

중간·기말고사 대비 공부법

1) 중간고사와 기말고사 대비

가) 개념 정리하기

- 학교 수업교재와 필기노트로 공부합니다.

- 학생 스스로 직접 손으로 암기노트에 적어 가면서 정리합니다.

- 문제집과 자습서 등의 참고서를 공부합니다.

- 수업 교재에 없고 참고서에 있는 내용은 암기노트에 적습니다.

- 개념정리 할 때의 색상 펜을 활용합니다.

나) 문제를 이용한 점검

- 참고서 문제를 풀어 봅니다.

- 실제 시험이라고 여기고 꼼꼼히 문제를 읽으며 풀어 봅니다.

- 참고서에 직접 풀지 말고 연습장에 풀어 봅니다.

- 오락가락한 문제는 체크하고 문제를 푼 후에 정답을 맞힌 문제도 반드시 해설 집을 읽어 봅니다.

- 틀린 문제는 오답노트에 적어서 시험을 보기 전에 공부합니다.

- 개념 정리 할때의 색상 펜과 다른 색상 펜으로 사용합니다.

다) 시험 전날

- 암기노트와 오답노트를 활용합니다.

- 암기노트와 오답노트에서 체크된 문제 이외에 문제도 풀어 봅니다.

- 수업 교재와 필기토트도 복습하고 다른 문제집의 문제를 풀어 봅니다.

라) 암기노트 작성 요령

1) 암기노트에는 아주 중요하지만 교과서에 없고 참고서에만 있는 내용을 간단하게 적습니다.
   - 재미있는 사실과 아이디어를 적습니다.
   - 시험을 보기 위한 내용을 적습니다.
   - 시험의 답을 적기 위한 내용을 적습니다.
   - 시험에 출제될 수 있는 선생님의 힌트를 적습니다.

2) 암기노트에는 색상이나 밑줄을 긋습니다.
   - 암기노트에는 형식에는 제한받지 말아야 합니다.

3) 노트를 보고 1분 안에 수업 내용 전체를 다시 올릴 만큼 간단하고 요약해서 적습니다.

4) 어려운 수업 내용은 수업을 들어야 합니다. 필기를 한 친구에게 빌려 암기노트를 만듭니다.
   - 암기노트에 수업 내용을 적으려고 선생님의 말씀을 놓치면 안 됩니다.

5) 수업 내용은 암기노트에서 찾아야 합니다.
   - 교과서와 참고서를 뒤져 가며 공부를 할 필요는 없습니다.
   - 암기노트를 참고서의 내용까지 요약해서 적어야 합니다.

두뇌 청소하기

두뇌 활동을 활성화 시키려면 아미노산, 비타민 B1, B2, B6, B12, 판토텐산과 맑은 산소가 함유된 혈액이 필요합니다. 두뇌는 몸의 다른 기관에 비해 활발하게 움직이고 찌꺼기도 많이 쌓이게 됩니다. 두뇌의 찌꺼기가 빠르게 배출하지 못하면 두뇌의 학습 효과는 아예 없어져 버립니다.

두뇌의 찌꺼기를 제거하려면 단백질과 비타민 E가 필요합니다. 단백질과 비타민 E는 서로 합해져 산소의 흐름을 통해 두뇌 세포의 찌꺼기 배출을 도와줍니다. 단백질과 비타민 E는 산소가 지방산과 합해져서 과산화물이 됩니다. 과산화물은 두뇌 찌꺼기가 만들어지는 것을 방지합니다.

다음은 두뇌 속의 찌꺼기를 없애는 음식입니다.
1) 식물성 지방을 많이 섭취합니다. 참기름 또는 들기름은 두뇌 청소 식품입니다.
2) 현미를 곡물과 같이 섞은 밥입니다.
3) 동물의 간 요리와 과일입니다.
4) 땅콩, 호두, 해바라기씨, 호박씨 같은 견과류이며 견과류에는 천연의 비타민 E와 레시틴이 풍부해 두뇌활동을 활발하게 해줍니다. 비타민E가 많이 들어 있는 식품은 콩, 장어, 명란, 참기름입니다.

유학 준비

1) 외국 유학 준비

많은 학생들이 미국의 초·중·고등학교로 유학을 가고 있는데, 그 궁극적인 목적은 미국에서 좋은 대학에 가려는데 있습니다. 그럼 어떻게 하면 미국에서 좋은 대학에 갈 수 있는지 알아보겠습니다.

가) 학교 수업에 충실하는 게 가장 중요하다

왜냐하면, 대학 입시 사정을 할 때 입시 사정관들이 가장 중점적으로 보는 것이 바로 지원자의 GPA(Grade Point Average · 평균학점)이기 때문입니다. 좋은 대학에 가려면 일단 GPA가 4.0 만점에 3.75 이상은 되어야 하는 것이 기본입니다.

GPA에도 Unweighted GPA(상대적으로 더 어려운 과목을 수강할 때 주어지는 가점을 계상하지 않은 것)와 Weighted GPA(상대적으로 더 어려운 과목을 수강할 때 주어지는 가점을 계상한 것)가 있는데, 대학 입시 사정관들은 반드시 Weighted GPA를 보기 때문에 고교 재학 동안 될 수 있으면 Regular(정규 과목)보다는 G/T(Gifted and Talented · 우수 과목) 혹은 AP(Advanced Placement · 대학 수준의 과목)과목을 수강함으로써 전체적인 Weighted GPA를 높여야 합니다. 그렇게 하다 보면, Weighted GPA 기준으로 5.0 만점에 5.0을 맞을 수도 있습니다.

나) SAT에 대한 연구를 하면서 이 시험에 대한 공부를 최소한 9학년 말부터는 해야 한다

SAT(미국 대학 입학 자격 시험)에는 대단히 어려운 단어들로 이루어진 문장완성형 독해 문제와 생소한 지문의 독해 문제들, 까다로운 문법 문제들 그리고 시간제한이 25분에 불과한 에세이 쓰기가 포함되어 있으므로 적어도 1년 정도의 충분한 시간을 가지고 시험 준비를 해야 합니다.

또한, SAT 시험 준비는 학교 공부와는 완전히 별개의 공부이므로 이점을 염두에 두고 따로 시간을 내어 공부해야 합니다.

SAT 시험공부는 혼자서 하기는 좀 힘든 과정이므로 될 수 있으면 좋은 Tutor를 구하든지 아니면 좋은 SAT 학원에서 공부를 하는 것이 좋습니다.

만일 그럴 형편이 되지 못하는 경우에는 친구들과 그룹을 결성하여 도서관이나 서점 같은 곳에 정기적으로 모여서 함께 공부하는 능률이 오르고 좋습니다. 특히, 한국에서 온 지 얼마 안된 학생들은 각별한 신경을 써서 SAT 시험 준비에 임해야 합니다.

다) 클럽활동과 봉사 활동은 대학 입시에 대단히 중요한 부분이다

학생들이 11학년이나 12학년이 되어서도 변변한 클럽활동이나 봉사 활동 경력이 없어서 안절부절 못하는 경우를 발견하곤 합니다. 따라서 적어도 10학년 초부터는 자신이 좋아하는 학교 내 클럽에 1개 내지 2개에 가입하여 정기적으로 활동하는 한편, 금·토·일요일에는 커뮤니티를 위한 봉사 활동에도 정기적으로 임해야 합니다.

특히, 명문대학으로 올라갈수록 이같은 클럽활동과 봉사 활동의 기간과 내용이 대단히 중요하게 되므로 이점을 명심해야 합니다.

라) 학교 내에서 선생님들과 카운슬러와의 긴밀한 인간관계가 대단히 대학 입시에 중요하다

왜냐하면, 바로 이분들이 한인 학생들이 대학입학원서를 넣을 때 추천서를 준비해 주는 분들이기 때문입니다. 평소에 학교 수업 시간과의 카운슬러와의 면담 때에 최대한 공손하고 예의바른 태도로 이들과 만나야 하며 또 자주 인간적인 접촉을 하여 끈끈한 인간관계를 가지는 것이 좋습니다.

물론, 이 과정에서 한인 학부모들도 자주 학부모와 교사 간담회 같은 행사에 정기적으로 참여하여 선생들과 카운슬러와의 인간관계를 돈독하게 유지하는 것이 대단히 필요한 일입니다.

요컨대, 미국에서 좋은 대학에 가려면 적어도 네 가지의 조건들을 생각하여야 하는데, 그것은 학교 수업에 충실하여 좋은 학점을 받는 것, SAT에 대한 충분한 준비, 클럽 및 봉사 활동을 충분히 하는 것, 그리고 선생님들과 카운슬러들과 긴밀한 인간관계를 유지하는 것입니다.

2) 유학 수속의 절차

가) 학과 및 학교 선택

학비Tuition, 생활비Living cost, 학기Calendar system, 신청 마감일Application deadline, 학교 및 학과별 순위, 외국 유학생들에 대한 해당 학교의 정책 등을 종합적으로 고려한 후 희망자 자신에게 가장 적합한 학교를 정합니다.

나) 입학원서, 자료Application form, Materials 및 정보Information 웹사이트 검색

다) 입학원서 및 입학서류의 작성작업 및 의뢰 작업

다음은 지원자 본인이 직접 작성 혹은 준비해야 할 서류입니다.

- 입학원서(Application)의 작성 : 온라인으로 작성
- 학업계획서 작성(Statement of Purpose 혹은 Study Plan)
- 해명서(Letter of Justification)의 작성 (성적 혹은 영어 실력이 매우 나쁜 경우 그 연유를 설명하는 편지)
- 재정보증서(Affidavit of Support) : 보증인 본인, 가족, 혹은 가까운 주변 사람인 경우

다음은 타인이나 관계기관에 해당 서류에 대한 작성, 발행 혹은 송부를 의뢰해야 될 서류입니다.

- 추천서(Letter of Recommendation=Reference Letter) : 주로 대학 지도 교수님들게 부탁합니다. 지도 교수들이 작성하여 봉한 후 해당 학교로 직송부하도록 하는 것이 원칙입니다.
- 영문성적증명서(Official English Transcript) : 출신 대학이 해당 지원 대학으로 직송부하도록 의뢰합니다. 단 추천서나 성적증명서를 Application packet에 같이 동봉하도록 하는 학교도 있습니다.
- 재정보증서(Affidavit of Support) : 가) 재정보증 주체가 단체나 조직 : 단체, 조직의 명의로 된 재정보증서의 발행을 의뢰하여 그 기관이 해당 대학으로 직송부토록 의뢰합니다. 나) 개인(유학 희망자)이 해당기관으로부터 재정보증서를 건네받아 직접 희망대학으로 송부합니다.
- Test scores 가) TOEFL, GRE 등 시험점수는 해당 대학들이 ETS로부터 직접 통보합니다. 나) 유학 희망자들은 자기의 점수들을 ETS가 자기 희망학교로 보내도록 의뢰합니다.

라) Deadline 전 서류의 확인작업

Deadline 전 위의 입학서류들에 대한 접수 여부를 E-mail, 전화, Fax 등으로 확인해야 합니다. 미비한 서류가 있다면 즉각 보완, 작성 후 발송합니다. 또한 미비된 서류에 대한 접수를 확인하면 이로서 모든 입학지원절차가 완료됩니다.Your application file is complete

마) 지원자에 대한 대학 당국의 입학심사

구분	설명
심사의 주 요소	– 성적, – Test Scores, – 추천서, – 재정보증서
심사의 부 요소	– 학업계획서(SOP) – 자기소개서(요구하는 학교도 있고 없는 학교도 있습니다.) – 참고자료(논문 publication, 과외활동, research projects, 수상경력, 장학금내역 등등)

바) 출국

Tip   학습 일기 또는 유학일기를 작성한다

중국의 명문 칭화대에 외국 학생으로는 처음으로 수석 입학 한국인 안지훈 학생이 있습니다. 안지훈은 약 5년간 유학일기를 작성했습니다.

안지훈이는 중학교 2학년에 중국으로 조기 유학 가서 첫 번째 시험점수는 150 만점에 9점을 받아 낙제를 했습니다. 그러나 조기 유학을 포기하지 않고 엄청나게 노력해서 중국 천재들도 입학하기가 힘들다는 칭화대에 수석 합격을 했습니다.

안지훈이는 중국에서 공부를 하면서 학습 일기를 작성했습니다. 처음에는 무작정 오늘 하루 무슨 공부를 했는지를 학습 일기에 적었습니다. 학습 일기에 적다 보니 지훈이의 결심도 넣게 되었습니다. 지훈이가 적은 학습 일기는 초등학생이 쓰는 일기와 유사합니다.
학습 일기는 곧 유학 일기로 바뀌게 되었습니다. 유학 일기는 한국 이외의 나라에서 공부하는 학습 일기입니다. 매일 작성하는 학습 일기는 공부의 길잡이가 될 것입니다. 학생 여러분은 내일로 미루지 말고 오늘부터 당장 학습 일기를 작성해야 합니다.

두뇌 세포를 활성화 시키는
고등어

효능 : 고등어나 꽁치, 다랑어 등 푸른 생선에는 DHA가 많이 들어 있습니다.
DHA는 뇌세포를 활성화해 학습 효과를 높여 줍니다.

1) 고등어 튀김 강정

[준비물] 고등어, 녹말가루, 튀김기름, 진간장, 다진 마늘, 후춧가루, 고추장, 설탕, 맛술, 대파

① 고등어는 머리를 자르고 내장을 제거 뒤에 깨끗하게 손질합니다.

② 고등어는 살을 발라 떼 냅니다.

③ 뼈를 바른 고등어에 녹말가루를 앞과 뒤로 눌러 묻힌 후에 바싹 튀깁니다.

④ 냄비에 진간장, 고추장, 맛술, 설탕, 물을 섞어 반이 될 때까지 조립니다.

⑤ 튀긴 고등어를 조림장에 넣고 윤기나게 조립니다.

⑥ 조린 고등어를 접시에 담고 대파를 썰어 곁들입니다.

2) 자반 고등어찜

[준비물] 고등어, 감자, 실파, 마늘, 간장, 설탕, 맛술, 쌀뜨물, 생강즙

① 고등어는 2cm 길이로 썰어 쌀뜨물에 넣어 고등어 살을 부드럽게 하고 바다 소금기를 제거합니다.

② 감자는 0.5cm 두께로 썰어 놓습니다.

③ 간장, 설탕, 생강즙을 섞어 조림장을 만듭니다.

④ 냄비에 감자를 밑에 깔고 고등어를 넣은 후에 조림장을 넣습니다.

⑤ 냄비에 소금을 적당하게 넣어 끓입니다.

⑥ 고등어가 간이 골고루 배도록 양념장을 끼얹어 가면서 조립니다.

3) 카레 고등어 고추조림

[준비물] 고등어, 꽈리고추, 카레, 무, 대파, 다진 마늘, 맛술, 고춧가루, 참기름, 간장, 소금

① 고등어 자반은 물에 씻어 소금기를 빼고 찬물에 약 5분 정도 담근 뒤에 마른행주로 닦습니다.

② 고등어에 밀가루를 묻히고 프라이팬에 구워냅니다.

③ 고추는 적당하게 썰고 무는 반달썰기 합니다. 썬 고추는 찬물에 헹궈 씨를 뺍니다.

④ 냄비 밑에 무를 깔고 무 위에 고등어와 고추를 얹습니다.

⑤간장, 다진 마늘, 맛술, 고춧가루, 참기름, 물, 카레를 섞어 양념장을 만듭니다.

⑥ 고등어 위에 양념장을 뿌립니다.

⑦ 센 불에서 끓이다가 중간 불로 옮겨 자작자작 소리가 날 때까지 조립니다.

공부를 잘하려면 학습 내용의 개념 이해와 암기노트가 필요합니다. 개념 이해는 과학실험실에 사용하는 현미경처럼 세부적인 내용을 깊이 있게 공부하는 것이라면, 암기노트는 망원경처럼 학습 내용을 전체적인 관점으로 공부하는 것입니다. 학습 내용의 전체적인 흐름을 파악하는 공부 방식이 암기노트입니다.

개념 이해는 인간의 좌뇌를 활용하고 암기노트는 우뇌를 이용하는 공부 방식입니다. 그래서 개념 이해와 암기노트를 활용하면 학생은 공부를 잘할 수가 있습니다. 학생은 사람의 두 개의 뇌를 균형 있게 사용하여 건강하게 공부를 합니다.

2부

암기노트와 오답노트

암기노트 필요성

1) 시험은 정보처리 능력 테스트

학생이 공부를 해서 학습내용을 두뇌에 저장합니다. 저장된 학습내용을 두뇌에서 잘 가지고 나와야만 학생은 시험에서 좋은 성적을 받을 수가 있습니다. 두뇌에 저장된 정보를 어떻게 처리 하느냐에 따라 시험 점수가 달라질 수 있습니다.

그래서 시험을 정보처리 능력 테스트라고 할 수 있습니다. 공교육의 수업 시간에 선생님이 강조했던 내용이 시험에 출제됩니다. 학생은 공교육의 기출문제와 예상문제를 만들어야 합니다. 이런 문제의 정보를 적절하게 활용하고 선택하여 학생의 실력으로 만드는 것이 바로 정보처리 능력입니다.

공부를 잘하려면 학습내용의 개념 이해와 암기노트가 필요합니다. 개념 이해는 과학 실험실에 사용하는 현미경처럼 세부적인 내용을 깊이 있게 공부하는 것이라면, 암기노트는 망원경처럼 학습내용을 전체적인 관점으로 공부하는 것입니다. 학습내용의 전체적인 흐름을 파악하는 공부 방식이 암기노트입니다.

개념 이해는 인간의 좌뇌를 활용하고 암기노트는 우뇌를 이용하는 공부 방식입니다. 그래서 개념 이해와 암기노트를 활용하면 학생은 공부를 잘할 수가 있습니다. 학생은 사람의 두 개의 뇌를 균형 있게 사용하여 건강하게 공부를 합니다.

필자의 부모는 필자가 공부를 할 때에는 다른 학생들보다 몇 배로 노력을 했다고 합니다. 특히 강한 정신력만 있으면 무엇이든지 할 수가 있다고 자주 이야기를 하셨습니다. 필자는 이런 부모님의 말씀을 가슴에 새겨들었습니다. 그러나 필자도 학교 활동과 봉사 활동도 열심히 했습니다.
우리 사회에서 소외된 고아원에 가서 봉사 활동을 했습니다. 고아원들의 어린이를 보고서 필자는 스스로가 행복하다는 것을 알게 되었습니다.

공부 내용 중심으로 분류하면 목차 중심의 암기노트와 개념 중심의 암기노트가 있습니다.

목차 중심의 암기노트는 하향식 공부 방식이고, 목차대로 핵심 내용을 정리해서 목차와 목차의 연결성을 알 수가 있고 학습내용의 논리 관계를 찾아 흐름을 이해하며 공부하는 것입니다. 목차에 따른 중요 사항도 무조건 암기하는 것이 아니라 목차의 중요도를 이해한 후에 암기합니다. 학습내용 전체를 한눈에 보는 능력을 키울 수 있으며 전체적인 흐름을 이해하고 세부적인 사항을 암기하면 학습 효과가 커지게 됩니다.

본문의 개념 중심의 암기노트는 상향식 공부 방식이고, 교과서와 참고서에 나오는 중요한 개념 중심으로 정리하면서 전체를 바라보는 관점을 키워 나가는 방법입니다. 개념의 의미를 전체 내용 속에서 이해해서 더욱 정확하게 공부를 합니다.

암기노트를 작성하여 공부 내용을 암기한 후에 문제집을 풀어 복습합니다. 암기노트를 공부하고 난 후에 그 범위 내의 참고서 문제를 풀어 봅니다. 학생은 쉽게 문제를 풀 수가 있을 겁니다. 학생은 목차 중심의 암기노트를 활용하여 전체적인 내용을 이해하고 개념 중심의 암기노트를 활용하여 자세한 내용을 이해하고 암기합니다. 참고서의 문제는 공부 내용의 확인 차원에서 공부합니다.

행여나 문제를 풀면서 새로운 내용이 나올 수가 있습니다. 그때에는 암기노트에 추가적으로 내용을 보충합니다. 이런 방식이 암기노트의 강화법입니다. 학생은 요점 정리를 암기노트 강화를 잘하느냐에 따라 공부 실력 향상 속도가 달라집니다. 암기노트의 강화는 컬러펜으로 작성합니다. 그리고 반드시 추가되었다고 표시를 해 둡니다.

목표부터 정해라

노트 공부법에서 가장 먼저 해야 할 일은 목표를 설정해야 합니다.
1) 우선 각 과목마다 목표를 설정합니다.
2) 어떤 과목을 최우선으로 생각해서 공부할 것인지 정합니다.

2) 학습내용을 잘 외우려면 암기노트를 작성해라

학생은 시험에 출제될 만한 내용을 정리해서 학습내용의 요점을 정리하여 암기노트를 외워야 합니다. 그러나 요점 정리한 내용이 쉽게 외워지지 않는다는 데 문제가 있습니다. 이럴 때 많은 학생들이 "난 기억력이 나쁜가 봐" 하면서 학생 본인을 탓하는데 그것은 잘못된 생각입니다.

학생은 교과서 또는 참고서의 부록으로 주는 단어장과 요점정리는 잘 외워지지 않습니다. 영어 단어는 단어 하나만 외우는 것보다 문장 속에서 암기하는 편이 훨씬 더 빠르고 오래 기억에 남습니다.

그리고 교과서를 반복해서 공부하는 것보다는 문제를 풀면서 정리하는 편이 암기하는데 효율적입니다. 학생은 이해와 의미를 통해 더 빨리 그리고 더 많이 기억하게 됩니다.

암기노트도 의미를 활용하여 작성해야 합니다.

암기노트는 단순하게 기록을 하는 노트가 아니라 암기할 공부 내용을 좀 더 기억하기 쉽게 해 주는 도구입니다.

학생의 암기노트 정리 방법에 관하여 알아봐야 합니다.

다음은 암기노트를 만들 때에 주의해야 합니다.

① 학생은 단어에 의미 부여를 하면 쉽게 외워집니다.

② 학생은 학습내용을 반복적으로 공부해야 합니다.

Advice 정환 원장의 경험 : 노트 필기

필자는 고등학교 시절, 주요 과목이 아닌 생물이나 정치, 경제는 친구의 노트를 복사해 벼락치기 공부를 하곤 했습니다. 그런데 재미있는 사실은 빌린 노트에 따라서 성적도 달라졌습니다. 이 친구는 노트 필기를 잘해서 이 과목만큼은 좋은 성적을 받았습니다.

Advice 정환 원장의 경험 : 암기노트

전반적으로 공부를 잘하는 학생의 노트는 지저분합니다. 학생은 노트 글씨가 엉망이고 선생님의 농담을 적어 두었습니다. 그러나 이 친구의 노트를 빌려 암기노트를 작성할 때에는 "선생님의 농담까지 재미 있었다." 입니다.
필자는 이 친구의 노트를 간혹 빌렸습니다. 농담까지 적힌 필기노트는 암기노트를 만들기에 가장 적합 했습니다. 선생님이 수업 시간에 하셨던 말씀이 필기노트를 보면서 저절로 기억이 났습니다.

3) 암기노트를 잘 활용하자

학생은 암기노트를 잘 활용해야 합니다.

암기노트 필기법과 활용에 변화를 주어야 합니다. 암기노트는 학습내용을 외우기 쉽게 작성해야 합니다. 노트 필기 내용은 어떤 방식으로 두뇌에 저장해야 합니다. 암기노트는 반드시 외워야 할 학습 정보만을 정합니다. 암기노트에 없는 학습내용은 암기노트에 작성된 내용으로 기억이 떠오르게 됩니다.

암기노트의 내용을 의미를 부여하면서 공부합니다.

영어 암기노트에 영어 회화 구문을 몇 개씩 작성해 두고 그 암기노트를 시간이 날 때마다 큰 소리로 따라 읽고 외웠습니다. 처음에는 영어 문장 50개부터 시작했지만 한 달이 가고 6개월 동안 하다 보니 저절로 영어 문장을 1,000개 이상을 외우게 되었습니다.

지금은 영어 전공을 하신 분보다 더 영어를 잘할 수 있으며 심지어 자녀들에게 영어를 가르쳐 주기도 합니다.

Tip 암기노트 작성에 많은 시간을 낭비하지 마라

암기노트에 공부한 내용을 예쁘게 작성할 필요는 없습니다. 암기노트 필기의 목적은 학생이 공부 내용을 이해하고 머리에 기억하기 쉬워야 합니다. 그러므로 암기노트는 예쁘게 만들 필요가 없습니다.

낙서식 노트 필기
1) 학교 공부 　– 수업을 열심히 들어 중간고사와 기말고사를 대비합니다. 　– 낙서식 노트 필기를 활용합니다. 2) 참고서 이용 　– 낙서식 노트 필기를 합니다. 　– 교과서에 없는 참고서의 내용을 요점 정리합니다.

설명
1) 선생님의 수업 내용을 쉽게 이해하기 위한 암기노트를 작성합니다. 2) 외워야 할 내용을 필기노트에서 고릅니다. 3) 필기노트를 기반으로 시험공부 타임스케줄을 설정합니다. 4) 암기노트를 작성합니다.

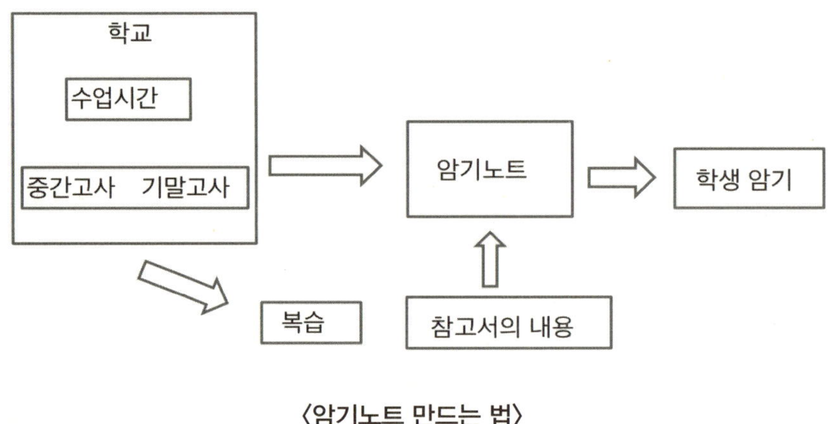

〈암기노트 만드는 법〉

4) 요점만 정리해 놓은 암기노트는 아무 소용이 없다

중고등학생들 중에는 노트 필기가 거의 초등학생 수준에서 벗어나지 못한 아이들이 많습니다. 학생은 가능한한 깔끔하게 정리하고 한 눈에 내용이 들어오도록 형광펜으로 표시합니다.

이처럼 노트를 깨끗하게 관리하고자 하는 학생은 지저분한 노트에 대해 강한 거부감을 가집니다. 그러므로 학생은 참고서 만큼이나 깔끔한 노트를 만들기 위해 많은 시간과 노력을 기울입니다.

그런데 이런 학생들의 노트는 깔끔하게 정리하는 과정에서 이해를 돕기 위해 반드시 필요한 정보는 거의 빠져 나가는 데 문제가 생깁니다. 그러다 보니 다시 읽어 보면 무슨 내용인지 이해되지 않는 사태가 벌어지기도 합니다. 이런 노트가 과연 무슨 소용이 있을까요?

이해는 암기의 필수 조건입니다. 쓸모 있는 노트는 어떻게 만들어야 할까요? 방법은 모든 정보를 빠뜨리지 않고 기록하는 것입니다. 심지어는 선생님의 농담까지 그대로 받아 적습니다.

'노트 공부법'에서 수업노트는 정보의 입구가 됩니다. 정보의 입구는 넓지만 출구는 좁게 만들어야 합니다. 암기노트를 깨끗하게 관리한다는 것은 바꾸어 말하면 필요한 정보와 필요치 않은 정보를 학생 스스로 판단해야 한다는 뜻입니다.

하지만 학생이 중요치 않다고 생각한 내용이 실제로는 공교육 시험문제로 출제되는 경우가 간혹 있습니다.

따라서 학생은 정보가 들어오는 입구문은 가능한한 넓게 개방해 둘 필요가 있습니다.

"출구를 작게 한다." 라는 말은 암기 범위를 줄이는 것을 의미합니다.

실제로 시험에 출제되는 문제들은 수업 시간에 배웠던 내용 중 극히 일부에 지나지 않습니다.

그러므로 반드시 기억해야 할 것, 절대 잊어버려서는 안 되는 것만을 선별한 뒤 즉시 사용할 수 있도록 가공하여 남겨야 합니다. 그리고 난 후 마지막으로 노트에 남는 정보는 복습과 예습, 시험공부 과정에서 가공되고 정리되어야 합니다.

낙서식 노트 필기법은 입구에서 출구까지의 모든 과정에서 이루어져야 합니다.

암기노트는 깨끗히 정리할 필요가 없고 정성을 들여야 할 필요도 없습니다.

주의를 필요로 하는 노트 필기법
1) 암기노트를 공부할 때에 무슨 내용인지 알 수가 없습니다.
2) 수업 시간에 선생님이 적어 준 칠판 내용을 그대로 베낍니다.
3) 학생이 지우개를 자주 사용하여 암기노트의 내용을 알아볼 수가 없습니다.
4) 색 볼펜을 표시하지 않으면 암기노트 작업에 만족하지 못합니다.
5) 암기노트를 지저분하게 하는 게 싫습니다.
6) 중간과 기말고사 때 암기노트를 거의 보지 않습니다.

수학 점수를 높여 주는
철분과
신선한 야채

두뇌 활동을 활발하게 해 주는 영양소는 포도당과 철분입니다.

철분은 혈액 중 헤모글로빈의 원료가 되어서 산소를 두뇌로 운반해 주는 역할을 합니다. 철분이 부족하면 두뇌의 활동이 저하됩니다.

미국소아과협회의 연구에서는 빈혈에 걸린 학생은 수학성적이 평균 이하로 떨어질 확률이 높다는 것을 발표했습니다. 철분결핍은 다른 영양소보다 학습에 영향을 미칩니다. 집중력만 떨어지는 것이 아니라 이해력과 논리적 사고능력, 기억력도 저하되어 전반적인 학습 부진이 된다고 밝혔습니다.

부모는 자녀들에게 철분이 많이 함유된 음식을 자주 먹여야 합니다. 그래서 자녀의 두뇌 기능이 활발하여 공부를 잘하게 해야 합니다. 포도당이 많은 신선한 과일과 채소를 많이 먹으면 두뇌는 활발하게 기능을 합니다. 자녀가 인스턴트 음식을 안 먹고 자연음식과 신선한 과일과 채소를 많이 먹으면 공부를 잘할 것입니다.

규칙적인 아침 식사도 두뇌 기능을 원활하게 합니다. 자녀가 수면을 취하는 동안 두뇌는 포도당 공급을 받지 못해서 아침에는 두뇌가 기능을 원활하게 해 줄 수 있는 영양소가 부족합니다. 그래서 자라나는 학생은 반드시 아침 식사를 해야만 합니다.

Chapter 02 암기노트 작성

1) 암기노트를 작성하라

학교 수업 시간에 선생님의 설명을 받아 적는 노트가 바로 암기노트입니다. 이 노트를 기반으로 학생은 공부를 시작합니다.

암기노트를 만들 때 가장 중요한 점은 나중에 공부할 때에 쉽게 이해할 수 있어야 합니다.

암기노트 공부법은 다음과 같습니다.

첫 번째는 '이해할 수 있는 내용'과 '이해하지 못하는 내용'을 확실하게 구분해야 합니다.

암기노트를 제대로 적지 못해 공부 학습내용을 이해 못하는 경우는 없어야 합니다.

그러기 위해서는 선생님이 적어 주신 칠판의 글을 적는 것은 물론 선생님의 말씀 하나 놓치지 않고 모두 받아적어야 합니다. 이때 무엇이 중요하고 무엇이 중요하지 않은지를 생각할 필요는 없습니다.

이 방법은 신문이나 잡지기자들이 취재 때 기록하는 방식이기도 합니다. 사소한 정보가 사건의 핵심이나 진실을 밝히는 열쇠가 되기도 합니다. 능력이 있는 기자일수록 '사소한 정보'를 소중히 여기는데, 중요한 회견 때 기자들이 토씨 하나 놓치지 않고 열심히 메모하는 이유가 바로 여기에 있습니다.

기자들은 취재후 메모를 훑어보면서 의문점이나 더 파헤쳐야 할 것들을 정리합니다. 기자는 추가로 취재를 합니다. 바로 이것이 '입구'는 넓게 열어 두고 핵심을 향해 조금씩 범위를 좁혀가는 암기노트 낙서식 필기법과 방법이 같습니다.

낙서식 노트 필기와 취재 노트는 각기 목적은 다르지만, 정보처리 방법에 있어서는 거의 동일합니다.

<table>
<tr><td colspan="1" align="center">베이스 노트의 활용</td></tr>
<tr><td>1) 이해하기 쉬운 형태로 정보를 보존하고, 암기 효율을 높입니다.
2) 공부 내용을 이해하는 부분과 이해 하지 못 한 부분을 구별 해야 합니다.
3) 수업 시간부터 시험 때까지 공부 내용을 추가하여 암기노트를 효율적으로 관리합니다.</td></tr>
</table>

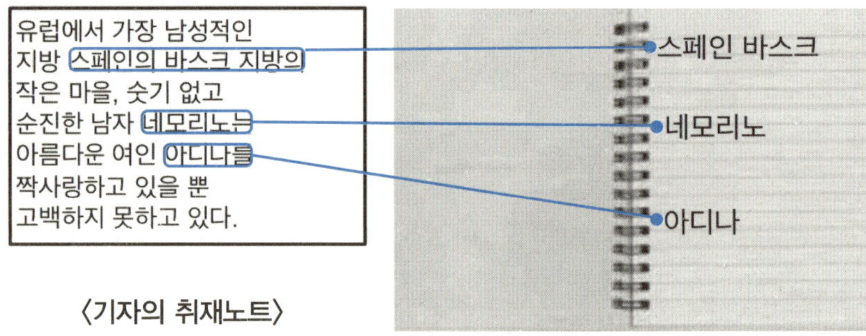

〈기자의 취재노트〉

2) 암기노트에 선생님의 농담과 사소한 설명도 적는다

낙서식 암기노트 필기법는 선생님의 설명을 따라 적어야 되기에 빨리 적어야 합니다. 낙서식 암기노트를 적다 보면 저절로 필기 속도가 빨라지게 됩니다. 학생은 글씨를 정성스럽게 적을 필요는 없습니다. 학생 본인만 수업 내용을 이해하면 됩니다.

학생은 선생님의 농담과 에피소드까지 낙서식 노트에 적습니다. 다음에 공부할 때에는 학생은 낙서식 암기노트를 보면 그 당시 수업 내용이 저절로 떠오를 겁니다.

다음은 '낙서식 암기노트'와 '베껴 쓰기 암기노트'를 자세하게 비교합니다.

베껴 쓰기 암기노트는 학생이 공부할 때에는 지겹게 느껴지지만 낙서식 암기노트는 재미나게 공부할 수 있습니다.

학생은 수업 준비가 부족한 선생님에게도 계속 질문을 해야 한다
필자도 수업 준비를 못할 때가 있었습니다. 필자가 몸이 아프거나 집안일로 수업 준비를 못하면 학생들에게는 무척이나 미안합니다. 학생들은 이런 날에는 질문을 하면 필자도 난처해집니다. 그러나 학생들의 질문으로 인하여 필자는 더욱더 수업 준비를 해야겠다는 다짐을 합니다. 필자는 이후로는 수업 준비를 완벽하게 합니다. 학생들의 질문이 있어서 필자의 마음을 다시 고치게 되는 계기가 되었습니다.

학생의 느낌도 귀중한 정보다
노트 필기할 때는 선생님의 설명뿐만 아니라 학생의 느낌과 감정 상태를 같이 암기노트에 적습니다. "정말 모르겠어", "너무 어려워", "질문" 등 그 당시의 학생 감정을 암기노트에 적으면 학생이 복습할 때 수업 내용 중 어려웠고 이해가 되지 않은 수업 내용이 무엇인지 알 수가 있습니다.

다음은 낙서식 암기노트의 설명입니다.

첫째, 암기노트의 필기 내용이 복잡해 보이지만 핵심 포인트를 암기할 수가 있습니다.

둘째, 수업 시간에 선생님의 설명에 집중할 수가 있습니다.

셋째, 수업 시간의 선생님의 설명을 중심으로 암기노트을 작성해서 복습할 때에는 수업 내용을 이해할 수가 있습니다.

$$(a+b)^3 = a^3+3a^2b+3ab^2+b^3$$
$$(a-b)^3 = a^3-3a^2b+3ab^2-b^3$$
$$a^3+b^3+c^3-3abc = (a+b+c)(a^2+b^2+c^2-ab-bc-ca)$$

〈낙서식 암기노트 예제〉

다음은 낙서식 베껴 쓰기 노트의 설명입니다.

첫째, 암기노트의 필기 내용이 눈에 확 띄고 깨끗해 보입니다. 그러나 필기 내용을 오랜 시간 기억하기가 어렵습니다.

둘째, 수업 시간에 선생님의 수업 내용을 암기노트에 베껴 쓰는 것을 집중하다 보니 정작 수업 내용에 집중할 수가 없습니다.

셋째, 암기노트의 필기 내용을 보고 수업 내용의 핵심 포인트이가 무엇인지 알 수가 없습니다.

Date :

$$x^3+3x^{2y}-x-3y = 3x^2y-3y+x^2-x$$
$$= 3(x^2-1)y+x(x^2-1)$$
$$= (x^2-1)(3y+x)$$
$$= (x-1)(x+1)(3y+x)$$

〈베끼기 암기노트 예제〉

308

3) 지우개는 사용하지 말아야 한다

다음은 낙서식 암기노트 필기하는 방법을 설명합니다.

첫째, 암기노트에 여백을 충분히 두어 수업 시간에 설명하지 않으면서 참고서에 나오는 내용을 추가로 적을 수 있는 공간을 확보합니다. 낙서식 암기노트는 학생이 복습하면서 새로운 정보를 추가하는 방식입니다.

둘째, 암기노트를 작성할 때 지우개는 사용하지 말아야 합니다.

선생님의 필기 속도 또는 강의 속도에 맞추려면 틀린 곳이 있다 해서 수정할 수 있는 시간적 여유가 없습니다. 그러나 지우개를 사용하지 않는 이유는 틀린 내용까지 암기노트에 두어야 하기 때문입니다.

수학 계산과 영어 독해 등은 수업 시간에 학생이 잘못 적은 내용을 지워 버리면 나중에 복습할 때 수업 당시 이해하지 못했던 내용이 무엇인지 전혀 알 수가 없습니다. 한번 틀린 곳이나 미처 외우지 못했던 것을 찾아 내어 그것을 점차 줄여 나가는 것이 암기노트 공부의 기본입니다. 암기노트 필기할 때는 수정 불가능한 볼펜이 좋고 색깔이 다른 볼펜을 준비합니다.

셋째, 암기노트 필기할 때 형광펜을 사용하지 않습니다. 수업 시간에는 검정색 한 가지만 사용하고 선생님이 강조한 부분은 빨간색이나 파란색 볼펜으로 표시합니다.

형광펜은 복습 단계에서나 시험 직전에 포인트를 표시할 때 사용합니다. 단, 이 경우에도 두세 번 반복해서 외웠는데 기억에 남지 않는 것에만 제한적으로 사용합니다. 형광펜 표시를 많이 하면 오히려 암기 효율이 떨어집니다.

암기노트의 크기
암기노트는 수업 시간의 사소한 내용과 참고서의 내용까지 적으려면 큰 노트가 좋습니다. A4 사이즈 보다 작으면서 손에 들고 다닐 수 있는 노트가 좋습니다.

4) 선생님의 수업 스타일 유형에 의해 암기노트 구성에 변화를 준다

선생님의 수업 스타일에 의해 낙서식 암기노트 필기 방식은 변하지 않습니다.

다음은 선생님의 수업 스타일 유형별로 암기노트를 적는 방법을 설명합니다.

첫째, 선생님이 수업 시간에 설명을 많이 하십니다. 즉 설명 위주의 수업 스타일입니다. 선생님은 수업 준비를 많이 하여 수업에 관하여 자신감을 가지고 있습니다. 선생님은 수업 시간에 주요 핵심 내용을 칠판에 적습니다. 이런 수업 스타일은 선생님의 수업 내용을 바로 암기노트에 적습니다.

둘째, 선생님이 칠판 필기를 많이 하십니다. 즉 필기 위주의 수업스타일입니다.

선생님은 수업 내용의 전제를 칠판에 필기하면서 간혹 설명을 하거나 강조하는 스타일입니다. 학생은 칠판을 그대로 베끼는 암기노트를 작성합니다. 암기노트에 선생님의 설명을 추가하여 작성합니다. 암기노트의 페이지 왼쪽에 칠판 필기를 적고 오른쪽에는 선생님의 설명을 적습니다.

셋째, 선생님이 칠판에 필기 하시고 설명을 하십니다. 선생님은 칠판 필기와 설명을 하는 수업 스타일입니다. 이런 수업 시간은 낙서식 암기노트를 작성합니다. 선생님이 칠판에 필기하면서 설명을 합니다. 학생은 일단은 선생님의 수업 내용을 암기노트에 쓰고 선생님이 칠판에 적은 수업 내용은 친구의 노트를 복사해서 암기노트에 붙입니다. 선생님의 수업 내용만을 암기노트에 적은 경우에는 암기노트의 왼쪽 페이지를 작성합니다. 친구의 노트를 복사하여 암기노트의 오른쪽 페이지에 붙입니다.

予

〈 영어 철자법 암기노트 작성법 〉

Tip

암기노트 작성법

1) 학생은 사소한 실수라도 절대 지우지 않습니다.

2) 오타가 난 부분은 바로 위에 수정합니다.

3) 해설은 반드시 적습니다.

5) 수업 스타일 유형별 암기노트 작성법

가) 설명 중심의 수업 스타일

학생은 수업 내용을 복습할 때 선생님의 수업 내용의 핵심을 정리해 넣을 수 있도록 암기노트에 여백을 남깁니다. 암기노트의 필기 부분에는 수업 내용을 작성하고 여백에는 교과서에 없는 내용과 선생님의 요점을 정리하여 작성합니다.

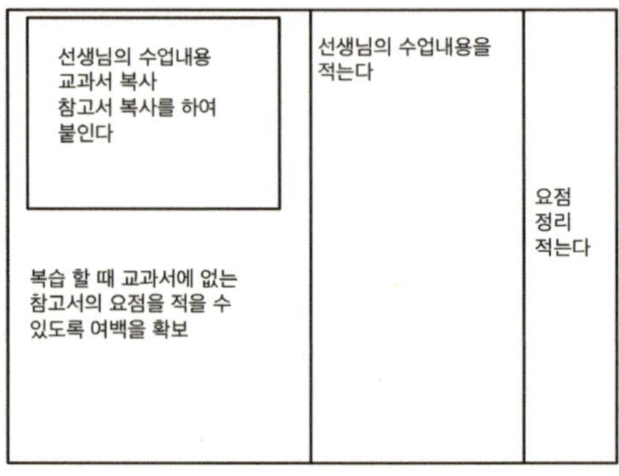

〈여백 암기노트〉

나) 설명과 필기를 동시에 하는 수업

복습할 때 선생님의 수업 설명 내용에서 필기노트의 내용과 설명 내용을 정확하게 작성합니다. 수업 시간에 선생님의 말씀이 빨라서 필기 속도가 빠르고 설명을 오래하는 경우에는 다음과 같은 방식으로 암기노트를 작성합니다.

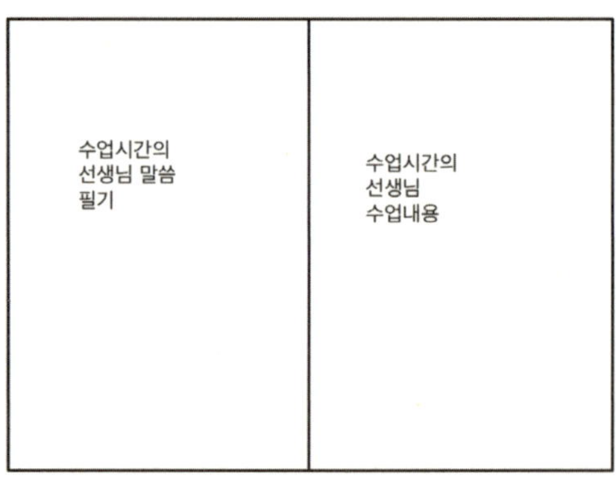

〈암기노트〉

다) 프린트 부교재 중심의 수업 스타일

선생님이 수업 시간에 내어 주신 프린트 용지를 이용하여 수업을 하십니다. 프린트 용지에 여백이 있을 때에는 프린트 여백에 수업 내용을 적습니다.

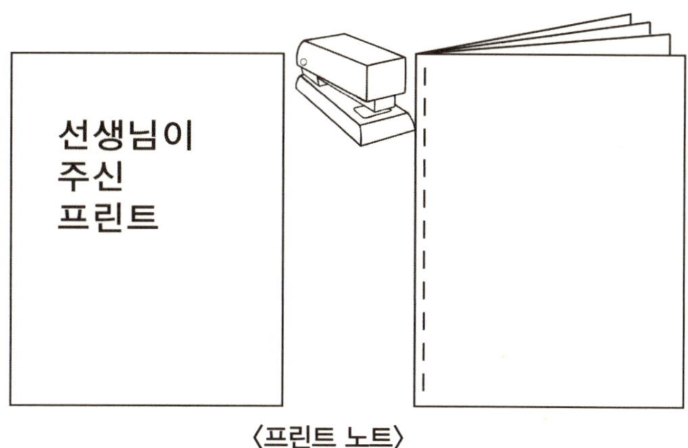

〈프린트 노트〉

라) 스크랩을 이용하는 수업 스타일

프린트를 클립으로 고정시키거나 프린트 용지를 적당한 크기로 잘라서 풀을 이용하여 암기노트에 붙입니다.

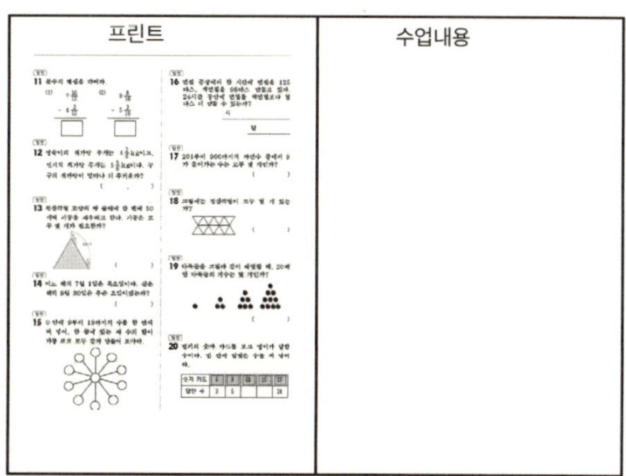

〈프린트 암기노트〉

6) 문제 풀이 중심의 수업 스타일

학습 문제는 암기노트에 적습니다. 학습내용의 필기가 많고 설명도 많은 수업은 왼쪽 페이지에 문제와 해답을 적고 오른쪽 페이지에는 수업 필기와 수업 내용을 적습니다.

Date :	
수학문제	수학문제
풀이	선생님의 수업내용 필기를 합니다. 문제풀이를 할 때의 주의 할 점을 적는다

〈문제 풀이 암기노트〉

다른 학생이 작성한 암기노트는 필요하지 않다

학생들이 출판사 또는 다른 사람이 작성한 암기노트를 보고 공부를 합니다. 다른 사람이 작성한 암기노트는 그 사람의 공부 방식입니다. 암기노트는 학생 스스로가 작성 해야만 학습 효과를 볼 수가 있습니다.

암기노트를 공부하려면 기초가 되는 교과서를 완전히 이해해야 합니다. 이후에 문제 풀이를 통해 어느 내용이 중요한지를 파악합니다. 그러고 난 후에 학생은 암기노트를 작성해야 합니다. 학습의 전체적인 내용과 핵심 원리를 정확히 파악하고 개념을 이해 후에 그 내용을 암기노트에 작성합니다. 학생이 암기노트를 이용하여 공부를 하게 되면 학습내용이 학생 머리의 장기 기억에 저장됩니다.

다른 사람이 작성해 둔 암기노트로 공부를 하게 되면 이해를 하지 않고 무조건 암기를 합니다. 공부하는 시간에 비해 학습 효과는 많지 않습니다. 더군다나 다른 사람의 암기노트라서 장기 기억으로 저장되기 보다는 단기 기억으로 저장되어 일시적으로 학습내용을 기억할 뿐입니다.

학교 성적을 향상시키는 독서 방법

공부의 핵심은 바로 독서입니다. 학생이 좋은 책을 많이 읽으면 우등생이 될 수 있습니다. 학생은 학교 공부가 우선이 되어 책을 읽는 시간을 내기가 쉽지 않습니다. 그러나 시간을 할애해서 독서를 해야 합니다.

다음은 독서 방법입니다.

1) 교과서를 자주 읽습니다.

학생은 책을 읽는 시간을 내기가 힘이 들면 교과서를 읽습니다. 학생은 흥미진진한 소설을 읽는다는 마음으로 자주 교과서를 읽습니다.

2) 자습서를 읽습니다.

자습서에는 교과서에 없는 내용이 설명되어 있습니다. 학습이 교과서를 읽으면 교과서를 훨씬 더 이해하기가 수월합니다.

3) 교과서 내용과 관련된 책을 읽습니다.

학교 수업 시간에 시에 관해 배우면 시에 관한 책을 읽습니다. 과학을 배우면 과학의 필독 도서를 읽습니다. 교과서에 관련된 책을 읽으면 학교 수업을 잘 따라갈 것입니다.

4) 교과서의 시와 문학 등등의 저자가 집필한 책을 읽습니다.

교과서에 수록된 작품의 저자의 책부터 읽는 것이 좋습니다. 저자의 삶과 정신세계를 더욱더 잘 알게 되어 수업 내용을 이해하기가 수월합니다.

5) 신문 기사의 성공 스토리를 읽습니다.

신문 기사의 성공한 사람의 스토리를 읽습니다. 이런 기사를 읽어야만 그 인생을 성공적으로 살아가는 삶의 방식을 배울 수가 있습니다. 성공한 사람의 지식과 지혜를 알 수가 있습니다.

6) 장래 희망에 관련된 책을 읽습니다.

학생이 미래에 무엇을 할지를 결정하고 그런 직업에 관련된 책을 읽으면 미래를 준비할 수가 있습니다. 더군다나 공부를 해야 할 동기 부여가 됩니다.

뇌세포를 활성화시키는
천연 조미료

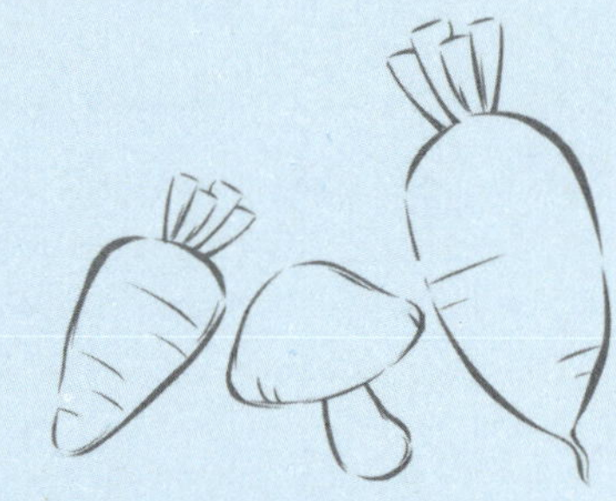

라면, 햄, 소세지 등의 냉동식품에는 화학 조미료가 들어 있습니다. 화학 조미료의 주성분은 인공으로 만든 글루타민산나트륨입니다. 글루타민산나트륨을 많이 섭취하면 두뇌에 이상이 생겨 성격장애와 지능이 떨어지게 됩니다. 부모는 집에서 쉽게 만들 수 있는 천연 조미료를 사용해야 합니다.

1) 천연 조미료 만들기

[준비물] 버섯, 무, 멸치, 다시마

① 버섯과 무, 멸치, 다시마를 물에 넣고 센 불로 끓입니다.

② 물이 끓기 시작하면 약한 불로 낮추고 4시간 이상 끓입니다.

③ 물이 황갈색으로 잘 우러나면 다시마만 건져 냅니다.

④ ③에 다시 한 번 끓입니다.

⑤ 채를 이용해 국물을 따른 뒤에 음식의 맛 국물로 사용합니다.

2) 천연 채소 양념 만들기

[준비물] 멸치, 무, 양배추, 표고버섯, 양파, 무청, 다시마, 우엉, 당근

① 재료를 모두 썰어서 준비합니다.

② 재료의 4배 정도 물을 붓고 끓입니다.

③ 물이 끓기 시작하면 약한 불로 낮추고 약 1시간에 걸쳐 졸입니다.

④ 양념 병에 넣고 냉장고에 보관합니다.

3) 천연 채소 간장

[준비물] 검은콩, 흰콩, 표고버섯, 무, 양배추, 양파, 다시마, 천일염

① 검은콩과 흰콩에 물을 넣고 압력솥에 푹 삶아 국물을 냅니다.

② 콩을 삶아 낸 물에 표고버섯, 무, 양배추, 양파, 다시마를 넣습니다.

③ 뚜껑을 열어 두고 국물 색깔이 진해질 때까지 달입니다.

④ 압력솥에 달일 때에 천일염을 넣습니다.

⑤ 천일염의 양은 용도에 따라 적당하게 넣습니다.

⑥ 달인 다음에는 완전히 식히고 난 후에 병에 담아 냉장고에 보관합니다.

암기노트 추가 내용 작성

1) 지루한 수업 시간에는 노트를 덮어라

학생은 공부를 잘할 수 있는 생활환경을 스스로 만들어야 합니다. 수업 시간에는 졸아서는 안 됩니다. 하루에 최소한 6시간 정도는 수면을 취해 주어야 합니다. 학생은 스터디 스케줄을 효율적으로 설정해야 합니다.

오후가 되면 졸음이 쏟아집니다. 이럴 때에는 쉬는 시간에 스트레칭을 하거나 찬물을 마셔 졸음이 사라지게 하도록 해야 합니다.

특히 국어 시간이나 영어 시간에는 낙서식 암기노트를 만들어야 하고, 국어나 영어를 최우선적으로 공부해야 하기 때문에 그만큼 노트를 많이 활용합니다.

학생은 학습내용이 부족하거나 모자라는 과목은 낙서식 암기노트를 작성하여 활용해야 합니다. 꾸준히 암기노트를 활용하다 보면 학습 효과를 볼 수가 있습니다. 특히 시험공부를 할 때에는 낙서식 암기노트를 이용하여 성적을 높일 수가 있습니다.

2) 암기노트의 부족한 부분을 수업 당일에 즉시 체크하라

수업 시간에 이해되지 않는 내용이 있거나 복습할 때 시간이 오래 걸린다면 공부 방법에 문제가 있습니다. 암기 낙서식 노트 공부 방법은 복습 시간을 줄일 수가 있습니다.

수업 시간의 핵심 내용을 중심으로 작성한 암기노트를 이용하여 공부를 합니다. 공부는 각각 과목별로 약 15분 정도 합니다.

필기한 노트를 복습하는 데는 지나치게 시간을 끌지 않아야 합니다. 한 과목당 10~15분 정도로 잡고 총 40분 정도로 복습을 마무리하는게 가장 효과적입니다. 물론 수업 중간에 쉬는 시간이나 통화 시간을 쪼개어 복습하는 것도 괜찮습니다. 자투리 시간을 활용하는 만큼 집에 돌아온 뒤에는 다른 공부에 더 많은 시간을 투자할 수 있기 때문입니다.

암기노트에서 이해가 되지 않는 내용이 있으면 빨간펜으로 표시합니다. 암기노트의 부족한 내용을 참고서의 내용으로 추가하고 오타가 난 글자는 수정합니다.

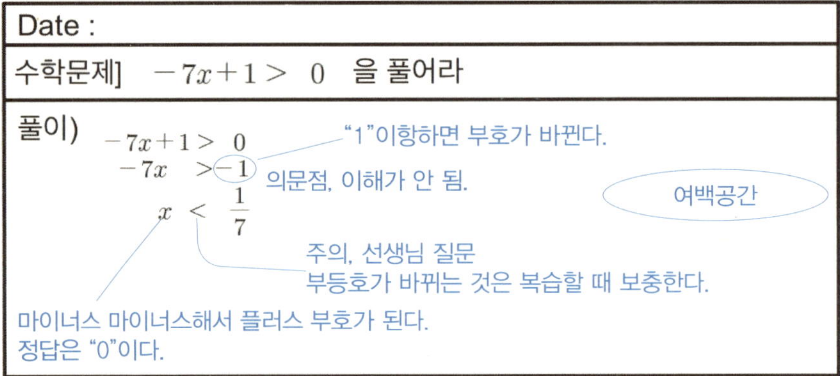

Tip
암기노트 작성 포인트

1) 참고서의 내용을 추가할 수 있도록 암기노트에 여백을 둡니다.

2) 암기노트에서 의문점을 발견하면 즉시 표시합니다.

3) 이해가 안 되는 문제는 선생님께 질문하고 그 문제가 해결되면 '주의' 라고 표시합니다.

노트를 이용한 복습을 통해 발견된 이해가 안 되는 내용은 가능한 빠른 시간 안에 해결 방법을 찾아야 합니다. 이해가 안 되는 내용은 참고서로 해결합니다. 그러나 학생 힘으로 풀 수 없는 문제 또는 장시간을 요구하는 문제는 다음날 선생님께 질문합니다.

　이해가 안 되는 내용을 선생님의 설명으로 해결이 된 후에는 선생님의 도움말을 여백에 적습니다. 참고서 등을 통해 스스로 문제를 풀었을 때는 그 부분을 복사해서 암기노트의 여백에 붙입니다. 그리고 참고서의 이름과 페이지를 반드시 적습니다.

Date :

수학문제]
베이커리 가게에서 과자를 지난 달에는 2000원에 8개,
이번 달에는 2100원에 7개씩 판다고 한다.
이 과자 값의 인상율은 몇 %인가?

풀이) 지난달

$$1개 과자값은 \frac{2000}{8} = 250 \text{ 원}$$

과자 1개 값이다.

이번달

$$1개 과자값은 \frac{2100}{7} = 300 \text{원}$$

참고서
15 페이지를
참조

과자인상값은 300-250= 50원

과자인상율은 $\frac{250}{300} = 0.2$

$0.2 * 100 = 20\%$

100을 곱해 준다.
중요하다.

답) 20%

선생님 질문, 주의

모르는 것은 부끄러운 일이 아니다

필자는 수학 문제를 풀지 못해서 수업 시간에 선생님께 질문을 많이 했습니다. 수학 선생님은 질문을 많이 하는 필자에게 "당연히 모르는 문제는 반드시 알아야 해"하시면서 상세하게 설명을 해 주셨습니다. 그 당시에 필자가 선생님께 질문을 하지 않았으면 아마도 영원히 수학 문제를 몰랐을 것입니다.

수학의 암기노트를 오답노트로 활용하자

중학교 2학년 연주는 수학 문제를 풀 때마다 몇 개씩 틀립니다. 연주가 왜 수학 문제를 틀리는지 분석을 해 보니, 연주가 계산을 실수하고 수학 공식을 제대로 외우고 있지 않아서 몇 문제를 놓칩니다.

필자는 연주에게 수학의 암기노트를 작성하게 하고 틀린 문제를 오답노트에 적도록 했습니다. 연주는 수학의 암기노트와 오답노트를 활용하여 수학 문제를 10번 이상 풀었습니다. 이제는 연주는 더 이상 동일한 유형의 수학 문제는 틀리지 않았습니다.

연주는 암기노트와 오답노트를 꾸준히 작성하고 학교 시험 기간에 활용하여 수학 성적을 향상시켰습니다.

기억력을 향상시키는
사과 당근 주스

효능 : 당근은 생긴 모양이 인삼과 비슷하고 약효마저도 인삼과 비슷합니다. 한의학에서는 당근을 기를 진정시키고 장을 보하며, 장과 위를 편안하게 하여 마음을 안정시키고 신경을 진정시킵니다. 이런 영양소는 당근이 체내에서 비타민 A가 되는 카로틴을 다량으로 함유하고 있기 때문입니다. 그러므로 당근을 꾸준히 먹게 되면 신경이 안정되면서 머리가 맑아지고 기억력이 좋아집니다.

당근의 맛이 달콤하지 않아 사과를 함께 갈아 주스를 만들면 장기간 마실 수 있습니다. 레몬를 짜서 조금 섞어서 주스로 만들면 더욱 맛있기 때문에 자녀들에게 아주 좋은 건강식이 됩니다. 자녀들의 기억력이 좋아져서 공부를 잘할 수 있게 도움을 줍니다.

[준비물]
– 당근, 사과, 레몬

[조리법]
① 당근과 사과를 강판에 갈아 둡니다.
　 믹서에 갈면 비타민이 파괴되어서 이왕이면 강판에 가는 것이 좋습니다.
② 녹즙기에 양양소를 파괴하지 않으면서 즙을 낼 수 있습니다.
③ 레몬을 짜서 ①에 섞습니다.

암기노트 활용

1) 일주일 단위 또는 월 단위로 복습의 날을 정해 복습한다

적은 시간을 투자해서 최대의 공부 효과를 얻으려면 암기노트를 활용하여 공부해야 합니다. 일주일 또는 한 달 단위로 복습의 날을 정해 과목의 부족한 내용과 이해가 되지 않는 내용을 중심으로 공부합니다.

기억은 반복 횟수에 비례한다.
기억된 것은 몇 번이고 반복하여 재생시켜야 오래 간다.

● 암기노트복습법 3단계 설명 ●

	설명 : 수업 당일 복습한다.
1단계 매일 노트 복습	목표 : 아는 것과 이해되지 않는 부분을 나누고 정리한다.
	Point 1) 한 과목당 10분 ~ 15분 정도의 복습으로 의문점을 체크합니다. 2) 이해하지 못한 부분은 가능한 한 빨리 해결합니다. 3) 다음날 복습할 때 하루 전날 의문점도 함께 체크합니다.

2단계 매주 노트 복습	설명 : 일주일 단위로 주말에 복습한다.
	목표 : 이해하지 못했던 내용을 완전히 마스터 한다.
	Point 1) 주말을 이용해 1시간 정도 국어, 영어, 수학을 중심으로 복습합니다. 2) 그 주에 배운 범위를 알아보고 수업의 진도를 파악합니다. 3) 매일 복습 때 찾아냈던 의문점을 집중적으로 체크합니다. 4) 새롭게 발견한 문제를 추가하거나 다음 주에 해결할 문제로 정합니다.
3단계 매달 노트 복습	설명 : 한 달 동안 배운 내용을 모두 복습한다.
	목표 : 암기해야 할 부분을 집중적으로 공부한다.
	Point 1) 마지막 주말에 1시간 정도 국어와 영어, 수학을 중심으로 복습합니다. 2) 두 번째 복습에서도 제대로 이해하지 못한 부분을 우선 체크합니다. 3) 암기노트를 지참하여 수업의 핵심 내용을 공부합니다.

2) 친구들의 필기노트와 기출문제로 공부한다

시험에 대비하는 스터디 스케줄을 만들어라
과목별 기출문제집을 입수하고 친구와 필기한 내용을 공유하는 등 정보를 교환할 수 있는 스터디 그룹을 만들어 공부하는 것이 많은 도움이 됩니다.

학생은 시험 전에 지금까지 모아 놓은 자료들을 복사하여 자신의 노트에 추가해 넣습니다. 이 과정을 통해 자주 출제되는 문제유형과 그때까지 미처 몰랐던 부분을 찾아낼 수 있습니다.

3) 풀지 못한 문제는 암기노트로 해결하라

시험은 그때 당시 좋은 성적을 거두는 것도 중요하지만 향후 자신의 진로를 결정하는 데 있어 중요한 잣대로 삼을 수 있습니다. 그러므로 학교에서 치르는 시험을 효율적으로 활용하기 위해서는 틀린 문제들을 확실하게 복습해 두어야만 합니다.

대다수 학생들은 시험이 끝났다는 데에 들떠 시험문제 점검을 통해 자신의 부족한 부분을 체크하려 하지 않습니다. 이것은 자신이 모르는 부분을 찾아낼 수 있는 좋은 기회를 내 던져 버리는 것입니다.

기억은 여러 번 반복함으로써 극대화할 수 있습니다. 그러므로 시험이 끝난 뒤 일주일 동안은 매일 1시간 정도 시험문제를 재점검하는 시간을 갖는 것이 좋습니다. 이 기회를 통해 이미 외우고 있거나 새롭게 외운 내용을 머릿속에 뚜렷하게 각인시킬 수 있기 때문입니다.

시험문제를 통한 복습은 특히 풀지 못한 문제나 외워지지 않는 부분을 중점적으로 합니다. 우선 시험 범위에 해당하는 노트를 펴고 틀린 내용을 표시하고, 그 내용을 커다란 카드에 베껴 씁니다. 이는 노트 공부에서 한 단계 진화한 카드를 활용하기 위해서입니다.

카드는 '아무리 노력해도 외워지지 않는 것'을 익숙하게 만들기 위한 훌륭한 도구가 됩니다. 그 목적은 외워야 할 내용을 확인하는 데 있으며 나아가 공부해야 할 방대한 양을 규모 있게 줄여 주는 역할도 합니다. 이것은 '백스텝 방식'이라는 것으로 공부법의 마지막 단계에 해당됩니다.

밤샘 공부는 암기력을 떨어뜨린다
밤샘공부는 기억력을 현저하게 떨어뜨립니다. 공부할 것이 많다고 해서 무조건 밤을 새울 것이 아니라 시간을 정해 잠을 잔 후 새벽 일찍 일어나 복습하는 것이 암기의 효과를 높일 수 있는 방법입니다.

단 계	설명
1단계	시험이 끝난 뒤 시험문제를 다시 체크합니다. 일주일 동안 매일 1시간 정도 공부합니다. 이것으로 암기된 내용을 공부합니다.
2단계	풀지 못한 문제나 틀린 문제를 표시합니다. 내 힘으로 답을 찾지 못한 부분은 꼼꼼하게 찾아냅니다.
3단계	B6 크기의 용지를 준비합니다. 카드의 크기는 손바닥보다 조금 큰 게 좋습니다.
4단계	풀지 못한 문제들을 카드에 옮겨 적은 후 그에 관련된 내용을 수정합니다.
5단계	카드를 가지고 다니거나 책상 앞에 붙여 놓습니다. 완전히 외운 후에는 다른 카드로 교체하여 시간 낭비를 줄입니다.

시험문제 활용으로 노트 공부법 효과 10배 올리기

"어디에 어떤 내용이 있는지 정확하게 알고 있다."

"원하는 내용을 신속하게 찾을 수 있다."

이것이 노트 공부법의 핵심이다. 그런 의미에서 시험이 끝난 뒤 문제의 활용과 보존이 무엇보다 중요하다.

1) 기출문제의 유형은 보고 싶을 때 언제든지 찾아볼 수 있도록 정리해 둘 필요가 있다. 서류봉투 속에 과목별로 시험문제를 넣어, 과목별 상자에 꽂아 두면 된다. 바인허 형태의 클리어 파일을 구입하여 정리하는 것도 바람직하다.

2) 마찬가지 방법으로 예전에 기록해 두었던 노트나 수업 시간에 나누어준 프린트물도 보관한다. 다 쓴 노트 표지에는 과목과 단원 사용시기 등을 알아보기 쉽게 기록한다.

공부하는 동안 '전에도 틀린 문제' 또는 '어디선가 풀어봤던 문제'라는 생각이 들면 곧장 이 자료들을 가지고 복습한다.

Tip 문제 풀이 방법

필자는 교과서의 주제별로 암기노트를 작성했습니다. 그리고 난 후에 학습내용에 관련된 문제를 다음과 같은 방법으로 풀었습니다.

1) 교과서와 참고서를 이용하여 개념의 이해와 공식을 다시 한 번 복습합니다.

2) 학습 범위 내의 암기노트로 공부합니다.

3) 문제집에 직접 해답을 적지 않고 문제 풀이 노트에 문제를 풀면서 계산과정을 적습니다.

4) 문제집에는 맞춤 표시와 틀린 문제를 표시하지 않습니다.

5) 틀린 문제는 문제 풀이 노트에 다른 색상의 펜으로 틀린 이유를 적습니다. 문제를 풀면서 핵심 개념과 원리를 정리합니다.

6) 문제를 풀고 나서 바로 답안을 체크하지 않습니다. 마지막 문제까지 풀어 봅니다.

7) 문제에서 정답을 찾아내고 문제에 관련된 개념도 이해하고 암기합니다.

8) 해답집과 문제 풀이 노트를 비교합니다.

9) 오답노트를 작성해서 다음번에는 유사한 문제를 틀려서는 안 됩니다.

10) 동일한 문제집으로 여러 번 풀어 봅니다.

교과서를 잘 읽는 방법

책를 잘 읽는 방법은 목차를 복사해 옆에 두고 책을 읽어 나가는 것입니다. 책을 읽는 중간에 부분적인 내용에 빠져 전체 흐름을 놓치는 경우가 생깁니다. 전체 흐름을 알려면 다시 목차를 봐야 합니다. 그러면 전체 흐름을 알고 난 후에 부분적인 세부 내용을 읽으면 더욱더 이해가 잘될 겁니다.

국사 교과서를 읽을 때에도 마찬가지입니다. 전체적인 역사 흐름은 이해하지 못한 채 부분적인 세부 내용만 외우다 보면 응용력이 부족해지고 내용을 변형시켜 국사 시험문제를 출제하면 학생은 풀지를 못합니다.

전체적인 역사 흐름을 파악하고 있다면 내용 흐름을 더욱더 이해가 잘 되고 어떤 변형 문제가 출제되어도 학생은 당황하지 않고 풀 수가 있게 될 것입니다.

영어 노트

1) 공격은 읽기, 수비는 영작문과 문법, 독해 기초 실력 굳히기

영어로 된 문장을 이해하기 위해서는 단어의 뜻과 문법을 알아야 하겠지만 최근 입시 문제는 독해 중심으로 출제되고 있습니다. 따라서 많은 문장을 읽으면서 영어 내용을 빨리 그리고 정확하게 파악 할 수 있는 학생이 고득점 점수를 얻습니다.

요즘 교과서는 읽기 중심으로 만들어져 있어서 수업 효율의 극대화를 위해서는 반드시 예습이 필요합니다. 수업 전에 교과서에 나오는 문장을 해석해 보고 수업 중에는 문장의 구조를 체크하면서 포인트를 이해합니다. 수업이 끝난 후에는 여러번 반복하여 읽으면서 영어 수업 내용을 공부합니다.

이와 같은 과정을 통해 읽기 능력을 키우는 것은 물론, 문장 속에 나오는 단어와 숙어, 구문에 이르는 기초지식을 공부합니다.

영작문이나 문법 수업은 상대적으로 예습은 그다지 필요치 않지만 배운 내용을 자기 것으로 만드는 복습은 아주 중요합니다. 노트도 이해한 내용을 다시 확인하는 데 목표를 두고 만듭니다.

'공격은 독해와 읽기, 수비는 영작과 문법'이라는 사실을 명심하고 독해력의 기초를 공부합니다. 이것이 바로 영어 노트 공부법의 핵심입니다.

Tip 단어장 활용한 암기보다 문장 중심으로 공부

하나의 단어는 다양한 의미를 가지고 있습니다. 그런데 그 뜻을 전부 외우는 것은 불가능하고 또한 비효율적입니다. 문장을 중심으로 단어를 공부하고 외우다 보면 그 의미를 보다 정확히 파악할 수 있습니다.

Date :	
Greetings! Thank you for your letter. I really liked it. That was my first English letter. I think we will be very good friends. My e-mail address is mskim007@bestschool.net. Please write to me often. Mike is my best friend in school. We spend a lot of time together. On weekends we usually play soccer or play computer games. This weekend we are going to visit my aunt's farm. We will have a lot of fun. Mike say hello to you. Take care.　영어 교과서를 복사한다.	안녕, 편지를 보내 줘서 고마워. 진심으로 좋아해. 내가 받은 첫 번째 영어편지이다. 우리는 정말 좋은 친구를 가지고 있다. 영어 해석을 적는다.
영어 주요 문장을 설명한다. 선생님의 수업 설명을 적는다	이해가 안되는 부분에는 '?'를 쓴다.

2) 예습노트의 기본방향과 작성법, 예습노트는 30분 안에 완성 시켜라

영어 공부에서 예습이 중요하다고 해도 1시간 혹은 2시간씩 매달릴 필요는 없습니다. 예습은 될 수 있으면 단시간에 끝내고 남은 시간은 자신의 진도를 나가는 것이 영어 실력을 키우는 비결입니다.

교과서의 읽기 예습은 모르는 단어나 숙어를 찾아 문장을 해석합니다. 그리고 수업 한 시간 분량의 교과서 범위는 1페이지 내외로 하면서 이 정도 분량의 예습은 30분안 으로 공부합니다.

그런데 예습노트를 만드는데 1~2시간을 소비하는 학생들이 많습니다. 그런 학생들의 노트를 살펴 보면 그야말로 독해 참고서처럼 설명을 하고 있습니다.

여기에서는 단시간에 효과를 높이는 예습노트의 필기법과 핵심포인트를 설명합니다.

예습노트의 기본 형태를 구체적으로 설명합니다. 암기노트의 왼쪽 페이지에 교과서를 복사해 붙이고, 모르는 단어를 찾아 오른쪽 페이지에 번역합니다.

예습노트 작성 시 교과서의 문장을 옮겨 적는 것은 시간 낭비입니다. 영어 문장을 베끼는 일은 '머리를 사용하지 않는 기계적인 작업'에 불과하기 때문입니다.

영어암기노트 작성법

1) 교과서를 복사해서 붙이고 영어 단어를 설명합니다.
2) 영어 해석이 되지 않는 부분은 체크합니다.
3) 영어 수업 중에 필기할 수 있도록 여백을 남겨 둡니다.
4) 오른쪽 부분에는 영어 해설을 적습니다.
5) 이해가 되지 않는 부분에는 '?'을 적어 둡니다.
   다음에 공부할 때에는 '?'을 찾아서 이해하도록 합니다.

복사본은 노트 아랫부분에 여백이 생기도록 적당한 크기로 자릅니다. 아래쪽 여백에는 수업 중의 필기와 선생님의 설명을 적고 사전에서 찾은 단어와 숙어는 복사본 아래나 왼쪽에 정리합니다.

각 단어의 뜻은 알겠는데 독해가 안 되거나, 의미는 대충 알아도 완전한 문장으로 만들 수 없을 때는 굳이 시간을 들여 고민할 것 없이 잘 알아볼 수 있도록 표시만 합니다.

예습 단계에서 완벽한 독해를 하겠다는 생각은 버립니다. 예습의 목표는 모르는 부분을 미리 알아 두는 것입니다. 그런데도 예습할 때 하나에서부터 자신의 힘으로 해결하려 들다가는 본격적인 공부에 들어가기도 전에 지겨워질 것입니다.

1) 사전을 찾을 때에는 반드시 예문을 읽는다

예습하면서 모르는 단어를 사전에서 찾을 때에는 반드시 예문을 반복하여 읽습니다. 이렇게 하면 단어의 의미를 오랫동안 기억할 수 있을뿐만 아니라 단어의 구체적인 쓰임새나 함께 쓰이는 전치사 등도 동시에 기억할 수 있습니다. 그리고 사전을 구입할 때는 되도록 예문이 많은 것을 고릅니다.

2) 사전으로 조사한 단어에는 밑줄을 긋는다

사전으로 단어를 검색 후에는 밑줄을 긋습니다. 다른 단어를 검색하다가 밑줄 친 단어를 보면 다시 해설이 떠오를 겁니다.

문학작품을 노트에 작성

재일교포작가 '유미리'는 일본 최고의 권위를 자랑하는 아쿠타가와상을 받았습니다. 유미리 작가는 한국인 2세라는 이유로 일본 사회에서 학대와 폭력, 집단 따돌림을 받았습니다.

유미리 작가는 학생 때 문학 수업 시간에 톨스토이의 작품을 그대로 암기노트에 옮겨 적었습니다. 그녀는 톨스토이의 작품에 감동을 많이 받았습니다. 유미리 작가는 천부적인 재능이 있지만. 후천적인 노력이 많았습니다.

유미리 작가는 톨스토이의 작품을 노트에 옮겨 적으면서 문학적 바탕을 구축했습니다.

암기노트 작성 노하우

1) 선생님의 설명을 암기노트에 적습니다.
2) 선생님이 설명하지 않은 참고서의 내용은 암기노트의 여백에 적습니다.

3) 수업노트의 기본 방향과 작성법, 틀린 이유를 확실히 아는 데 목적이 있다

영어는 예습 위주로 공부를 합니다. 예습 후에 선생님의 설명을 들을 때에는 해석이 틀린 부분은 정확하게 해석을 적습니다. 선생님의 설명을 각각의 문장을 체크해야 합니다.

영어 수업 시간에 빨간색 펜으로 설명 내용과 핵심 내용을 추가합니다. 선생님의 모범 답안을 암기노트의 해석에 적어 넣고 숙어는 암기노트의 여백에 적습니다.

영어 문장의 구조를 완벽하게 파악하려면 이유를 확실하게 알 필요가 있습니다.

해석한 문장의 의미가 잘 통하지 않는 것은 영어 구조에 대해 정확히 파악하지 못하고 있기 때문입니다. 해석할 때에는 영어 문장의 구조를 정확하게 알고 난 뒤에 영어 문장을 해석합니다. 주어나 서술어를 찾고 수식어와 수식구를 체크합니다. 영어 문장의 구조를 나타낼 때 주어s나 동사v 등 여러 기호 문자를 활용하면 한눈에 알아볼 수 있습니다.

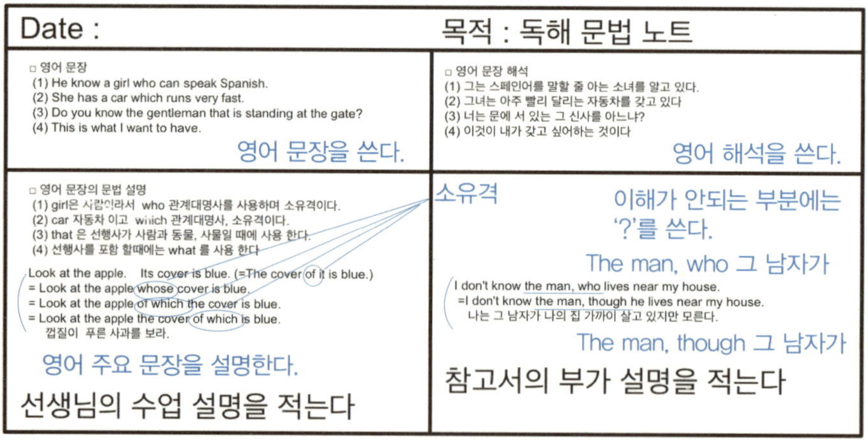

<table>
<tr>
<td colspan="2">Date :</td>
<td colspan="2" align="center">목적 : 독해 문법 노트</td>
</tr>
<tr>
<td colspan="2">

□ 영어 문장
(1) He know a girl who can speak Spanish.
(2) She has a car which runs very fast.
(3) Do you know the gentleman that is standing at the gate?
(4) This is what I want to have.

영어 문장을 쓴다.
</td>
<td colspan="2">

□ 영어 문장 해석
(1) 그는 스페인어를 말할 줄 아는 소녀를 알고 있다.
(2) 그녀는 아주 빨리 달리는 자동차를 갖고 있다
(3) 너는 문에 서 있는 그 신사를 아느냐?
(4) 이것이 내가 갖고 싶어하는 것이다

영어 해석을 쓴다.
</td>
</tr>
<tr>
<td colspan="2">

□ 영어 문장의 문법 설명
(1) girl은 사람이라서 who 관계대명사를 사용하며 소유격이다.
(2) car 자동차 이고 wiich 관계대명사, 소유격이다.
(3) that 은 선행사가 사람과 동물, 사물일 때에 사용 한다.
(4) 선행사를 포함 할때에는 what 를 사용 한다

Look at the apple.   Its cover is blue. (=The cover of it is blue.)
= Look at the apple whose cover is blue.
= Look at the apple of which the cover is blue.
= Look at the apple the cover of which is blue.
　껍질이 푸른 사과를 보라.

영어 주요 문장을 설명한다.

선생님의 수업 설명을 적는다
</td>
<td>소유격</td>
<td>

이해가 안되는 부분에는 '?'를 쓴다.

The man, who 그 남자가

I don't know the man, who lives near my house.
=I don't know the man, though he lives near my house.
　나는 그 남자가 나의 집 가까이 살고 있지만 모른다.

The man, though 그 남자가

참고서의 부가 설명을 적는다
</td>
</tr>
</table>

> ### 1) 숙어를 모르면 해석할 수 없는 예
>
> A thought ran through my mind.
>
> – 틀린 해석 : 어떤 생각이 내 머릿속으로 달려간다.
>
> – 바른 해석 : 어떤 생각이 머릿속에 기억으로 떠올랐다.
>
> (run through : 생각이나 기억이 떠오르다.)
>
> ### 2) 문자의 구조를 모르면 해석할 수 없는 예
>
> She had my pen stolen last month.
>
> – 틀린 해석 : 그녀는 지난달에 도둑맞은 펜을 가지고 있었다.
>
> – 바른 해석 : 그녀는 지난달에 펜을 도둑맞았다.
>
> (have + 목적어 + 과거분사 : 목적어가 ～ 되다.)

4) 영어 공부하는 방법

영어 공부는 고등학교 3학년이 되기 전까지는 되도록 문장을 많이 읽는 것을 최우선으로 하고, 수업 시간에도 독해에 집중하여 공부하는 것이 좋습니다. 그러나 작문과 문법은 독해와 달리 무리하게 예습노트를 만들거나 수업이 끝난 다음 따로 복습할 필요는 없습니다. 시험 기간을 빼고 하루 15분 정도면 충분하나, 시간적으로 여유가 있다면 예습·복습노트를 만들어도 무방합니다.

대부분의 학교에서 영어 시험은 작문이나 문법보다는 독해를 중시하는 경향이 있습니다. 그러나 작문과 문법 문제도 일부 출제되기 때문에 이에 대비하기 위해서는 최소한의 시간을 들여 포인트를 정리해 두는 것이 좋습니다.

그래서 앞으로는 노트를 이용한 복습법과 더불어 작문과 문법을 효과적으로 기억하는 방법 몇 가지를 소개하려고 합니다. 이 방법은 참고서나 문제집을 활용한 공부에서 효과를 발휘하므로 지금 당장 익혀둘 필요가 있습니다. 특히 쉽게 외워지지 않아서 힘

들어하는 학생들에게는 유용한 방법이 될 것입니다.

　노트를 만드는 방법은 독해노트와 크게 다르지 않습니다. 왼쪽 페이지에 교과서 1페이지 분량의 복사본을 붙이고 오른쪽은 여백으로 둡니다. 예습노트를 만드는 경우에는 오른쪽 페이지에 해석을 적으면 됩니다. 여기에서 소개하는 것은 수업을 받은 후의 노트입니다.

　영어 문장 아래에 손글씨로 해석을 달거나 한글로 문장을 적어 영어작문노트를 만드는 학생들이 있는데, 이것은 시간적으로나 기능면에서 매우 비효율적입니다.

　문법노트를 활용한 공부는 철저하게 외우기에 충실해야 합니다. 그러기 위해서는 왼쪽 페이지에 문제, 오른쪽 페이지에 해답과 설명을 배치하는 형식으로 만들어야 합니다. 문제집이나 참고서와 비슷한 스타일의 노트는 가장 간편하고 효과적인 노트의 기본구성을 갖추고 있습니다.

포스트잇(Post it) 메모지 활용

포스트잇 메모지를 이용하여 암기노트에 붙입니다. 암기노트의 여백이 없어서 더 이상 학습내용을 추가할 수 없을 때에는 포스트잇 메모지에 적어 암기노트에 붙여 둡니다. 학생이 필요할 때마다 포스트잇에 적어 두면 스터디 스케줄에 의해 공부할 수 있습니다.

영어독해노트 작성법

1) 영어 문장을 읽으면서 해석이 안 되는 부분을 체크합니다.
2) 영어 문장의 해설을 보지 않고 독해를 합니다.
3) 영어 문장에서 해석이 안 되는 부분은 '?'을 적어 둡니다.

다음은 영어문장을 암기하는 방법입니다.

① 영어를 한글로, 한글을 영어로, 양방향 체크로 암기 효율을 높입니다.

교과서의 작문이나 문법에서 다루는 문장들은 거의 한두 줄짜리 문장이고 영어 문장을 암기하는 것은 쉽지가 않습니다. 그러나 영어 문장을 외우면 문법을 논리적으로 따지기보다는 감각적으로 이해할 수 있는 능력이 생기고 영어 문장 속의 단어나 숙어도 동시에 외울 수 있습니다.

예제)

give up 뒤에 동명사가 따라온다

You should give up smoking
이라는 단문을 외우는 편이 시험문제를 풀 때 훨씬 더 유리하다

영어 시험에는 give up 뒤에 빈 괄호가 나옵니다. 빈 괄호에는 smoking이 들어갑니다. 영어 문장을 암기하면 바로 머릿속에서 smoking이 기억납니다.

영어 문장을 암기할 때는 의미를 모른채 문장만 외워서는 안 됩니다. 머릿속에 오랫동안 남게 하려면 문장의 의미를 우리말로 확실하게 해석할 수 있어야만 합니다.

해석하는 과정에서 문장의 구조를 올바르게 파악했다면 이번에는 한글로 된 문장을 영작합니다. 이 2가지 작업은 문장에 대한 확실한 이해와 암기 효과를 높이는 데 효과적입니다.

암기노트를 이용한 복습이라도 우선 왼쪽 페이지의 영어 문장을 해석할 수 있는지 체크합니다. 이때 확실하게 해석되지 않은 부분은 오른쪽 페이지의 번역문을 보고 영문으로 어떻게 바꾸어야 하는지 적습니다. 그리고 큰 소리로 여러 번 반복해서 읽으면서 암기합니다.

이렇게 양방향으로 문장을 체크하면서 영어를 공부합니다.

Tip

영어 문장 소리 내어 읽기

영어는 소리와 리듬 같은 감각을 활용하여 공부합니다. 그래서 영어 공부에서는 문장을 큰 소리로 읽는 습관을 가집니다. 영어 문장을 소리 내어 읽으면 기억하기가 쉬울 뿐 아니라 자연스럽게 영어 감각도 익힐 수 있습니다.

■ 쉽게 암기하는 양방향 체크

• 영문 -〉 한글

1) She had two sons who became officers. -〉 그녀는 공무원이 된 두 아들이 있었다.

2) Who is that lady under the tree? -〉 나무 밑에 있는 저 숙녀가 누구냐?

3) Will you have some milk? -〉 우유를 좀 드시겠습니까?

4) It is easy to read this book. -〉 이 책을 읽는 것은 쉽다.

• 한글 -〉 영어

1) 그녀는 공무원이 된 두 아들이 있었다. -〉 She had two sons who became officers.

2) 나무 밑에 있는 저 숙녀가 누구냐? -〉 Who is that lady under the tree?

3) 우유를 좀 드시겠습니까? -〉 Will you have some milk?

4) 이 책을 읽는 것은 쉽다. -〉 It is easy to read this book.

② 영어는 3개 문장을 한 세트로 외웁니다.

영어 문장을 3개 문장을 한 세트로 외우는 것이 효과적입니다. 3개 문장이라고는 해도 실제 외우는 것은 단 하나의 문장씩입니다. 포인트는 지금까지 1개의 문장을 외우는데 들였던 시간을 셋으로 나눈다는 데 있으며, 3개의 문장을 하나의 세트로 여겨 암기의 효율을 높이는 게 목적입니다.

우선 문장 3개마다 네모 칸을 치고 번호로 지정합니다. 이 방법은 시각적인 자극 외에 암기할 때 집중도를 높여주는 효과가 있습니다. 이 방법에 익숙해 지면 3개에서 5개, 7개와 같은 방식으로 영어 문장의 숫자를 늘려 나가면서 암기합니다. 가장 중요한 것은 여러 번 반복하여 영어 문장을 암기합니다.

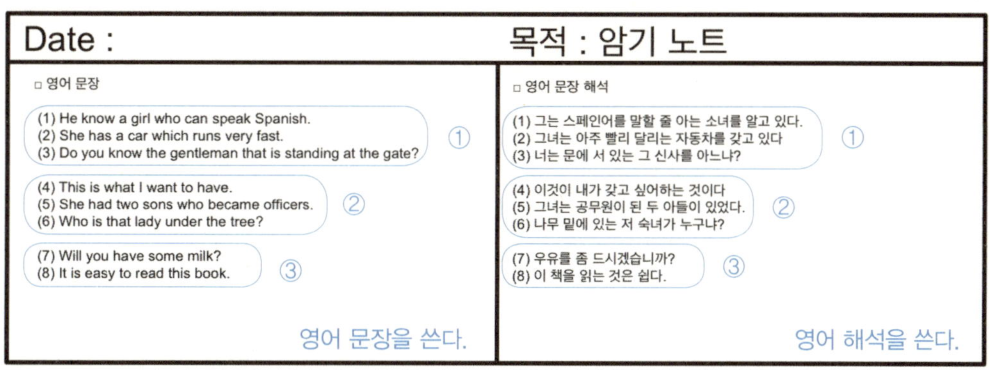

• 영어 암기가 어려운 문장은 디지털 녹음기에 녹음해서 청취하십시오.
• 암기가 어려운 영어 문장은 디지털 녹음기에 녹음해서 잠을 자기 전에 청취합니다.
  디지털 녹음기로 몇 번 반복해서 영어 문장을 청취하면 영어 문장이 저절로 암기됩니다.

> **암기 효율을 높이는 3개 문장 암기하는 방법**
>
> 1) 단문은 3개 문장을 한 세트로 생각합니다.
> 2) 3개 문장을 한 덩어리로 외웁니다.
> 3) 영어 문장을 몇 번 반복해서 암기합니다.

Date

(1) He know a girl who can speak Spanish.	(1) 그는 스페인어를 말할 줄 아는 소녀를 알고 있다.
(2) She has a car which runs very fast.	(2) 그녀는 아주 빨리 달리는 자동차를 갖고 있다.
(3) Do you know the gentleman that is standing at the gate?	(3) 너는 문에 서 있는 그 신사를 아느냐?
(4) This is what I want to have.	(4) 이것이 내가 갖고 싶어하는 것이다.
(5) She had two sons who became officers.	(5) 그녀는 공무원이 된 두 아들이 있었다.
(6) Who is that lady under the tree?	(6) 나무 밑에 있는 저 숙녀가 누구냐?
(7) Will you have some milk?	(7) 우유를 좀 드시겠습니까?
(8) It is easy to read this book.	(8) 이 책을 읽는 것은 쉽다.

5) 영어 암기노트에 직역한 문장도 작성한다

영어 암기노트는 윗부분에 해석을 쓰고 그 아래에 영어로 문장을 적습니다.

이때 우리말 해석에 주의를 기울이면 암기 효율을 높일 수 있습니다.

영어 관용구는 해석이 달라질 수 있어 영어 해석 한글만으로는 영어 문장이 기억나지 않습니다. 한글과 영어의 문법체계가 달라서 영어 문법을 이용하여 영어 문장을 영작 하기는 쉽지 않습니다. 이것이 영어에서 암기가 필요한 이유입니다. 영어 문장을 외우기 쉽도록 하기 위해서는 해석문 아래에 숙어 사용방법을 적습니다.

영어 문장을 손으로 가리고 위에 쓰여 있는 해석글을 보고 영어문장이 떠오르는지 테스트합니다. 영어 문장이 기억이 나지 않을 때에는 숙어 사용 방법에 힌트를 얻어 문장을 떠올립니다. 이것은 특히 영어 작문을 중심으로 하는 암기에 효과적입니다.

처음 영어 작문을 할 때에는 구문이나 숙어 활용에 중점으로 공부해야 합니다. 암기노트에 구문과 숙어 사용법을 적어 두면 영작할 때에 유용하게 사용할 수 있습니다.

영어 작문의 감각을 기르는 직역 단문 암기노트
상황파악] 우리는 점심 식사를 한다. 점심밥을 해야 하는데, 식구들은 처음에는 보리밥을 먹고 싶다고 했다. 그러나 할머니가 보리밥보다는 쌀밥을 우기셔서 우리는 보리 대신 쌀로 바꾸었다. **영작문제]** 우리는 보리 대신 쌀로 바꾸었다.
분석 : 대체 무엇을 무엇으로 바꾸어야 하는가? 동사는 무엇으로 사용해야 하는가? change from A to B : A에서 B로 바꾼다. substitute A to B : B에서 A로 대체한다.
직역 : We change from bare corn to rice. **설명** : 저녁밥을 하는데, 밥의 첨가물이라고 생각하면 substitute 동사가 더 적합하다.
영문 **영작** : We substitute rice to bare corn.
Point 1) 상황 파악을 하자. 2) 우리는 보리대신 쌀로 바꾸었다. "바꾸었다."에 적합한 동사를 체크하자. 3) 상황 속에서 바꾸다 동사는 change보다는 substitute가 더 적절하다. 4) 영어는 일상생활에서 많이 활용하는 동사를 사용하자.

Date :	영작문

상황파악] 우리는 점심 식사를 한다. 점심 밥을 해야 하는데, 식구들은 처음에는 보리밥을 먹고 싶다고
하였다. 그러나 할머니가 보리밥 보다는 쌀밥을 우기 셔서 우리는 보리 대신 쌀로 바꾸었다.
영작문제] 우리는 보리 대신 쌀로 바꾸었다.

분석 : 대체 무엇을 무엇으로 바꾸어야 하는가?
　　　 동사는 무엇으로 사용해야 하는가?
　　　 change from A to B : A에서 B 로 바꾼다.
　　　 substitute A to B : B에서 A로 대체하다.

직역 : We change from bare corn to rice.

저녁밥을 하는데, 밥의 첨가물이라고 생각 하면 substitute 동사가 더 적합하다.

영작 : We substitute rice to bare corn.

6) 자투리 시간에 영어 암기노트로 공부를 한다

영작문이나 문법 문제에 강해지는 가장 빠른 방법은 영어 문장을 암기하는 것입니다.

시험 준비와 더불어 작문과 문법노트를 이용해 복습할 때는 영어 문장 암기를 목적으로 암기노트를 만들어 활용합니다.

영어 암기노트도 가방에 넣고 다니면서 자투리 시간에 문장을 반복해서 읽어 공부합니다. 시험대비는 물론 영어에 자신감을 갖게 하는 데도 매우 효과적인 방법입니다.

영어 필기체로 적지 말아야 한다

영어 암기노트에 필기체로 문장을 적어 두면 학생 본인도 알아볼 수가 없습니다.
필기체에 익숙지 않은 학생과 필기체를 좋아하는 학생도 가능한 알아볼 수가 있도록 암기노트에 적어야 합니다.

완벽한 암기를 위한 소리 암기노트	
Date : 날짜	
(1) He know a girl who can speak Spanish.	(1) 그는 스페인어를 말할 줄 아는 소녀를 알고 있다.
(2) She has a car which runs very fast.	(2) 그녀는 아주 빨리 달리는 자동차를 갖고 있다.
(3) Do you know the gentleman that is standing at the gate?	(3) 너는 문에 서 있는 그 신사를 아느냐?
(4) This is what I want to have.	(4) 이것이 내가 갖고 싶어하는 것이다.
(5) She had two sons who became officers.	(5) 그녀는 공무원이 된 두 아들이 있었다.
(6) Who is that lady under the tree?	(6) 나무 밑에 있는 저 숙녀가 누구냐?
(7) Will you have some milk?	(7) 우유를 좀 드시겠습니까?
(8) It is easy to read this book.	(8) 이 책을 읽는 것은 쉽다.

체크할 곳을 만들어 놓으면 암기 효율이 높아진다.

영어독해노트 작성 노하우

1) 영어 문장을 두세 번 읽고 난 후에 왼쪽 페이지에 적습니다.
2) 영어 스펠링을 체크하고 암기노트의 오른쪽 페이지에 해석을 적습니다.
3) 해석을 보면서 문장을 다시 한 번 암기합니다.

<table>
<tr><td>Date :</td><td>목적 : 암기 체크 노트</td></tr>
<tr><td>

□ 영어 문장

☑□ (1) He know a girl who can speak Spanish.
□□ (2) She has a car which runs very fast.
□□ (3) Do you know the gentleman that is standing at the gate?
□□ (4) This is what I want to have.
□□ (5) She had two sons who became officers.
☑□ (6) Who is that lady under the tree?
□□ (7) Will you have some milk?
□□ (8) It is easy to read this book.

영어 문장을 쓴다.
</td><td>

□ 영어 문장 해석

□□ (1) 그는 스페인어를 말할 줄 아는 소녀를 알고 있다.
□□ (2) 그녀는 아주 빨리 달리는 자동차를 갖고 있다
□□ (3) 너는 문에 서 있는 그 신사를 아느냐?
□□ (4) 이것이 내가 갖고 싶어하는 것이다
□□ (5) 그녀는 공무원이 된 두 아들이 있었다.
□☑ (6) 나무 밑에 있는 저 숙녀가 누구냐?
□□ (7) 우유를 좀 드시겠습니까?
□□ (8) 이 책을 읽는 것은 쉽다.

영어 해석을 쓴다.
</td></tr>
</table>

7) 단어장 숙어장 만드는 법 : 뜻과 예문을 모두 적어라

영어 단어를 영어 사전에서 검색해야만 영어 실력을 키울 수가 있습니다. 요즘은 학생이 인터넷 검색으로 단어를 찾습니다. 영어 사전을 활용한 단어 검색은 반복 학습이고 이전에 검색한 단어에 밑줄을 그어야 효과가 있습니다. 반드시 영어 사전으로 단어를 검색하는 습관을 가집니다. 영어 독해에 자신이 없는 학생은 교과서에 나오는 기본 단어를 영어 암기노트을 만들어서 암기합니다.

기본 단어를 거의 외우면 영어 문장을 읽으면서 새로 나온 단어와 숙어를 정리하고 이때 직접 영어 암기노트를 작성합니다.

영어 암기노트를 만들 때는 사전에 나오는 예문도 함께 적습니다. 영어 문장이 너무 길면 단어가 들어간 구절만 적습니다.

그리고 영어 단어는 문장형태로 암기하는 것이 효과적입니다. 영어 암기노트에 작성된 문장을 큰 소리로 읽으면서 구문과 단어를 동시에 암기합니다. 그러면 시험 기간에 교과서와 단어장만 이용해 공부해도 좋은 결과를 볼 수 있습니다.

Date :	목적 : 숙어 암기 노트
단어 / 숙어	단어 뜻 / 숙어 문장
away[əwéi] make away with 죽이다, 제거하다. 사전에서 찾은 단어나 악센트, 발음기호를 다 쓴다.	타동사 (시간적·공간적으로) 떨어져, 다른 데(로) 자리에 없는, 결석한 -> She made away with herself 그녀는 자살했다. [Point] 단어나 숙어를 포함한 예문을 적는다. [Point] 수업시간에 들었던 중요한 설명도 같이 적는다.
company[kʌ́mpəni] keep company with =be friendly with : ~와 친히 사귀다	자동사 ~의 곁에 있어 주다[친구가 되어 주다] 명사는 회사, 단체 Don't keep company with such a mean girl. 그런 야비한 여자랑 사귀지 말아라.

영어 단어의 효과적인 암기법

영어 암기노트을 활용해서 영어 단어를 외울 때 우선 모르는 단어에 'V' 표시를 하고, 다음에 볼 때는 표시된 것 위주로 암기합니다. 이때 외운 것은 다시 'O' 표, 그렇지 않은 것은 다시 'V' 표시를 하는 과정을 반복합니다. 잘 외워지지 않는 단어나 숙어는 여러 번 반복하는 수밖에 없습니다.

<table>
<tr><td colspan="2">읽으면서 외우는 단어장 숙어장 만들기</td></tr>
<tr><td colspan="2">Date</td></tr>
<tr><td>단어 / 숙어</td><td>뜻 / 예문 / 관련 사항</td></tr>
<tr><td>away[əwei]

[Point] 사전에 찾은 단어나 악센
트나 발음기호도 적는다.
make away with :
　죽이다, 제거하다.</td><td>(Vi) (시간적·공간적으로) 떨어져, 다른 데(로)
　　자리에 없는, 결석한
　　→ She made away with herself
　　　그녀는 자살했다.
[Point] 단어나 숙어를 포함한 예문을 적는다.
[Point] 수업 시간에 들었던 중요한 설명도 같이 적는다.</td></tr>
<tr><td>company[kʌmpəni]
keep company with
　=be friendly with :
　　～와 친히 사귀다</td><td>(Vi) ～의 곁에 있어 주다[친구가 되어 주다]
명사는 회사, 단체
Don't keep company with such a mean girl.
그런 야비한 여자랑 사귀지 마라.</td></tr>
</table>

Tip 교과서 중심으로 공부하자

필자가 가르친 학생 중에 김민철이라는 학생이 있습니다. 민철이는 고등학교 1학년이지만 교과서를 제대로 공부하지 않았습니다. 민철이는 체육학과로 진학해서 학교 선생님이 되는 장래 희망을 가지고 있었습니다.

민철이는 수학 교과서를 제대로 이해하지 않았으면서 바로 문제집을 풀려고 했습니다. 교과서의 개념 이해와 기본 공식을 암기하지 않고 문제집을 풀려고 했으니 민철이는 제대로 풀 수가 없습니다. 필자는 민철이에게 수학의 욕심을 버리라고 했습니다. 수학은 가장 기본이 되는 교과서부터 풀어야 한다고 알려 주었습니다. 민철이는 교과서에서 가장 기본이 되는 문제를 풀기 시작하고 기본 공식을 암기노트를 작성했습니다. 민철이는 암기노트를 자투리 시간에 이해하고 암기하기 시작했습니다. 약 3개월이 지나고 난 뒤에는 민철이는 수학 교과서 문제를 전부 풀 수가 있었습니다. 그러고 난 뒤에 문제집을 펼쳐 보니 민철이가 풀 수 있는 문제가 많아졌습니다.

민철이는 틀린 문제 중심으로 수학 오답노트를 작성해 공부했습니다. 성적이 약 20점 이상 향상되었습니다.

8) 영어카드 만드는 법 : 외워지지 않은 문장은 따로 저장하라

매달 시험 암기노트를 이용한 복습과 시험이 끝난 후의 복습은 무슨 일이 있어도 빼먹지 말아야 합니다.

시험에서 틀린 문제나 지금까지 시험 암기노트를 정리하면서 '체크할 것' 이라는 표시가 중복되어 있는 부분은 영어 암기노트로 작성합니다.

> 영어 암기노트의 중요 핵심 1개의 문장만 적는다

> 시험대비 암기노트의 시험에 관련된 페이지에는 1개의 문장이나 1개의 수학 문제만 작성한다

Date :	목적 : 독해 암기 노트	☑ ☐
교과서 독해 P. 57		
They were late for the movie, so they ran down the street. At last they were just across the street from the movie house. Suddenly the light turned red. One man ran across the street after the light turned red.	영어 문장을 쓴다.	
at last : 마침내　　　　　　so : they were late for the movie Suddenly : 갑자기 turn red : 빨간불로 변하다.	숙어를 설명하고 문장 구조를 설명한다.	
영어 문장 해석) 그들은 영화 상영관에 지각 하였고, 그래서 그들은 거리를 향해 달려 갔다. 마침내 그들은 상영관 앞의 횡단 보도 앞에 도착 하였다. 갑자기 횡단보드의 신호등이 빨간색으로 변경되었다. 그들 중에 한 남자는 빨간빛이었지만, 횡단보도를 그대로 지나가 버렸다.	영어 해석을 쓴다.	

<table>
<tr><td>Date :</td><td>목적 : 암기 노트</td><td>☑ ☐</td></tr>
</table>

교과서 P. 30

영작문) 내 부모가 가지고 있는 훌륭한 부모로서의 자질 중 하나는 나와 내 형제 자매에 대한 존중이다

자질 quality = characteristic　　　　　　　　　　　한글로 문장을 쓴다.

좋은 부모로서의 자질 중의 하나 : 자질 중의 하나 + **that** + 내 부모가 갖고 있다 + **as** 좋은 부모

one of the qualities (that) my parents have as good parents

나와 내 형제 자매에 대한 존중 : the respect for my brothers and sisters and me

한글 문장 영작)
One of the qualities my parents have as good parents is the respect for my brothers and sisters and me.

독해 중심 암기노트

1) 교과서 또는 참고서 제목과 페이지 수를 적습니다.

2) 공부 여부와 난이도를 체크하는 박스를 만듭니다.

3) 복습할 때 어려운 문장을 적습니다.

4) 문장 구문과 독해 요령을 적습니다.

5) 문장 해석을 적습니다.

암기 중심 암기노트

1) 교과서, 참고서 페이지 수를 적습니다.

2) 단원명, 중요한 이유를 설명합니다.

3) 체크 박스를 만듭니다.

4) 암기해야 할 문장의 해석을 적습니다.

5) 영작할 때의 주의할 점과 틀리기 쉬운 부분을 적습니다.

Tip
엄마를 부탁해

"엄마를 부탁해" 에세이를 집필한 신경숙 작가님이 계십니다. 신경숙 작가님은 1990년대 이후에 많은 작품을 집필하셨습니다. 작품들은 문학성과 상품성을 동시에 인정받는 한국 최고입니다. 신경숙씨는 이름이 없는 무명시절에는 본인이 좋아하는 작가의 작품을 빈 노트에 정성스럽게 옮겨 적는 작업을 했습니다. 신경숙씨는 이런 작업을 하면서 유명한 작가의 문체와 문장 구성을 알게 되었습니다. 신경숙씨의 문학적 토대를 이루는 데 도움이 많이 되었습니다.

신경숙 작가님이 문학적 성공에는 훌륭한 문학 작품을 노트에 옮겨 적는 기본적인 작업이 있었습니다. 이게 바로 학생 여러분이 교과서 또는 참고서를 암기노트에 작성하는 것과 같습니다. 그래서 학생 여러분도 마음만 먹으면 충분히 공부를 잘할 수가 있습니다.

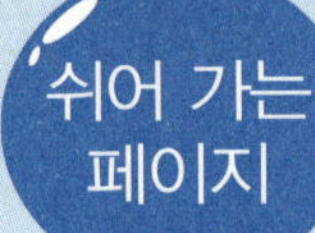

끈기를 길러 주는
현미밥 |

[효능] 사람의 정신에 영향을 미치는 영양소는 칼슘, 인, 비타민B, 니코틴산, 코린입니다. 이런 영양소는 사람 몸에 들어와 대뇌의 기능에 영향을 미칩니다. 영양소가 부족하면 몸이 허약해지고 뇌에 심각한 장애를 발생시킵니다. 칼슘이 부족하면 자녀의 성격이 급해지고 인이 부족하면 판단기능에 심각한 문제가 발생됩니다. 비타민 B가 부족하면 대뇌 활동이 활발하지 못해서 학습 능력이 떨어집니다.

요즘 청소년들이 특정 영양소가 부족하여 공부를 하지 않고 집 밖으로 나가는 탈선행위가 일어나고 있습니다. 특정 영양소가 부족한 영양 결핍을 해결하는 방법은 현미입니다. 현미는 백미에 비해 보관하기가 좋고 병충해나 미생물의 피해가 적습니다. 또 정미로 인한 영양분의 손실이 적어서 백미에 비해 지방과 단백질, 비타민 B1, 비타민 B2가 약 4배 이상 풍부하게 들어 있습니다. 그러므로 자녀에게 현미를 꾸준히 먹게 하면 몸이 건강해지고 대뇌 기능이 좋아져 공부를 잘할 수 있게 됩니다.

1) 현미밥

[준비물] 현미

[조리법]

① 현미밥은 전기밥솥을 사용해야 합니다. 압력밥솥을 사용하면 고온으로 현미의 비타민 B가 파괴되기 때문입니다.

② 현미와 물의 비율을 1:1로 해서 전기밥솥에 넣고 밥을 합니다.

③ 전기밥솥의 취사가 끝나고 보온 상태로 변경이 되면 다시 현미 양만큼의 물을 붓고 취사버튼을 누릅니다.

④ 전기밥솥으로 두 번 취사를 하게 되면 일반 백미밥처럼 부드러워 먹기가 좋아집니다. 백미와 현미를 반반씩 섞어서 밥으로 먹어도 좋습니다. 백미와 현미를 반반 섞어 밥을 할 때에는 물에 조금 불리기만 하고 두 번 취사를 할 필요는 없습니다.

집에서 공부할 때에는 가끔 옆으로 누워 휴식을 취하면 짧은 시간 안에 효과적으로 피로를 풀 수 있습니다. 옆으로 누운 상태에서 몇 바퀴 몸을 굴러 주는 것입니다. 인간은 다른 동물과 달리 직립 보행을 합니다. 그러다 보니 내장 기관들은 벽돌처럼 차곡차곡 쌓여 있게 되고 인위적으로 운동을 해 주지 않으면 심한 압력을 받습니다. 이 압력이 스트레스로 작용해 육체적으로 피로를 느끼게 됩니다.

하루 종일 책상에 앉아 공부하는 학생들의 내장 기관 압력은 더욱 커집니다. 휴식 시간에 옆으로 누워 내장 기관들을 운동시켜 주면 짧은 시간에 피로를 풀 수 있습니다. 벽을 향하여 물구나무를 하는 것도 좋습니다.

국어 노트

1) 비문학 독해에 집중하라

국어는 장기간에 걸쳐 꾸준히 공부를 해야 성적이 오르는 과목입니다. 시험을 코앞에 두고 문제집을 많이 풀어 봐도 점수에 큰 변화가 없습니다.

또 대분의 학생들이 국어 암기노트를 따로 마련하지 않고 교과서의 여백을 노트로 활용하거나 자습서에 의존하는 경우가 많습니다. 그러나 국어 교과서는 여백이 충분하지 않기 때문에 체계적으로 정리하기가 힘들고, 국어 자습서에는 학생에게 필요한 것과 불필요한 것이 뒤섞여 있어서 효율적으로 활용하기가 어렵습니다.

그러므로 비문학적인 글을 배울 때에는 국어 암기노트를 활용하여 수업 시간에 배운 내용을 체계적으로 정리하는 습관을 들이고, 지문을 분석하고 내용과 주제를 파악하는 연습을 꾸준히하면 어떤 글이라도 쉽게 파악할 수 있습니다.

한편 고전문학은 글자가 낯설고 요즘에는 사용하지 않은 단어들이 많이 나오기 때문에 여간해서는 손에 잡히지 않는 과목 중의 하나입니다. 교과서에 실린 분량이 적어 자주 접하지 않기 때문에 포기하는 경우가 많습니다.

2) 낙서식 암기노트를 만들어라

비문학적인 글의 경우 시험에서는 제시문을 읽고 필자의 주장 및 의도를 파악하는 능력과 제시된 내용을 바탕으로 새로운 정보를 알아내는 추리능력, 그리고 필자의 주장이 적절하고 타당한지를 평가하는 비판능력, 어휘력 등을 주로 평가합니다. 이 중에서 가장 기본이 되는 것은 어휘력의 글의 주제를 파악하는 능력입니다.

교과서의 본문 가운데 길이를 고려 하여 한 단락 또는 두 단락 정보를 복사하여 노트에 붙입니다. 그리고 수업 시간에 선생님의 설명을 노트에 받아 적습니다.

특히 모르는 단어나 관용어구의 의미는 꼼꼼하게 필기하고 가능하면 수업 시간에 바로 암기합니다. 일상생활에서 자주 쓰지 않는 추상적인 단어나 어려운 한자어들이 많이 등장하는 논설문의 경우 이런 단어들의 의미를 정확하게 알고 있지 않으면 작가의 주장을 제대로 파악할 수 없습니다.

요즘 학생들 사이에서 단어의 뜻을 몰라 문제를 풀지 못했다는 이야기가 자주 나오는데, 중요한 시험에서 이런 당혹스러운 일을 당하지 않기 위해서라도 어휘력을 공부합니다.

필기를 할 때에는 단락의 주제문은 어느 것인지, 작가가 말하고 하는 바는 무엇인지 글 전체에서 그 단락은 어떤 역할을 하는지도 파악하여 정리해 놓으면 글의 흐름을 쉽게 알 수 있습니다.

교과서의 내용만으로 부족하다고 생각이 되면 지문분석과 해설이 충실하게 이루어진 문제집을 풀면서 독해의 급소나 기본 규칙, 문제 풀이 방법 등을 반복해서 익히면 성적이 꾸준히 상승할 것입니다.

벤자민플랭클린 황금률 삶의 지침서

미국독립선언문의 기초를 설정한 벤자민플랭클린이라는 정치인이 있습니다. 그는 미국을 건국하는데 큰 공로를 세웠습니다. 벤자민플랭클린은 수천 권의 책을 읽은 내용 중에서 13개의 제일 좋은 구절을 골랐습니다. 이 구절은 오늘날까지 전 세계인들의 삶의 지침서가 되고 있습니다.

다음은 벤자민플랭클린의 13개 지침서입니다.

1) 절제 : 절대 배부르게 먹지 않습니다.

2) 침묵 : 쓸데없는 말은 하지 않습니다.

3) 규율 : 물건은 반드시 있어야 할 곳에 두어야 합니다.

4) 결단 : 결심한 일은 반드시 실행합니다.

5) 절약 : 반드시 돈을 지출 해야 할 때만 돈을 사용합니다.

6) 근면 : 평상시에 부지런하게 일을 합니다.

7) 성실 : 주어진 일에 최선을 다하고 끝까지 책임을 집니다.

8) 정의 : 선행을 하도록 합니다.

9) 중용 : 극단적인 행동을 피하고 평안함을 유지합니다.

10) 청결 : 주변을 항상 깨끗하게 청소합니다.

11) 평정 : 사소한 일에 평정을 잃지 않으며 감정을 올바르게 가집니다.

12) 순결 : 남녀의 진실한 사랑을 하고 건강과 출산을 위해 남녀의 사랑을 합니다.

13) 겸손 : 예수님과 소크라테스를 본받습니다.

학교 수업

학생에게는 공교육의 학교 수업은 가장 중요한 학습입니다. 선생님이 수업 시간에 교과서로 설명을 해 주는 것은 가장 기본입니다. 학생은 학교 수업과 교과서는 중요시 여겨야 합니다.

학생은 학교 수업에 충실하고 교과서의 개념을 이해하면 충분히 우등생이 될 수 있습니다. 공부의 큰 기둥은 바로 학교 수업과 교과서입니다. 학생이 가장 많은 시간을 들여 공부 하는 곳은 교실입니다. 학생은 교실에서 학습시간의 3분의 2 이상을 보냅니다. 학교 수업 시간을 100% 활용해야 합니다.

많은 학생들은 수업을 소홀히 하여 헛되이 보내서 공부를 못하게 됩니다. 학생은 교과서를 반복해서 공부를 하여 제목별로 암기노트와 주제별로 암기노트를 작성해야 합니다.

제목별로 정리 목적으로 하는 암기노트와 학습 주제별로 정리 목적으로 하는 암기노트는 학생 여러분을 우등생으로 만들어 드립니다.

3) 평소에는 교과서를 읽고, 시험 직전에는 노트로 복습하라

시험 직전까지는 현대문노트 복습은 하지 않아도 되고 평소에는 수업 시간에 배운 내용을 상기하면서 교과서를 가지고 복습해도 충분합니다.

이때 교과서에 나온 글 중에서 관심이 있는 주제를 다룬 글이 있으면 그 저자의 다른 글이나 같은 주제를 다룬 다른 저자의 글을 찾아 읽어 보는 것도 좋습니다. 이와 같은 독서가 시험 성적과 직결되지는 않아도 같은 주제를 보는 다양한 관점을 배울 수 있고 어휘에 대한 지식도 풍부해져 독해력 향상에 많은 도움이 됩니다.

시험 직전에는 현대문노트를 활용하여 복습합니다. 그전에 지난해 시험문제의 출제 경향을 분석하고 이번 시험에 나올 만한 문제들을 미리 뽑아 놓으면 도움이 됩니다.

복습할 때에는 수업 시간에 선생님이 강조한 부분을 중심으로 공부하고 시험 범위 안에는 있는 교과서 본문을 2~3회 정도 집중하여 읽습니다. 논설문이라면 필자의 주장이 무엇인지, 그 근거는 무엇이며 타당성이 있는지, 각 단락의 주제가 무엇인지를 정리하고 설명문이라면 설명의 대상은 무엇인지 어떤 설명 방법을 사용하고 있는지 각 단락에서 설명하고 있는 내용은 무엇인지 등을 파악합니다. 또 소설이라면 사건 및 주인공의 심리 변화, 갈등의 양상 등을 집중적으로 공부합니다.

국어 수업 시간
국어 수업에는 속담이나 격언, 사자성어 등 관용적인 표현들이 있습니다. 이런 것들은 따로 모아서 암기노트로 작성하면 국어 독해력 향상에 많은 도움이 되고 또 글을 쓸 때에도 학생의 주장을 간결하면서도 설득력 있게 적을 수 있습니다.

중요한 시험에서는 암기노트를 사용하라

오승은 학생은 대학 수능고사에서 최초로 만점을 받았습니다. 오승은 학생의 만점 비결은 과목별로 암기노트를 작성했습니다. 오승은 학생은 자투리 시간에 암기노트로 학습내용을 정리했습니다. 암기노트는 학생들에게 학습내용을 오랫동안 기억시켜주기 때문입니다.

Date :
28자의 자모음 체계로 구성된 훈민정음은 우리말을 가장 자연스럽게 표현할 수 있는 과학적인 문자이다. 이 새 문자는 소리 나는 대로 쓸 수 있기 때문에 한문보다 익히기가 훨씬 쉬워, 많은 백성들이 문자의 혜택을 누릴 수 있게 될 전망이다.   세종은 훈민정음 서문을 통해 "나라말이 중국과 달라 어리석은 백성들이 말하고 싶은 것이 있어도 제 뜻을 펴지 못하는 사람이 많다. 내가 이를 딱하게 여겨 새로 28자를 만들었다.".라고 훈민정음 창제의 취지를 밝혔다.   교과서를 복사하자.
선생님의 설명을 적자.
필기 부분

4) 모르는 어휘의 뜻은 그 자리에서 외워라

고전문학을 공부하는 방법은 현대문학의 공부 방법과 기본적으로는 같지만, 어휘가 낯설고 한자어가 많이 사용되기 때문에 학생들이 어려워합니다.

그러므로 모르는 어휘의 뜻을 어느 정도 암기할 수 있다면 평소 수업만 충실히 들어도 좋은 점수를 얻을 수 있습니다.

우선 교과서의 본문을 복사해 암기노트에 붙이고 그 아래에 본문의 내용을 현대어로 정확하게 풀이합니다. 암기노트에 현대어로 해석을 하고 국어 시간에 선생님의 설명을 암기노트의 여백에 기록합니다.

고전문학 작품에는 고사나 유명한 작품의 한 구절을 인용하여 작가의 생각을 표현하는 경우가 있으며 인용된 구절이 무엇을 의미하는 지를 작품만 읽어 봐서는 알 수가 없습니다. 국어 시간에 선생님이 설명하는 내용을 암기노트에 작성하거나 참고서를 복사해 암기노트의 여백에 붙힙니다.

고전문학의 복습은 배운 내용을 20분 정도 공부합니다. 학생은 국어 시간에 설명한 단어와 어휘들을 암기노트에 정리합니다. 학생은 암기노트의 단어를 큰 소리로 읽어 봅니다. 고전문학은 글자는 고어체라서 눈에 익숙치는 않지만 소리는 현대 글짜 소리와 유사해서 큰 소리로 읽으면 글자의 의미를 기억하기가 수월해집니다.

암기노트를 오랜 시간에 걸쳐 복습하는 것보다 짧은 시간에 여러 번 반복하는 것이 좋습니다.

Date :	
어휘	고전문학 교과서를 복사한다
국어 필기	현대 단어 풀이
수업설명	선생님 수업 설명

〈고전문학 암기노트 예제〉

국어 암기노트 작성법

1) 선생님의 수업 내용과 국어 단어 뜻을 적습니다.
2) 선생님의 설명이 본문의 어느 부분과 관련되는지 알 수 있도록 본문과 설명을 선으로 연결합니다.
3) 선생님의 수업 내용에서 필기할 부분이 없으면 설명과 필기부분을 나눌 필요는 없습니다.

고전문학은 단어를 많이 외워야 한다
고전문학에 나오는 단어는 현대어와 모양과 의미가 다른 것이 많으며 고전문학에서 높은 점수를 얻으려면 모르는 단어는 외워야 합니다.

5) 시적 화자의 정서를 파악하라

현대시는 예습이 꼭 필요합니다. 많은 학생들이 시를 어렵다고 생각하는 이유는 시에 쓰인 단어는 모두 어떤 특별한 상징 의미를 지닌다고 생각하기 때문입니다.

그러나 시에 나오는 단어는 대부분 우리가 사용하는 일상언어와 다르지 않으며 또 몇 개의 단어가 상징적 의미를 지니고 있다고 하더라도 시 전체의 맥락을 파악하면 그 뜻을 쉽게 알 수가 있습니다.

교과서에 나오는 시를 암기노트에 적습니다. 암기노트의 여백에 시에 대한 느낌이나 해석을 적습니다. 추가로 학생의 시 느낌과 해석을 암기노트에 적어 두면 선생님의 설명과 차이점을 찾아보면서 공부하는 것이 좋습니다.

시는 어떤 정서를 추상적으로 나타내는 것이 아니고 감각적 형상, 심상, 이미지를 활용하므로 시적 상황을 머릿속에 그려보면 시를 해석하는 데 도움이 됩니다.

그 시의 화자가 어떤 상황에 처해 있는지 시적 정황, 그리고 화자는 그 상황이나 대상에 대하여 어떤 심리적 반응을 보이고 있는지 화자의 정서 및 태도를 파악하여 적어 놓습니다.

Tip

국어 암기노트 작성법

1) 국어 시를 적거나 국어 교과서 또는 참고서를 복사하여 붙입니다.
2) 국어 수업 시간에 선생님이 설명 내용을 암기노트에 적습니다.
3) 작가의 설명을 적고 그 당시의 시대 상황을 적습니다.
4) 국어 시의 예습을 하고 전반적인 시 전체의 내용을 알 수 있도록 암기노트의 여백에 시에 대한 느낌이나 감정 해석을 적습니다.

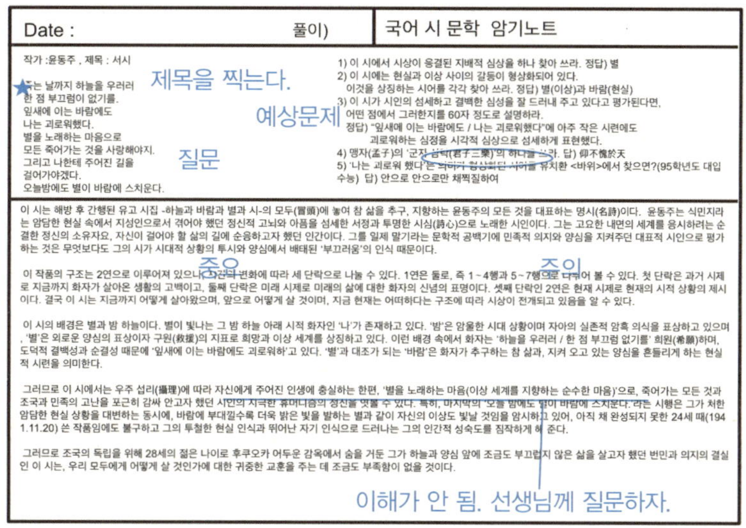

그리고 비유, 감정이입, 역설, 반어 등과 같이 그 시에 사용된 표현법을 적습니다.

그리고 특별한 상징의미가 있는 시어를 찾아보고 그 의미를 적습니다.

수업 시간에는 선생님의 설명을 기록하면서 자기가 예습한 내용과 다른 점이 있는지를 살펴보고 잘못된 내용은 수정합니다.

작가의 설명을 암기노트에 적습니다. 그래야만 그 작가의 배경을 보고 작품의 내용을 이해하기가 쉽기 때문입니다.

암기노트의 왼쪽 페이지에는 시를 적고 오른쪽 페이지는 2개로 나누어 위에는 예습 내용을 적고 아래에는 수업 내용을 적습니다.

Tip 시 정리하기

1) 시의 본문을 직접 적거나 교과서를 복사해서 붙입니다.
2) 수업 시간에 선생님이 설명한 내용을 암기노트에 적습니다.
3) 또 다른 작품과 비교하여 각각의 시의 특징을 적습니다.
4) 시의 예상문제를 적습니다.
5) 이해가 되지 않은 부분에는 '질문'과 '주의'를 적습니다.

끈기를 길러 주는
현미밥 II

1) 아침을 못 먹고 학교 가는 자녀를 위한 현미 수프

자녀가 잠에서 일찍 일어나게 되면 입맛이 없습니다. 이럴 때에는 자녀가 아침밥을 거르고 학교로 보내서는 안 됩니다. 자녀가 아무것도 먹지 않고는 공부를 잘할 수 없습니다. 현미 수프를 자녀에게 아침밥 대용으로 해 줍니다.

[준비물] 현미, 간장, 참기름, 깨소금

[조리법]

① 수프를 할 정도의 적당한 양의 현미를 밤에 물에 불립니다.

② 물은 현미의 4배 정도의 붓고 현미를 믹서기에 넣고 잘게 갈립니다.

③ 찜통에 ②을 넣고 중탕으로 끓입니다.

④ 깨소금과 참기름을 넣은 집에서 만든 천연 간장으로 간을 맞춥니다.
   천연 간장이 없을 시에는 간장으로 맞추어도 괜찮습니다.

2) 밤늦게 돌아오는 자녀에게 라면 대신 곶감 현미죽

밤늦게 돌아오는 자녀는 공부에 지쳐 입맛이 떨어지고 배는 고픕니다. 자녀는 컵라면을 찾게 됩니다. 몸에 안 좋은 라면을 먹어 공부에 집중하기가 어려워집니다. 곶감을 넣은 현미 죽을 맛이 있게 자녀에게 해 주어야 합니다. 곶감 현미죽은 자녀의 건강을 책임지고 공부 학습 효과를 높일 수 있습니다.

[준비물] 현미, 곶감, 깨소금, 참기름

[조리법]

① 프라이팬에 현미를 다갈색으로 변할 정도로 볶습니다.

② 냄비에 볶은 현미를 넣은 후에 물을 부어 약한 불로 끓입니다.

③ ②에 곶감을 잘게 썰어 넣습니다.

④ 죽으로 모양이 나오면 참기름과 깨소금, 집에서 만든 천연 간장으로 간을 맞춥니다.
   천연 간장이 없을 시에는 간장으로 맞추어도 괜찮습니다.

> # 기억력과 집중력을
> # 떨어 뜨리는 음식

인스턴트 식품은 인공첨가물이 많이 들어 있으며 두뇌 세포의 기능을 죽여서 안 먹는 것이 좋습니다. 과자, 라면, 피자, 스파게티는 자녀에게 먹이지 않도록 해야 합니다. 많은 당질 섭취는 자녀의 신경과민과 스트레스를 초래합니다.

수험생 자녀에게 합격을 기원하는 의미로 엿이나 찹쌀떡 등을 선물하는데 실제로는 수험생에게는 좋은 식품이 아닙니다.

초등학교 중학생들이 졸음을 없애고 불안감 해소를 위해 커피를 마십니다. 커피는 중추 신경을 흥분시켜 일시적으로 잠이 깨고 정신이 맑아 지는 것처럼 느껴지지만, 오랫동안 마시면 불면증이 일어나고 두뇌 신경을 침해해서 자녀의 지적 능력을 떨어뜨립니다. 그러면 자녀들은 공부를 잘할 수가 없습니다.

수학 노트

1) 노트를 해법 암기의 도구로 활용하라

노트 공부법에서 수학의 핵심 아이템은 '해법 암기'이다. 학생들의 이해를 위해 해법 암기에 대해 간단하게나마 설명하고자 합니다.

해법 암기란 시험문제 패턴을 암기합니다. 따라서 한 문제를 풀기 위해 한 두 시간씩 허비하는 일은 절대 일어나지 않으며 약 5분 동안 생각해도 풀지 못하는 곧장 해답을 보고 풀이를 이해하면서 암기합니다. 이런 수학 공부 방법을 '암기수학'이라고 합니다.

암기수학을 통해 하루 90분씩 두 달 정도면 참고서 한 권 분량의 해법 패턴을 모두 암기할 수 있습니다. 확실하게 암기했다면 시험문제 가운데 약 60%는 무난하게 풀 수 있습니다.

학교 시험에서 난이도가 높은 문제는 5개 정도입니다. 그래서 평균 문제만 완벽하게 풀 수 있어도 좋은 점수를 얻을 수 있습니다. 따라서 수학을 어려워하는 학생이나 일찌감치 포기한 학생도 이 방법으로 얼마든지 재도전할 수 있습니다.

그렇다면 수업 시간은 어떻게 활용할까요? 해법 암기를 위한 절대적인 조건은 "해법을 보고, 왜 그렇게 되었는지 이해하는 것."입니다. 수학 문제 풀이는 이해 없이는 절대 외워지지 않습니다. 그래서 수학 참고서는 되도록 풀이가 자세히 나와 있는 것을 선택할 필요가 있습니다. 해답을 읽고도 이해되지 않을 때는 조금 낮은 레벨의 참고서를 보거나 수학노트를 참고합니다.

서점에서 판매되는 참고서는 풀이가 아무리 쉽게 되어 있어도 완전하게 이해하기가 쉽지 않습니다. 이 단점을 보완하고 보다 쉽게 해법을 암기하기 위한 것이 수학노트의 기본목적입니다.

이해를 돕기 위한 정보는 많으면 많을수록 좋습니다. 복습 때 완벽하게 이해할 수 있는지의 여부가 수학노트의 생명이라 할 수 있습니다.

왜 암기 수학인가?

스스로 문제를 풀지 못하면 수학적 사고력이 생기지 않는다고 생각하는 사람이 많습니다. 그러나 사고력이란 백지상태에서 알지도 못하는 해법을 이끌어 내는 능력이 아니라 이미 가지고 있는 지식을 활용해 추리하는 능력입니다.

수학은 추론에 필요한 해법 패턴 지식을 머릿속에 정착시키는데 많은 시간을 투자합니다. 지식이 많아질수록 응용력도 그만큼 커지게 됩니다. 따라서 영원히 해답을 봐야 할 것이라고 우려하지 않아도 됩니다. 실력은 생각보다 빨리 향상될 것이고 그에 따라 해답의 필요성도 줄어들 것입니다. 스스로의 힘으로 문제를 푸는데 연연하지 않고 해법의 패턴을 효과적으로 기억하는 것이 암기 수학의 기본 발상입니다.

2) 해법 패턴을 이해하고 자기 것으로 만들어라

단순히 정리와 공식을 외우는 것이 암기수학은 아닙니다. 문제를 풀기 위해 필요한 해법 패턴을 효율적으로 머릿속에 저장하고 그것을 사용할 수 있도록 하는 것이 암기

수학의 포인트입니다.

그러나 학교 수업에서는 공식이나 수학적 사실을 증명하는 데 많은 시간을 소비하는 경향이 있습니다. 그것을 이해하지 못한 학생들은 "역시 나는 머리가 나쁘다."는 수학 콤플렉스에 빠지기가 쉽습니다. 사실 수학 시험의 목적은 공식이나 정리의 '본질적인 이해'가 아니라 그것을 도구로 사용할 줄 아는지를 확인하는 것입니다.

암기 수학을 기초로 한 수학노트의 최우선 목표는 공식이나 정리의 사용법을 포함한 해법 패턴의 이해와 암기입니다. 공식 등은 문제 푸는 과정에서 필요에 따라 활용하고 무조건 외우지 말고 풀이하는 과정에서 자연스럽게 입력되도록 합니다.

수학은 예습노트를 만들 필요가 없습니다. 도저히 풀 수 없는 문제 외에는 수업노트를 중심으로 한 복습 중심의 공부법으로 충분합니다.

수학 수업은 일단 공식과 정리를 먼저 제시한 뒤에 그에 맞는 연습 문제를 푸는 형식으로 진행되고 공식을 증명하는 데 주력하는 경향이 있습니다. 그러다 보니 수업이 지루할 수밖에 없고 결국 수업 시간 내내 집중하지 못하는 일이 일어납니다.

비록 공식에 대해 근본적으로 이해할 수 없더라도 교과서 문제나 문제집을 활용한 연습 시간에 해법 과정을 눈여겨봐야 합니다

암기 수학의 생명은 해법 패턴을 이해한 후 머릿속에 입력시킵니다. 이해하지 못한 패턴은 입력도 안될 뿐 아니라 응용할 수도 없습니다.

수업 시간에 다루는 문제들은 한 페이지에 한 문제, 경우에 따라서는 두 페이지에 한 문제 정도를 쓰고 선생님의 설명을 적을 여백을 충분하게 만들어 놓습니다. 수학은 필기를 기계적으로 받아 적기만 해서는 이해가 어려우므로 선생님의 설명을 듣는 일에 충실하고 다양한 정보를 여백에 적습니다.

암기 수학노트를 만들 때 가장 중요한 것은 해법의 열쇠가 되는 지점이 어딘지 정확하게 기록하는 것입니다.

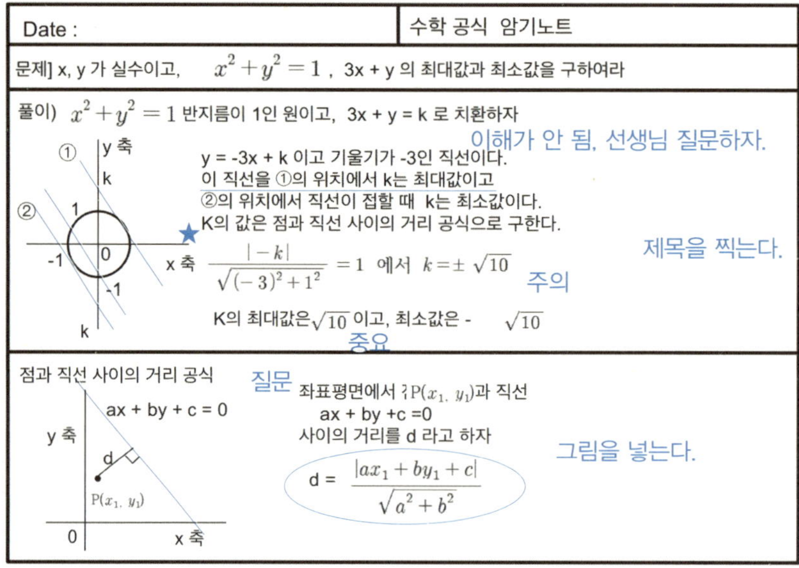

수학 공식이나 정리의 증명, 혹은 문제 풀이가 이해되지 않는다 하더라도 일단 칠판의 필기를 베끼는 동시에 선생님의 설명도 메모합니다.

수학은 수업 시간에는 몰랐어도 나중에는 쉽게 풀리는 경우가 종종 있습니다. 따라서 이해를 돕는 힌트 몇가지를 남겨 놓는 것으로 공부시간을 단축 시킬 수 있습니다.

1) 계산 과정을 생략하지 않습니다.
 - 칠판에 필기 할 때는 중간에 계산하는 과정을 생략하는 경우가 있는데 복습할 때 그 부분을 자세히 풀이합니다.
2) 도표나 그래프는 꼼꼼하게 그립니다.
 - 수학의 해법 패턴은 도표나 그래프로 인해 한층 이해하기가 수월합니다.
 - 그래프는 가능한 한 크게 그립니다.
3) 노트를 계산용 연습장으로 사용하지 않습니다.

3) 해법에서 이해하지 못한 부분을 확인하라

수학 역시 수업이 있는 그날 약 15분 정도 복습합니다. 복습할 때의 포인트는 문제 풀이 과정에서 이해한 부분과 이해하지 못한 부분을 구별하는 겁니다.

이해되지 않는 부분은 눈에 잘 띄는 색으로 표시하고 일단 공식과 정리 부분으로 돌아가 왜 그 풀이 방식으로 했는지 체크합니다. 수학 내용을 이해 후 다시 한 번 문제를 풀 때는 해답을 보지 말고 혼자 힘으로 틀린 부분을 수정합니다. 아무리 노력해도 해법을 이해할 수 없을 때는 다음날 선생님께 질문합니다.

교과서와 함께 사용할 문제집은 해답과 해설이 되도록 상세하게 나와 있는 것을 선택합니다. 세심한 부분까지 설명해 주는 선생님의 수업이라면 그만큼 복습 시간이 짧아지는 것처럼 문제집 역시 풀이과정이 자세하고 쉬울수록 해법 암기에 도움이 됩니다.

수학노트를 이용한 복습에서는 공식이나 정의보다는 문제의 해법을 우선으로 하되, 이해하지 못한 부분은 확실하게 체크합니다.

단, 모르는 부분이 지나치게 많을 때는 현재 자신이 갖고 있는 문제집보다 한 단계 낮은 수준의 참고서를 활용하는 것이 바람직합니다.

연습 종이는 넉넉하게 준비한다

노트 복습이나 참고서를 활용한 "해법 암기", 수학은 손으로 직접 쓰면서 외우는 것이 효과적입니다. 따라서 복습할 때는 저렴한 연습장이나 이면지 등을 충분하게 준비하여 그곳에 문제를 풀고 틀린 부분은 여러 번 반복합니다.

Tip 수학은 왕도가 없다

페르시아를 정복한 알렉산더 대왕이 있습니다. 이 대왕은 뛰어난 정치가이면서 백성들로부터 존경을 받는 사람이었습니다. 게다가 알렉산더 대왕은 학문에 깊은 관심이 많았습니다. 특히 수학을 무척이나 좋아 했습니다.

알렉산더 대왕은 나라를 다스리다가 잠시 시간을 내어 수학을 공부했습니다. 수학이 너무 어렵고 이해하기 힘이 들어서 수학자에게 물어보았습니다.

"내가 이 나라의 왕인데, 왕의 권위로 수학을 쉽고 더 빨리 배울 수 있는 방법이 무엇이냐?"

수학자는 바로 왕의 질문에 답변을 했습니다.

"알렉산더 대왕이시여, 이 나라에는 대왕님의 전용도로인 왕도와 사유도로가 있어 대왕께서는 누구보다도 빨리 목적지에 도착할 수 있습니다. 그러나 수학을 정복하기 위하여 왕의 길, 왕도가 따로 없습니다."

수학을 배우는 길은 무엇일까요? 바로 수학의 개념을 이해하고 기본 공식이 어떤 절차로 나왔는지를 이해해야 합니다. 그리고 수학의 개념과 기본 공식을 중심으로 주제별 암기노트를 작성해서 공부해야 합니다.

Tip **수학 암기노트 작성 노하우**

1) 수학 문제 풀이할 때에 어느 부분에서 이해가 안 되는지 체크합니다.
2) 이해하지 못한 것이 구체적으로 무엇인지 적습니다.
3) 왜 이런 답이 나왔을까 생각해 보고 답을 찾은 뒤에는 다시 한 번 해법 과정을 반복 합니다.

4) 참고서에 나온 해법과 노트를 입체화하여 기억하라

낙서식 수학노트가 제 기능을 발휘하는 것은 '자기만의 공부' 다시 말해 참고서를 활용한 해법 암기입니다.

수학에서 해법을 어려워하는 이유는 대개 예전에 배운 내용을 완벽하게 이해하지 못했기 때문입니다. 수학교육의 매커니즘은 기본적인 이해를 바탕으로 하여 한 단계씩 새로운 내용을 쌓아가도록 되어 있습니다. 따라서 과거에 배웠던 것을 제대로 이해하지 못하면 다음 단계로 나아가기가 어렵습니다.

암기수학 또한 이해가 바탕이 되어야 하기 때문에 무작정 해법을 외우기만 하면 속도가 붙지 않고 암기한 내용의 응용도 불가능합니다.

시간을 들여 풀이 과정을 보다가 결국 참고서에서 '요점정리' 부분, 공식에 대한 해설이 중심내용으로 넘어가는 학생들이 많은데 대부분의 참고서는 설명이 그다지 충실하지 않습니다.

그러므로 참고서에서도 딱히 힌트를 찾지 못했다면 다시 노트를 참고하는 것이 현명합니다. 참고서의 요점 정리와 달리 수업 시간에 선생님으로부터 들었던 공식이나 정리는 그 당시엔 이해되지 않더라도 복습할 때는 많은 도움이 된다. 수학노트는 해법 암기과정에서 모르는 부분을 해결하는 '자기만의 참고서'로 활용할 수 있습니다.

참고서를 보다가 노트가 더 자세하다고 생각되면 '내 노트 OO 페이지', 반대로 수업 시간에 필하면서 참고서의 내용을 첨부하고자 한다면 '참고서, OO 페이지' 등으로 표시합니다.

반복 학습을 위한 암기노트

필자가 수년간 학생을 가르쳐 보니, 대부분의 학생들은 학습내용을 정확하고 완전하게 이해를 하면 공부를 다 했다고 생각합니다. 그러나 이것은 공부의 중간 단계에 불과합니다. 학생이 학습내용을 이해했으면 반복 학습을 하여 학습내용을 완벽하게 암기해야 합니다.

이럴 때 필요한 것이 바로 암기노트입니다. 학생은 암기노트를 이용하여 학습내용을 암기해야 합니다.

수학은 끊임없는 반복 학습을 해야 한다

필자는 오랜 시간 동안 학생들에게 수학을 가르쳐 왔습니다. 초등학생뿐만 아니라 중학생, 고등학생도 필자에게 이런 질문을 합니다.

"원장님, 대체 수학을 잘할 수 있는 방법은 무엇인가요?"

"너희들이 수학 문제는 대체 몇 번 정도 풀면서 공부 하느냐? 최소한 한 문제당 10번 이상은 풀어야만 그 문제를 충분히 이해하고 응용문제를 풀 수가 있다고 봐야 한다."

학생들은 어려운 문제를 한 번만 공부를 하고 난 뒤에 수학이 어렵다고 하소연합니다. 단 한 번 공부해서 수학 문제를 풀고 이해한다면 그 학생은 1세기에 나올까 말까 하는 천재 수학자입니다. 필자도 수학 문제를 몇십 번씩 풀어 보았습니다. 지금까지 수학 문제를 대체 몇 번 정도 풀고 설명했을까요?

수학은 절대로 거짓말을 하지 않는 과목입니다. 학생이 최선을 다해서 수학문제를 10번 이상 풀어 본다면 그 문제만큼은 어떤 응용문제가 출제되어도 맞출 수가 있습니다.

"저수지 물속의 깊이는 알아도 한길의 사람은 알 수가 없습니다."

"한길의 사람은 알 수가 없지만 한길 속에 빠져들어 있는 수학은 알 수가 있습니다."

5) 암기 수학의 방법을 그대로 적용시켜라

시험문제는 수업 시간에 풀었던 문제나 선생님이 "중요하니까 기억해 둬라"라고 했던 문제 중심으로 출제됩니다. 시험에 대비해서도 해법을 외우는 암기 수학의 기본입니다.

암기노트를 펼쳐 시험 범위의 내용을 체크하여 곧바로 해법이 머릿속에 떠오르는 것은 그대로 넘어갑니다.

중요한 것은 노트에 "이해 안 됨." 이라고 표시된 문제이고 이런 문제는 해답을 가리고 한 번씩 다시 풀어야 합니다. 정답이 나오면 상관없지만 틀렸을 때는 해법 가운데 놓친 부분을 확실하게 체크합니다.

해법 암기에서 계산 부분은 스스로 풀어 본다

해답을 보고 암기하더라도 계산만은 꼭 직접 합니다. 계산을 해 보면 식을 통해 해답을 이끌어 내기까지의 과정이 보다 확실하게 기억될 뿐만 아니라 계산력까지 키울 수 있기 때문에 직접 계산하지 않고 계산기 등에 의존하면 해법 암기는 그야말로 단순한 암기에 지나지 않습니다.

Tip 복습은 그날 해결한다

필자는 수업 시간에 배운 내용은 쉬는 시간에 복습했습니다. 학교 쉬는 시간이 10분이고 약 5분 정도 시간을 내어 이전에 배웠던 수업 내용을 이해하고 암기했습니다.

수업 시간에 공부 내용을 쉬는 시간에 외우게 되면 짧은 시간 안에 쉽게 외울 수가 있습니다.

필자는 수업 시간에 배운 내용은 아예 복습을 하지 않고 수업 시간 안에 핵심 내용을 완전히 암기했습니다.

■ 시험을 위한 암기노트 사용 절차

① 학교 시험 범위의 암기노트 필기 내용 중에서 이해가 안 되는 문제가 있는지 체크합니다.

② 이해가 안 되거나 모르는 문제가 있으면 학교 선생님 또는 사교육의 학습전문가에게 문의합니다.

③ 암기노트의 필기 문제 중에서 풀이 과정이 빨리 기억이 나는지 체크합니다.

④ 풀이 과정이 빨리 안 떠오르면 해당되는 문제의 상단에 있는 박스에 체크합니다.

⑤ 자투리 시간을 활용하여 암기노트의 필기 내용을 암기합니다.

⑥ 시험 범위의 수학 공식과 핵심 내용을 확인합니다.

⑦ 암기노트의 시험 내용 중에서 중요한 내용을 뽑아내서 시험 암기노트를 작성합니다.

⑧ 시험 당일에 시험 암기노트를 외웁니다.

오답노트의 중요성

필자의 학원에서 공부하고 있는 보영이라는 학생이 있습니다. 보영이는 고등학교에 진학하고 난 후에도 학교 성적이 반에서 10등 안에도 못 들었습니다. 필자는 "대체 보영이의 어떤 문제로 인하여 공부를 잘 하지 못하는 것인가?" 곰곰이 생각해 보았습니다.

보영이는 공부의 이해력이 뛰어나고 수업 시간의 학습 태도가 좋습니다. 그런데 학교 시험만 치면 꼭 한두 개씩 틀립니다. 필자는 보영이와 함께 틀린 문제를 그 과목에 따라 단원별로 정리했습니다. 그러고 난 후에 보영에게 틀린 문제를 오답노트에 작성하게 했습니다.

보영이는 틀린 문제 위주로 오답노트를 작성하여 공부를 했습니다. 필자는 몇 개월 동안 보영에게 암기노트와 오답노트로 공부를 지도했습니다. 그런 결과 보영이는 한두 개 틀리는 문제는 없어지고 차분하게 시험문제를 맞추었습니다.

역시 보영이에게 필요한것은 바로 오답노트였습니다. 학생은 틀린 문제는 반드시 틀린 이유를 오답노트에 작성하고 똑같은 실수를 하지 않도록 해야 합니다.

6) 틀리기 쉬운 부분을 강조하라

수학 암기노트는 영어와 마찬가지로 문제와 올바른 풀이 과정을 작성하며 암기노트 여백 공간이 부족할 때는 포스트잇 메모지를 붙여서 사용합니다.

두세 번 틀린 수학 문제는 항상 똑같은 곳에서 틀릴 수가 있기 때문에 틀린 문제 위주로 수학 공부를 하는 것이 좋습니다.

Tip 수학 오답노트 작성 노하우

1) 교과서 문제인지 참고서 문제인지를 적습니다.

2) 수학 제목을 적습니다.

3) 체크박스를 만들어 수시로 점검합니다.

4) 문제는 복사를 하거나 적습니다.

5) 틀린 곳이나 중요한 포인트를 적습니다.

6) 정답을 반드시 기록합니다.

암기노트는 암기만을 위한 도구가 아니라 공부 방법이나 앞으로의 학습 계획을 수정합니다.

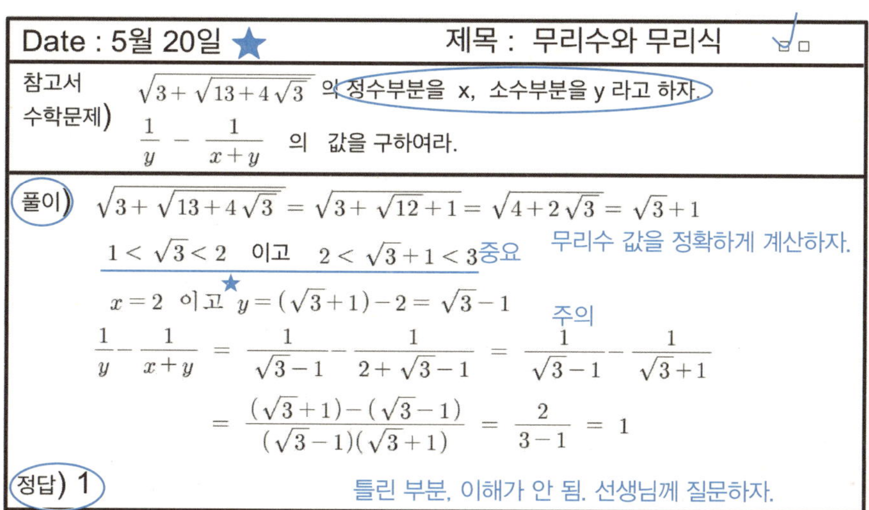

" 실패를
두려워하지 말라 "

수영선수 박태환은 수영장에서 연습할 때에 물을 먹을 수 밖에 없습니다. 물을 많이 먹지 않고는 수영을 배울 수는 없습니다.

미국의 야구왕 베이브루스는 1,330번 정도 삼진 아웃을 당했습니다. 그리고 홈런도 714 개를 쳤습니다. 홈런을 가장 많이 친 선수가 바로 삼진 아웃을 가장 많이 당한 선수였습니다.

미국 최대 쇼핑센터 체인점 사장님 R.H 메이시는 뉴욕에서 가게가 성공할 때까지 7번씩이나 실패하고 난 후에 8번째에 가게가 성공했습니다.

영국 소설가 존 크리시는 753번이나 출판 거절을 당하고 난 후에 564권의 책을 출판 했습니다.

학생 여러분, 실패를 두려워하지 마세요. 시도하지 않으면 아무것도 할 수 없습니다.

과학 노트

1) 과목 특성에 맞춘 노트를 만들어라

과학 과목은 사회와 마찬가지로 평소 수업이나 문제 풀이 학습을 활용시켜 지식을 체계적으로 정리합니다. 과학은 노트 정리를 아무리 잘했더라도 내용을 이해하기 어렵다는 특징이 있습니다. 경우에 따라서는 시험을 눈앞에 두고 참고서를 펴 놓고 독학해야 하는 사태가 발생합니다.

그러므로 수업 내용을 완벽하게 이해할 수 있는 노트 필기가 과학노트의 핵심포인트입니다.

과학 과목은 물리, 화학, 생물, 지구과학 등 각 과목마다 독특한 특징을 가지고 있습니다. 물리는 해법 패턴의 이해와 암기를 중시하는 '수학형'인 반면, 생물은 기본 지식을 암기하는 데 무게 중심을 두는 '사회형'입니다. 그리고 화학과 지학은 물리와 생물의 요소를 조금씩 가지고 있는 '복합형'으로 볼 수 있습니다.

어떤 과목이든 노트의 기본은 '낙서식'이지만 각 과목의 특성에 따라 공부 방법을 다르게 해야 합니다.

예를 들어 물리는 문제 연습을 통한 해법 패턴의 이해와 그것을 오래 기억해야 하며 화학 역시 연습을 중요시하고 기초 지식이나 해법 패턴을 이해하면서 외우기 쉬운 노트를 만드는 것이 목표입니다. 또 외울 것이 가장 많은 생물은 지식을 정리하면서 머릿속에 입력시키는 공부가 필요합니다.

우선 수업 내용을 확실하게 이해한 뒤 자기 것으로 만드는 것이 첫 번째 단계이고 모의고사나 각종 시험에서 좋은 점수를 얻지 못하더라도 너무 불안해 할 필요가 없습니다. 최소한 교과서의 문제나 문제집의 가장 쉬운 레벨의 문제를 스스로 풀 수 있는 정도의 실력만 유지하고 있으면 됩니다.

그러기 위해서는 역시 암기노트 복습을 해야 합니다.

수업 시간에 만든 암기노트로 복습하고 시험 전에 문제를 풀면서 지식을 정리합니다.

2) 공식의 성립배경을 집중적으로 파고들어 가라

수학형 과목이라 할 수 있는 물리는 공식 설명에서 시작해 문제로 넘어가는 패턴입니다.

나아가 단순히 공식의 암기보다는 그 공식을 적용해 문제를 푸는 과정, 즉 해법의 패턴을 외워야 하는 것도 수학과 같습니다.

물리노트를 만들 때도 교과서의 문제와 참고서(문제집)를 함께 활용하되, 시간 절약에 힘써야 합니다. 물리 성적은 물리의 기본 법칙이나 공식을 문제의 요구에 따라 적용시키고 해답을 이끌어 내기 위한 식으로 만들 수 있느냐 여부에 의해 좌우됩니다. 이때 핵심포인트는 자신이 얻은 식이 무엇을 의미하는지 이해하는 것입니다.

노트를 만들 때는 식이 어떻게 만들어지게 되었는지 그 부분이 무엇을 의미하는지 선생님이 말로 설명한 것까지 빠뜨리지 않고 적습니다.

대부분의 선생님들은 어떤 현상에 대한 이유나 근거를 필기하는 일 없이 말로만 설명하는 경우가 많습니다. 설명을 들을 때는 아는 것 같아도 노트에 메모해 두지 않으면 혼자 복습할 때 이해하기가 어렵습니다. 그러므로 공식을 이해하는데 도움이 될 만한 설명은 모두 암기노트에 적습니다.

선생님의 설명으로도 잘 이해되지 않는 것은 물음표 표시를 해 두었다가 질문하여 해결합니다.

이를 위해서는 여백이 필요하므로 한 문제당 한 페이지 정도를 할애하고 그림은 되도록 크게 그립니다. 그림을 통해 문제를 이해하고 공식을 보면서 그림을 확인하는 식으로 시각적인 노트를 만드는 것이 여러모로 효과적입니다.

> **문제에서 요구하는 것을 정확하게 그림으로 이해한다**
>
> 문제와 설명만 있을 뿐 그림이 없는 경우가 많습니다. 이럴 때는 문제를 읽고 이해한 다음 그것을 그림으로 그려 봅니다. 주어진 조건과 설명에서 말하는 것을 정확히 이해하면 대부분의 문제를 풀 수 있습니다. 물리 점수가 제대로 나오지 않는 사람 중에는 주어진 조건이나 문제에서 요구하는 것이 무엇인지 이해하지 못한 경우가 많습니다.

반복 학습은 우등생을 만든다

퀴리 부인은 노벨상을 두 번 받았습니다. 그녀는 라듐을 발견하기 위해 약 400번 이상의 실험을 했습니다. 포기 없는 수백 번의 실험을 통해 라듐을 발견한 것입니다.
반복적인 실험을 한 끝에 발견한 라듐을 보고 그녀는 기쁨의 눈물을 흘렸습니다. 반복은 학생은 잠재력을 계발시킵니다. 어떤 감정이나 생각, 행동들을 반복하면 학생의 머리가 좋아지고 문제 해결 능력이 향상됩니다. 학생의 잠재된 능력들이 발휘됩니다. 공부의 시작과 끝은 바로 반복 학습에 있습니다.

<table>
<tr><td>Date :</td><td>물리 낙서식 암기노트</td></tr>
</table>

(1) 거리와 변위 [단위 : m]   중요
 - 거리 : 물체가 이동한 모양 그대로의 길이
 - 변위 : 물체의 처음과 마지막 위치간의 직선길이 (경로와 무관)
(2) 빠르기 [단위 : m/s]
 - 속력 : 단위시간(1초) 동안의 이동거리(s)

 - 평균속력 = $\dfrac{\text{이동거리}}{\text{소요시간}}$ $\overset{\bigstar}{v} = \dfrac{s}{t}$
 - 속도 : 단위시간(1초) 동안의 변위
(3) 순간속도

주의 $\vec{v} = \lim\limits_{\Delta t \to 0} \dfrac{\Delta \vec{s}}{\Delta t} = \dfrac{ds}{dt}$

 - 그래프 상에서의 한 점의 기울기
(4) 대 속도
 - 움직이는 A가 정지했다고 볼 때의 B의 속도
 - 상대 속도 = 물체 속도 - 관측자 속도
 -    $\vec{v}_{AB} = \vec{v}_B - \vec{v}_A$ 이해가 안 됨. 선생님께 질문하자.

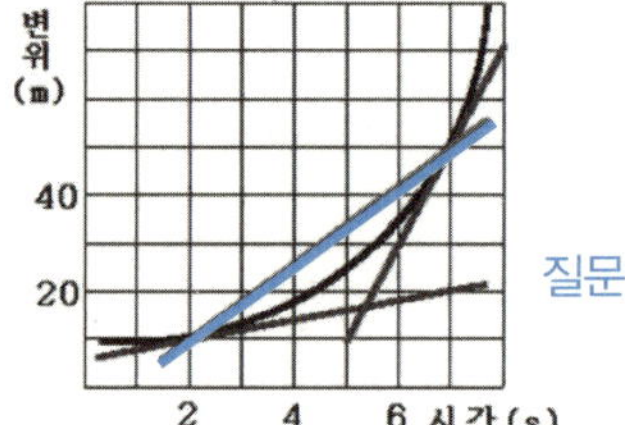

Tip
과학 암기노트 작성법

1) 암기노트의 여백에 교과서를 붙입니다.

2) 수업 내용을 과학의 낙서식 암기노트에 적습니다.

3) 수업 내용의 설명을 그래프를 그립니다.

4) 수업 시간에 이해되지 않으면 '질문', '주의'를 암기노트에 적습니다.

5) 선생님이 강조하는 부분에는 '☆'를 넣습니다.

6) 수업 내용이 이해가 안 되는 경우에 '질문'을 적은 후에 이해가 되면 '주의'로 변경합니다.

물리노트를 만들 때 주의 사항

1) 그래프는 알아보기 쉽게 그립니다.

2) 공식을 이해할 수 있는 보충 설명을 적습니다.

3) 물리 암기노트는 그래프를 크게 그리고 보충 설명을 넣을 수 있도록 여백을 둡니다.

문제집을 완전히 이해하자

필자는 물리 공부를 하고 난 후에 주제별로 암기노트를 작성했습니다. 암기노트로 다시 한 번 물리의 개념을 이해하고 암기했습니다. 물리 문제집은 시간을 정하여 풀었습니다. 틀린 문제는 오답노트에 작성하고 틀린 이유를 공부했습니다.

가장 중요한 것은 틀린 문제 중에서 유형을 바꾼 문제는 절대로 틀리지 말아야 합니다. 유형을 바꾼 문제를 못 맞추면 물리 공부가 끝난 게 아닙니다. 비슷한 유형 문제를 전부다 맞출 때까지 공부합니다.

3) 확인 문제보다 마무리 문제에 중점을 둔다

암기노트로 복습할 때 이해하지 못한 부분이 너무 많아서 진도를 나가지 못하는 학생들이 있습니다. 다음은 그런 학생을 위해 진도를 따라갈 수 있는 방법을 설명합니다.

제일 먼저 '낙서식 노트법'을 충실하게 지켜 기본 노트를 만들도록 합니다. 예를 들어 물체에 작용하는 힘을 화살표로 나타내거나 할 때 반드시 선생님이 그에 대해 설명합니다.

그러나 물리에 자신이 없는 학생일수록 이런 설명을 쉽게 잊어버립니다. 그래서 선생님의 설명은 무조건 받아 적습니다.

또한, 노트 복습할 때는 이미 이해하고 있는 해설보다는 수업 시간에 풀었던 문제의 해법을 이해하는데 중점을 둡니다. 맨 앞부분에 나오는 정리나 공식보다 문제 풀이를 중시한다는 점에서 수학 공부와 비슷합니다. 물리 역시 수학처럼 문제를 풀면서 해법의 패턴을 암기하고 공식을 외우는 것이 효과적인 것입니다.

물리는 자신의 수준보다 낮은 수준의 문제를 몇백 개 풀어 보는 것으로는 수능에 대비할 수 없다는 특성이 있습니다. 다시 말해 모의고사나 수능에서 요구하는 능력은 기본적인 사실을 알고 있는지의 여부가 아니라 그것들을 문제의 형식에 맞게 조합할 줄 아느냐 하는 것입니다.

따라서 노트 복습할 때는 각 장의 마지막에 나오는 문제를 혼자 힘으로 풀 수 있는지 반드시 체크합니다. 그것들은 수능 문제보다는 수준이 낮지만 2~3개의 공식과 해법 패턴을 조합하여 풀 수 있도록 만들어집니다. 그러므로 확인문제 5개를 푸는 것보다는 각 장의 끝에 나오는 문제 하나를 푸는 것이 수능 준비에 더 도움이 됩니다.

물리는 역학을 공략하면 편해진다

물리의 경우 역학을 마스터하고 있는지의 여부에 따라 점수가 결정되고 다른 단원에서도 역학의 기본을 모르면 이해할 수 없는 문제가 나옵니다. 따라서 고3이 될 때까지는 역학을 중심으로 철저히 공부합니다.

물리의 해법 패턴

물리 학습도 결국 얼마나 많은 해법을 암기하고 있느냐에 의해 결정됩니다.
그러나 3년 동안 쓰이는 해법 패턴은 200개 정도 밖에 되지 않으므로 수학보다는 비교적 쉽게 외울 수 있습니다.

반복 학습은 새로운 것을 공부하는 의미

물리도 암기노트를 작성하여 반복 학습을 합니다. 반복 학습은 항상 똑같은 것을 공부한다는 것이 아닙니다. 학생은 새로운 내용을 반복 학습을 하여 완전히 이해하고 암기합니다. 그래야만 새로운 내용이 학생의 것으로 되었다고 할 수 있습니다.

반복 학습의 핵심은 새로운 것을 공부하는 것입니다. 학생은 공부가 안 된다고 걱정하지 말고 오늘부터 당장 반복 학습을 합니다. 학습내용에서 이해가 안 되는 부분은 암기노트에 작성하고 틀린 문제는 오답노트에 작성하여 공부합니다. 오답노트의 틀린 문제를 풀고 또 풀어서 완벽하게 이해하고 암기해야 합니다.
학생은 내일로 미루지 말고 오늘 당장 암기노트와 오답노트를 작성해 보세요.

4) 이론 공략에 중점을 둔 노트를 만든다

화학은 크게 '이론'과 '화합물' 두 분야로 나눈다. 이론 분야는 '몰개념과 분자 운동론', '원자 구조', '화학결합', '반응' 등을 포함하여 화합물 분야는 '탄소화합물', '물', '금속', '공기' 등이 있습니다.

이론 분야는 철저한 개념 이해를 바탕으로 문제 풀이 학습을 통하여 개념을 암기해야 합니다. 화합물 분야는 처음 접하는 화학식, 분자구조 등이 등장하므로 새로운 언어를 배울 때의 자세로 반복합니다.

하지만 시험문제는 이론 분야에서 많이 출제되고 있습니다. 이론을 정확하게 이해하고 암기해야 합니다. 노트도 이론을 중심으로 작성합니다. 이론은 단순 암기보다는 용어의 의미를 이해하고 법칙이나 공식을 이해한 후 이것을 이용하여 식을 만들고 답을 구하는 것이 좋습니다.

문제의 풀이 과정을 통해 화학 용어나 법칙, 공식 등을 응용하여 문제를 풀어야 합니다.

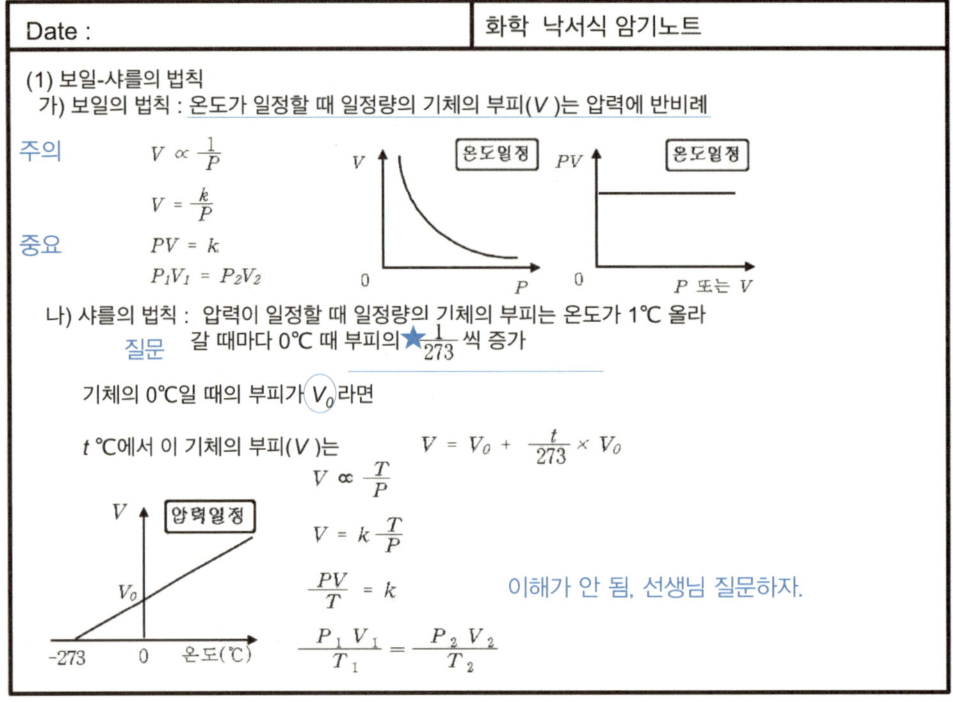

5) 문제를 다시 풀어 보고 노트 복습으로 지식을 정리하라

용어나 개념을 적용하여 현상을 설명하는 문제가 주로 출제됩니다. 그래서 개념을 적용하여 현상을 설명하는 문제를 충분히 풀어야 합니다. 특히 이론 분야에서는 문제를 풀면서 지식을 습득하는 방법이 가장 효과적입니다.

화학 과목에서 고득점을 올리기 위해서는 정확한 계산 능력이 필수적입니다. 화학 과목에서 계산은 단순한 비례식으로 해답을 얻을 수 있으므로 사칙연산이 매우 중요합니다. 여기에 화학식이나 화학반응식, 화학 법칙 등이 있습니다. 문제 풀이 과정을 통해 계산력을 높이는 동시에 주변 지식도 알아야 합니다.

수업 시간에 배운 교과서 문제나 정리 문제, 문제집을 이용한 복습을 해야 합니다.

틀린 문제는 노트를 다시 한 번 보고 애매하게 알고 있는 내용이 없는지 체크합니다. 그런 다음 노트로 되돌아가 그와 관련된 내용을 정리합니다.

고등학생이 되고 나서 본격적으로 시작하게 될 화학 공부 역시 방법은 같습니다. 문제를 풀면서 과정을 외우는 기본 방식에 충실하면서 노트 복습을 통해 시험 준비를 해야 합니다.

생물은 수업 시간 내에 배운 지식을 암기노트에 작성하고 암기해야 합니다. 암기 생물 노트는 복습때 재정리한다는 것을 전제로 무조건 받아 적습니다.

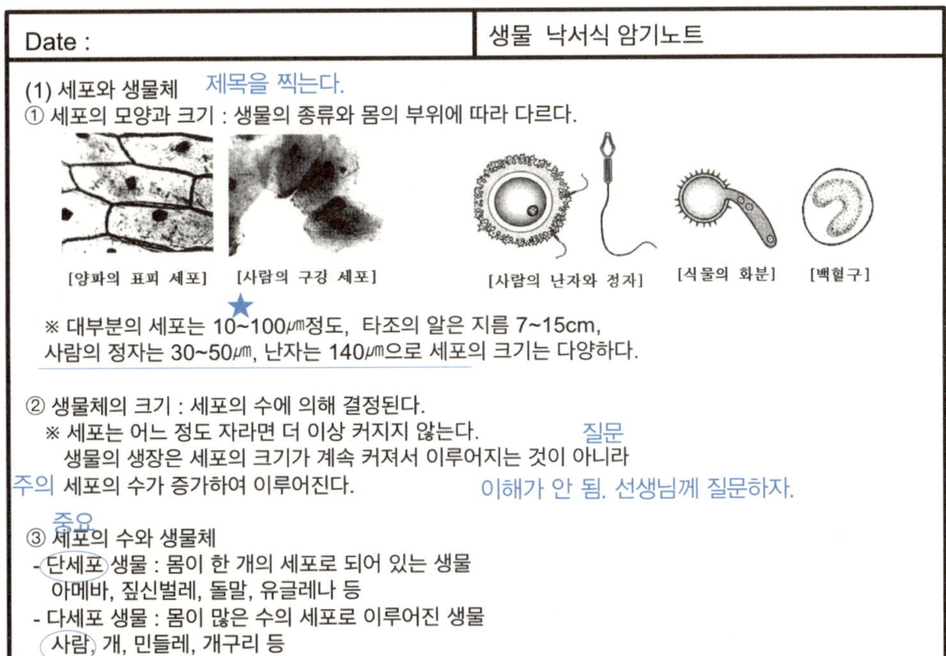

6) 정리노트를 만든 후 쓰면서 복습하라

생물 암기노트를 만들 때 참고서나 생물 도감 등의 자료집을 참고하여 주의할 부분과 포인트를 적습니다. 생물 공부는 그림이나 그래프에 의한 시각적인 이해가 매우 중요하므로 자료집을 적극적으로 활용하는 것이 좋습니다.

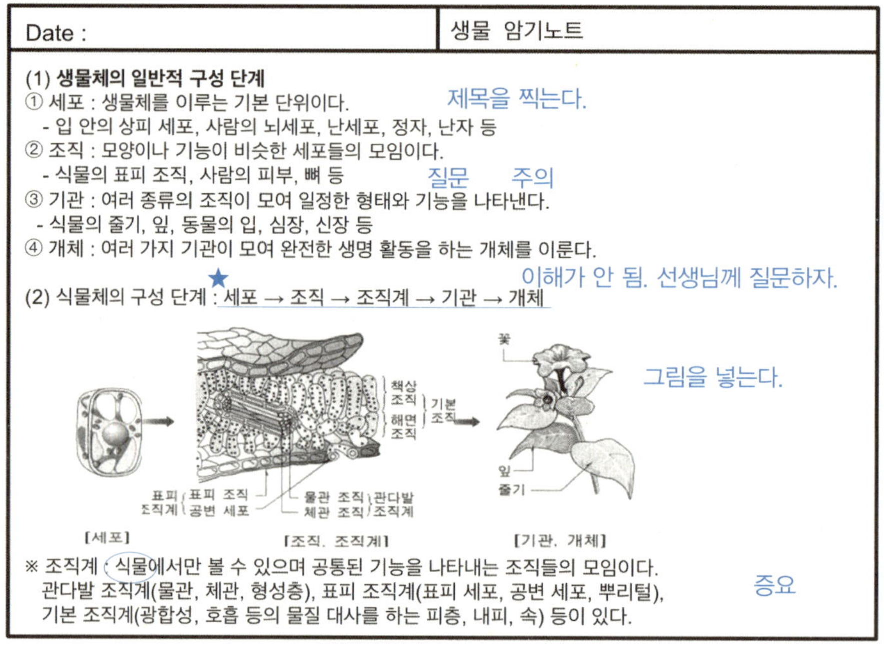

Tip

공부는 눈으로 보고 읽고, 쓰고, 귀로 듣는 것이다

하버드 대학의 아담스 교수는 '말을 하면서 공부하기'는 어떤 학습 방법보다 뛰어난 효과가 있다고 합니다. 학습 성취도를 100으로 설정하는 눈으로 하는 공부는 10%, 듣는 공부는 20%, 눈으로 보고 듣는 공부는 30%, 눈으로 보고 듣고, 말하는 공부는 80%입니다.

사람의 머리는 세월이 갈수록 점차적으로 노화가 됩니다. 노화의 원인은 자연 퇴화가 있지만, 말을 안 하면 안 할수록 더 빨리 노화가 진행됩니다. 말을 한다는 것은 사람의 머리를 활성화시킵니다. 학생이 공부를 잘 할려면 눈으로 보기만 하지 않고 입으로 중얼거리면서 공부를 합니다.

학생이 학습내용을 입으로 소리 내어 말을 하다 보면 핵심 내용이 하나씩 머릿속으로 정리되어 저장합니다. 학생은 공부 내용 중에서 어려운 부분은 자연스럽게 이해가 가면서 쉽게 암기를 할 수 있습니다.

학생이 우등생이 되고 싶으면 교과서와 참고서를 눈으로 보고, 입으로 소리 내어, 읽고 암기노트에 쓰고, 귀로 확인하는 공부를 해야 합니다. 이런 공부 습관을 가져야 합니다. 학생은 내일로 미루지 말고 지금부터 당장 공부를 눈으로 읽고, 입으로 소리 내어, 귀로 확인하는 공부를 해야 합니다.

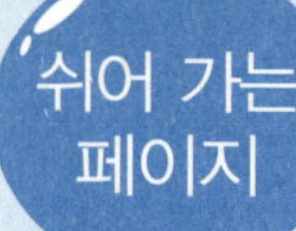

학습 능률을 높여 주는
전통음료 Ⅳ

1) 매실차

매실차는 수렴 작용으로 배탈에 좋고 설사를 멈추며, 장을 튼튼하게 합니다. 자녀가 매실차를 마시면 밥 맛을 좋게 하고 피로 회복이 되도록 합니다.

[준비물] 매실, 꿀

① 매실을 약 3분 정도 삶습니다.

② 삶은 매실을 햇볕에 말립니다.

③ 말린 매실을 다기 그릇에 넣고 끓인 물을 부어 우려냅니다.

④ 꿀을 타서 마십니다.

2) 감잎차

감잎에는 시금치의 약 10배, 레몬의 20배 정도의 비타민 C가 함유되어 있습니다. 감잎차를 꾸준히 마시면 혈압이 내려가고 머리가 맑아집니다.

[준비물] 감잎, 꿀

① 찻잔에 감잎을 넣고 뜨거운 물을 붓습니다.

② 맛이 우러나면 마십니다.

3) 결명자차

결명자차는 눈을 맑게 해주고 머리가 맑게 해줍니다. 두통과 어지럼증을 없애줍니다.

[준비물] 결명자, 꿀

① 결명자를 살짝 볶습니다. 결명자가 원래부터 검은색이라서 태우지 말아야 합니다.

② 주전자에 물과 함께 넣고 붉은빛이 우러날 때까지 끓입니다.

③ 잔에 결명자차를 따른 다음 꿀을 타서 마십니다.

시험 기간에 늦은 밤늦게 공부하는 자녀를 보고 안타까움을 느낀 부모는 간식을 챙겨줍니다. 부모는 '간식이 자녀의 입맛에 안 맞을까?'라는 걱정을 하면서 다시 자녀의 공부방 문을 열어 봅니다. 그런데 간식을 먹은 자녀는 책상에서 꾸벅 졸고 있습니다.

공부는 두뇌 활동입니다. 머리에 맑고 신선한 피가 충분히 공급되어야 합니다. 그런데 공부하는 도중에 간식을 먹게 되면 그것을 소화시키기 위해 위장으로 피가 몰리게 됩니다. 위장으로 피가 몰리는 만큼 두뇌는 피가 부족하여 일시적인 산소 부족 현상이 발생합니다.

두뇌에 산소가 부족하게 되면 기능이 떨어져서 졸음이 몰려 옵니다. 따라서 간식을 먹은 자녀가 책상에 엎드려 자는 것은 당연합니다.

이왕이면 시험 기간에는 삶은 두부와 계란 프라이, 우유와 같은 간식을 자녀에게 주세요.

사회·국사 노트

1) 교과서와 노트로 기억의 틀을 만들어라

사회는 최소의 공부 시간으로 가장 효율적인 학습 효과를 내어야 합니다. 국사 과목에서 전체 역사의 흐름을 알아야 하고 중요한 사건이나 시대적 배경 등 교과서에 굵은 글씨로 씌어 있는 용어를 암기합니다.

국사와 세계사는 암기노트와 교과서를 완전히 통합해야 합니다. 국사는 교과서만 외우면 거의 모든 시험에 완벽하게 대응할 수 있기 때문에 사회노트는 교과서 중심으로 공부합니다.

사회는 수업노트와 교과서를 참조하여 암기노트를 작성합니다. 국사는 지리나 다른 사회 과목에 비해 외어야 할 내용이 많습니다. 교과서 내용 가운데 시험에 출제될 내용을 찾아내어 암기노트를 작성합니다.

국사는 선생님의 설명과 칠판 필기를 암기노트에 작성해야 하며 참고로 주변의 지식도 적어야 합니다. 그 시대의 목적, 원인과 결과, 변화 비교, 시대 배경 등과 같이 역사의 흐름을 파악하는 데 도움을 주는 요소는 눈에 띄게 잘 표시합니다. 암기노트를 만들 때는 지도나 연표, 해설이 나왔던 교과서의 페이지를 메모합니다. 국사 연표나 지도를 덧붙여 시각적으로 암기합니다.

　국사와 사회 예습은 필요 없고 약 15분 정도 노트의 내용을 복습합니다. 암기노트에 내용을 추가할 때는 교과서의 자료나 지도 연표 등을 복사해 붙입니다.

　교과서나 선생님이 나누어 준 자료를 복사한 뒤 내용과 연결해 붙입니다.

　암기노트나 프린트를 이용하여 공부합니다. 역사 사건을 이해하는 방향으로 읽으면서 공부합니다.

　역사 과목 참고서는 역사의 전체적인 구조를 알 수가 있습니다.

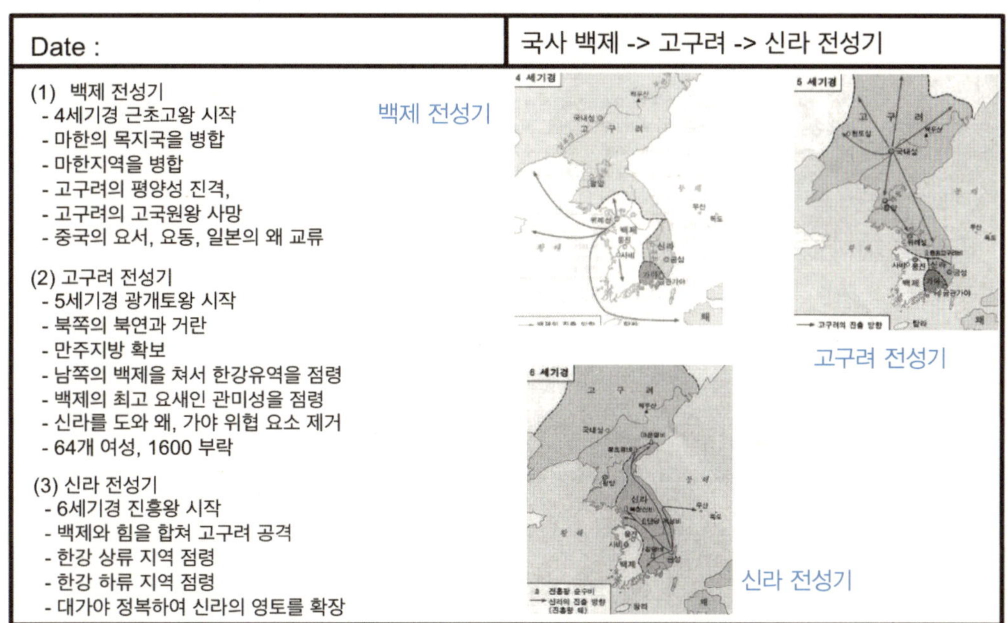

국사·사회 암기노트 작성법

1) 국사와 사회의 지도나 연표를 붙여서 시각적인 효과를 높입니다.
2) 암기노트에 교과서 또는 다른 참고자료를 복사해서 붙일 여백을 사전에 지정합니다.
3) 노트 필기와 지도의 관계를 추가합니다.

교과서 읽을 때 굵은 글씨는 의식하지 않는다
국사 교과서를 읽을 때는 굵은 글씨의 단어는 그 시대의 사건 원인과 결과 역사적 배경, 변화 등을 알 수가 있습니다.
사회 지리는 전체적인 이해가 중요합니다.
사회 지리는 교과서로 전체적인 이해를 하고 난 후에 문제집을 풀어 봅니다.

국사 선생님은 주로 프린트 수업을 많이 합니다. 프린트물로 하는 수업은 따로 암기 노트를 만들 필요가 없으며 선생님의 설명은 프린트물의 여백에 적습니다. 프린트 여백이 부족할 때는 포스트잇 메모장에 적어 나중에 프린트물과 함께 보관합니다.

사회의 프린트물은 수업을 들으면서 중요한 어구를 채워 넣도록 빈칸을 만들어 공부합니다. 이런 프린트물은 여분을 한 장 더 얻도록 합니다. 여유분 한 장은 B5 크기로 축소 복사하여 작은 책자를 만들어 시험을 준비할 때 휴대용 암기 문제집으로 사용합니다. 시험문제는 틀림없이 빈칸에 들어가야 할 어구를 중심으로 출제될 수가 있습니다.

수업 시간에 사용하는 프린트는 가지고 다니기 어렵고 여러 가지가 메모되어 있어서 암기용으로는 적당하지 않으며. 시험 기간이 다가오면 축소 복사해서 암기노트로 사용합니다.

사회 시험에는 중요한 어구뿐만 아니라 사건 발생 원인과 시대적 배경 등을 물어보는 주관식 문제도 출제된다. 그러므로 이런 경우에 대비하여 프린트의 각 단락마다 포인트가 될 만한 부분을 체크합니다.

수업 시간의 프린트는 이해와 복습을 위해 사용하고 여분의 한 장은 작은 책자를 만들어 암기 전용도구로 사용합니다. 이것이 바로 프린트 교재의 100% 활용법입니다.

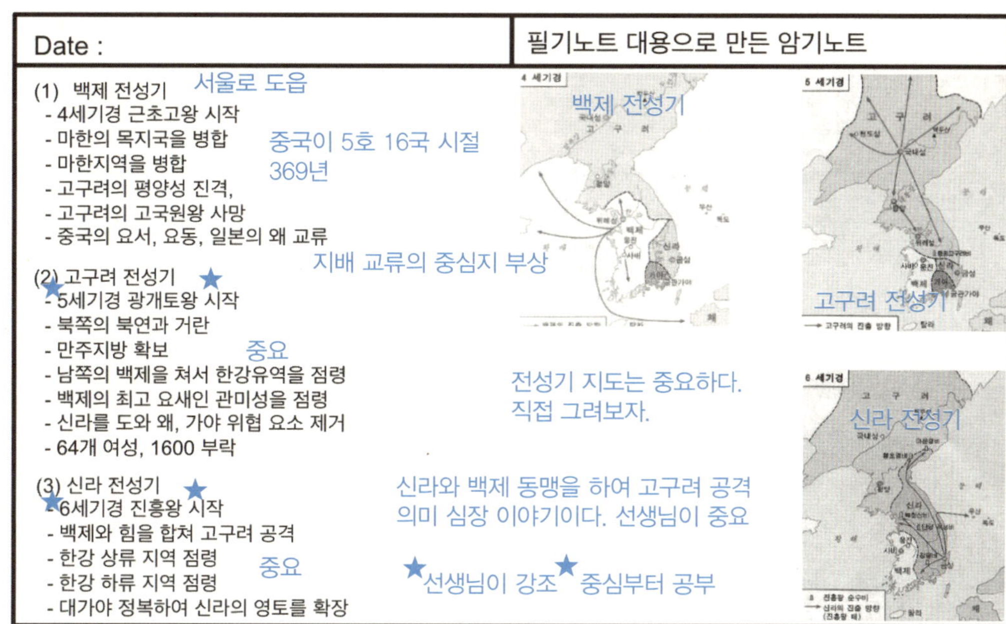

Tip

국사·사회 암기노트 작성법

1) 암기노트 여백이 부족해도 선생님의 설명을 적습니다.
2) 중요한 연도는 반드시 적습니다.
3) 선생님이 강조한 '☆'을 그립니다.
4) '중요'를 알아보기 쉽게 표시합니다.
5) 국사는 지도가 중요하니 학생 스스로 직접 그립니다.

Tip

나폴레옹은 독서광

나폴레옹은 독서광이었습니다. 나폴레옹이 얼마나 독서광이었는지 알 수가 있습니다.

나폴레옹은 책을 전쟁터에 가지고 와서 읽었습니다. 그는 전쟁을 하다가 잠시 휴전일 때에는 『괴테의 젊은 베르테르의 슬픔』을 읽었습니다.

나폴레옹은 독서를 하여 전쟁에 관련된 지식을 얻었습니다.

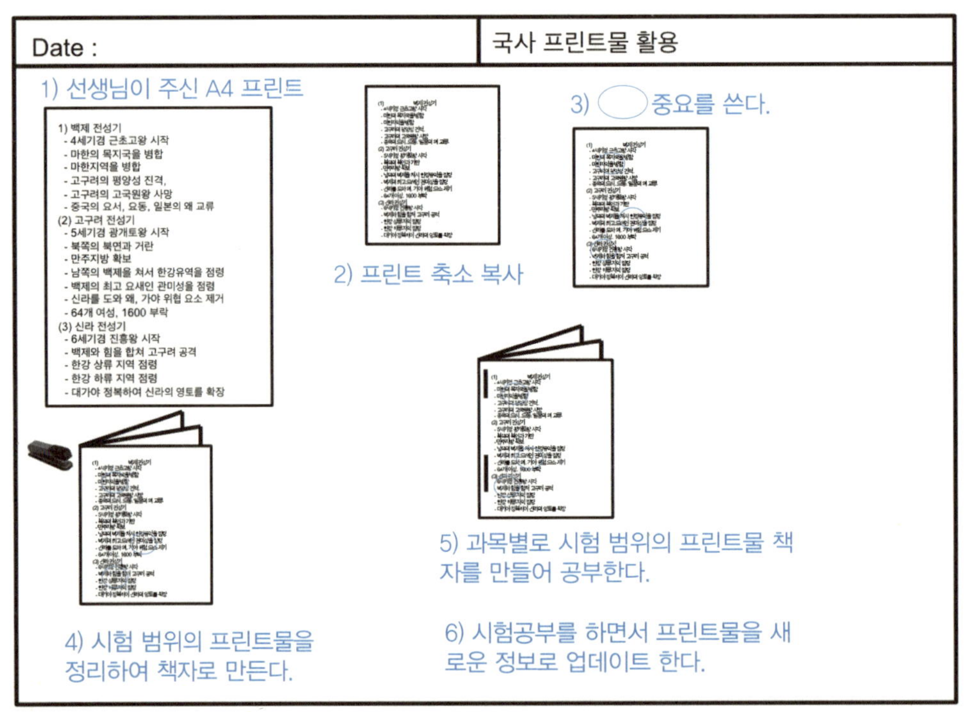

Tip

국사 · 사회 암기노트 작성 노하우

1) 선생님이 주신 A4 크기의 프린트를 정리합니다.

2) A4 크기의 프린트를 B5 크기로 축소 복사합니다.

3) 프린트물에 중요도를 표시합니다.

4) 시험 범위의 프린트물을 정리하여 책자로 만듭니다.

5) 시험 범위의 과목별로 프린트물 책자를 만들어 공부합니다.

6) 시험공부를 하면서 프린트물을 새로운 정보로 업데이트합니다.

Tip

세상 사람들의 희망 사항이 책 속에 있다

송나라 시대의 『고문진보』라는 명시 문집이 있습니다. 문집은 세상 사람들이 희망하는 모든 사항은 책 속에 있다고 적혀 있습니다.

다음은 고문진보의 내용입니다.

1) 부자가 되기 위해 좋은 땅을 살 필요는 없습니다. : 책 속에 만석의 쌀이 들어 있습니다.

2) 편안하게 살기 위해 궁궐 같은 집을 지을 필요가 없습니다. :
   책 속에 황금 가옥이 있습니다.

3) 집에 나오면 시중들어 주는 사람이 없습니다. : 책 속에 수레와 말이 있습니다.

4) 아내를 얻으려 중매가 없음을 한탄하지 마세요. :
   책 속에 옥 같은 얼굴을 가진 여인이 있습니다.

5) 아들로 태어나 평생의 뜻을 이루고 싶으세요. :
   육경(중국 춘추 시대의 여섯 가지 경서)을 창 앞에 두고 부지런하게 읽으세요.

2) 교과서에 붙여서 포인트를 찾아내라

교과서의 굵은 글씨 앞 뒤를 중심 위주로 공부합니다. 그리고 앞 뒤의 시대적 배경과 사건 원인 등을 파악합니다. 교재 중심 위주로 수업하시는 선생님은 교과서의 굵은 글씨가 들어갈 자리를 괄호 처리 함으로써 긴 내용 중에서 포인트를 정리합니다.

교과서 내용 중에는 역사적인 배경이나 사건의 의의, 인과 관계와 비료 등 논술 문제의 열쇠가 될만한 설명이 있습니다. 수업 내용의 복습이나 시험공부할 때는 프린트물을 옆에 두고, 교과서와 비교해 가면서 프린트의 빈칸이나 설명 부분에 밑줄을 그으면서 공부합니다.

프린트물의 빈칸을 모두 채울 수 있게 되면 교과서를 읽으면서 그 밖에 외워야 할 포인트를 공부합니다.

교과서의 굵은 글씨 보다 그 외의 문장에 표시한 부분이 있으면 이미 역사의 흐름이나 인과관계, 사건의 배경 등을 중요시하고 있습니다.

■ 수업 시간에 사용한 프린트물을 교과서와 대응시키면 핵심포인트가 보인다.

> **1) 논술 시험 대비용 : 전후 설명을 체크합니다.**
> – 논술 시험에서는 시대적인 배경이나 사건의 인과 관계 등 다소 깊이 있는 부분을 묻습니다.
>   중요 부분이 중요한지 프린트물을 참고합니다.
> **2) 주관식 시험대비용 : 굵은 글씨는 중요합니다.**
> – 일단 교과서의 굵은 글씨나 수업 중에 선생님이 체크해 주신 부분을 중심으로 공부합니다.
> **3) 대학시험대비용 : 세부내용까지 체크합니다.**
> – 시험공부시 세부 내용까지 체크해 둘 필요가 있습니다.
>   이때 교과서에 없는 정보가 있다면 반드시 메모합니다.

긍정적으로 생각하는 힘

노벨상 수상자이고 두뇌 생리학자이신 미국의 에릭칸델 박사는 "긍정적인 생각을 자주 하면 머리의 신경 세포의 구조가 잠재 능력을 증대시킨다."고 주장했습니다. 사람의 육체적인 두뇌 구조가 정신을 지배하는 것이 아니라 정신이 두뇌를 지배한다는 의미입니다.

"학생들이 공부를 한다."는 명제를 생각해 볼까요? 부정적 관점으로 보면 공부는 힘이 들고 어렵고 하기 싫다는 생각을 합니다. 긍정적 관점으로 보면 미래의 꿈을 달성해서 기쁨을 느끼게 될 것이고 부모님과 주변사람들에게 칭찬을 받을 수 있다는 생각이 듭니다.

그러므로 공부는 즐겁고 행복한 마음으로 해야 되며 더 좋은 학습 효과가 발생이 될 것입니다. 학생의 정신이 육체를 지배하여 학생이 생각하는 대로 결과가 나타날 것입니다.

한국인은 노벨상을 탈 수가 있는가

포스텍(포항공대) 교수님이 하신 말씀이 기억납니다.

"우리 학생들은 문제 푸는 연습만 열심히 해서 영어로 된 논문을 잘 쓰지 못한다. 그러다 보니 우수한 연구를 해도 좋은 영어 문장으로 표현을 하지 못한다. 해외의 권위 있는 학술지에 글이 실리지 못하는 것도 이 때문이다. 이러한 문제를 해결하지 않는다면 과학 노벨상 수상은 영원히 없을 것이다."

필자는 이과 출신입니다. 교수님의 말씀에 충분히 공감이 갑니다. 이제 문과 출신만 글을 쓰는 시대는 지나갔습니다. 글쓰기는 모든 사람에게 중요한 능력입니다. 우리가 살아가는 이 시대에는 이과 출신 사람도 글을 잘 써야 합니다.

미국의 아이비리그 대학에서는 SAT 시험에 에세이 3편을 써야 한다는 입학 규칙을 정해 두었습니다. 미국 학생들은 무조건 에세이 3편을 써야 아이비리그 대학에 지원할 수 있는 자격이 주어집니다.

3) 교과서를 암기용 문제집으로 만들어라

교과서를 복사해서 중요 단어에 검정 매직펜으로 안 보이게 합니다. 학생은 복사된 교과서를 읽으면서 검정펜의 괄호 부분을 유추하면서 읽습니다. 그러다 보면 교과서를 저절로 암기가 됩니다.

이런 공부 방법에서 중요한 점은 "무엇을 검게 칠할 것인가?" 입니다. 시험에 출제될만한 부분을 정확하게 집어내지 못하면 아무 의미가 없습니다. 그래서 도움될 만한 것이 낙서식 노트와 기출문제집입니다.

예를 들어, 수업 시간에 선생님이 강조했던 것을 노트에 적어 놓았다면 교과서에서 그 부분을 찾아 검게 칠하면 됩니다. 그리고 기출문제는 선생님의 출제 경향을 알 수 있는 더없이 좋은 자료이고 문제를 교과서와 대조해 가면서 체크합니다. 시험 출제 경향을 잘 알고 있으면 교과서의 설명이나 해설 자료 지도 등에도 표시합니다.

검정 괄호 프린트는 핵심단어를 학생이 선택할 수 있습니다. 이 검게 칠한 부분을 외울 때까지 교과서를 반복하여 읽게 되므로 교과서를 중심으로 알차게 공부할 수 있습니다.

교과서의 굵은 글씨만 외우면 몇 점을 받을 수 있을까

기출문제를 분석할 때는 굵은 글씨로 쓰인 용어나 사람 이름을 외우는 것만으로 몇 점 정도를 얻을 수 있는지 계산합니다. 만일 80점 정도 가능한 시험이라면 굵은 글씨에만 검게 칠한 뒤 문제집을 만듭니다.

전후 설명에도 주목한다

시험에는 교과서에 나와 있는 자세한 설명과 지도가 자주 출제됩니다. 굵은 글씨 이외에 이런 정보는 출제 포인트가 되는 것으로 중요합니다.

<table>
<tr><td>Date :</td><td>국사 검정괄호 암기노트</td></tr>
<tr>
<td>

1) (백제) 전성기
  - 4세기경 근■■■■■작
  - 마한의 목지국을 병합
  ★ 마한지역을 병합
  - 고구려의 평■■■■■,
  - 고구려의 고국원왕 사망
  - 중국의 요서, 요동, 일본의 왜 교류
(2) 고구려 전성기
  - 5세기경 광■■■■■작
  - 북쪽의 북연과 거란
  - (만주지방) 확보
  - 남쪽의 백제을 쳐서 한강■■■■■령
  - 백제의 최고 요새인 관■■■■■
  - 신라를 도와 왜, 가야 위협 요소 제거
  - 64개 여성, 1600 부락
(3) 신라 전성기
  - 6세기경 진■■■■■작
  - 백제와★힘을 합쳐 고구려 공격
  - 한강 상류 지역 점령
  - 한강 하류 지역 점령
  - (대가야) 정복하여 신라■■■■■장

</td>
<td>

1) 백제 전성기
  - 4세기경 근초고왕 시작
  - 마한의 목지국을 병합
  - 마한지역을 병합
  - 고구려의 평양성 진격,
  - 고구려의 고국원왕 사망
  - 중국의 요서, 요동, 일본의 왜 교류
(2) 고구려 전성기
  - 5세기경 광개토왕 시작
  - 북쪽의 북연과 거란
  - 만주지방 확보
  - 남쪽의 백제을 쳐서 한강유역을 점령
  - 백제의 최고 요새인 관미성을 점령
  - 신라를 도와 왜, 가야 위협 요소 제거
  - 64개 여성, 1600 부락
(3) 신라 전성기
  - 6세기경 진흥왕 시작
  - 백제와 힘을 합쳐 고구려 공격
  - 한강 상류 지역 점령
  - 한강 하류 지역 점령
  - 대가야 정복하여 신라의 영토를 확장

</td>
</tr>
</table>

기출문제와 낙서식 노트를 기초로 핵심 내용을 완전히 마스터하자

1) 검정괄호 문제집 만들기(A + B = C)

가) 낙서식 노트

  – 수업 시간에 선생님께서 강조한 것을 분석합니다.

나) 기출문제 리스트

  – 교과서와 대조하면서 기출문제의 경향이나 형식을 분석합니다.

다) 검정괄호 문제집 만들기의 포인트

  – 시험에 자주 나온 용어나 인명 등을 검게 칠합니다.

  – 굵은 글씨의 설명 부분에 밑줄을 긋습니다.

  – 수업 시간에 들었던 중요한 부분을 교과서에 적습니다.

2) 검정괄호 문제집의 활용법

  – 검정괄호 부분을 소리 내어 읽고 손으로 쓰면서 암기합니다.

  – 단어의 내용과 의미를 체크합니다.

  – 암기노트에서 시험 범위의 포인트를 골라 다시 한 번 체크합니다.

  – 검정괄호 문제집의 본문을 소리 내어 읽으면서 전체 내용을 체크합니다.

검정괄호 프린트를 만들 때 신경 써야 할 일은 처음부터 많은 검정괄호를 만들지 말아야 하고 검정괄호로 칠할 부분이 선택되면 우선순위를 매겨 단계적으로 괄호의 숫자를 늘려나갑니다.

검정괄호의 목적은 교과서를 읽으면서 괄호로 표시된 단어를 암기합니다.

그러므로 처음부터 괄호를 지나치게 많이 만들면 읽을 때 흐름이 끊겨 확인 작업에 시간이 많이 걸릴 수 있습니다.

제일 좋은 방법은 우선 굵은 글씨와 선생님이 강조한 부분만 칠하고 그것을 모두 외우고 난 후, 전후 설명 중에서 포인트가 될 만한 단어를 골라 다시 칠하는 것입니다.

교과서의 굵은 글씨만 외워도 50점은 딸 수 있고 연표와 자세한 정보를 더하면 70~80점은 받을 수 있습니다.

검정괄호 프린트 활용은 학교 시험 대비용만으로 끝나는 게 아니라 고3 여름방학 이후부터 시작하는 본격적인 수능 준비용으로도 가능합니다. 학교 시험문제를 분석해 어느 부분이 중요한지 미리 체크한 뒤 검정괄호를 만듭니다. 그런 다음 문제집을 풀면서 교과서 공부를 합니다.

중학교와 고등학교 1~2학년생이라면 지금 바로 교과서를 문제집으로 만들어야 합니다.

1) 중요한 용어나 설명으로 된 문장에 괄호나 밑줄을 그으면서 공부합니다.

2) 교과서를 읽으면서 굵은 글씨로 된 용어나 인명을 중심으로 공부합니다.

3) 검게 칠한 부분을 암기하면 그 부분을 늘려 전후 설명을 소리 내어 읽으면서 확실하게 공부합니다.

우등생들은 긍정적이고 적극적인 사람이다

하버드 대학의 심리 연구소 조사 결과에 의하면 우등생들은 학생 스스로 긍정적이고 적극적인 사람이라고 생각합니다. 반면에 열등생들은 스스로를 부정적이고 비관적인 사람이라고 생각합니다. 이 사회를 재미있고 행복하게 살기 위해서는 학생과 부모님은 긍정적이고 적극적인 사고방식을 가져야 합니다. 학생은 오늘부터 당장 긍정적인 생각을 갖고 공부합시다!

꿈을 심는 희망의 새 길

나용찬 지음 | 256쪽 | 값 10,000원

"애국자가 따로 있는 것은 아니다. 자신의 자리에서 맡은 책임을 다하고, 고향을 사랑하며, 타인을 위해 자신을 희생하는 것만으로도 누구나 애국자가 될 수 있다."라는 저자의 목소리가 경제위기와 계층갈등으로 신음하는 대한민국 사회가 무엇을 지향하고 어떠한 방향으로 나아가야 할지를 명쾌하게 짚고 있다.

나도 힘들고 아프고 고통스러웠다

최영미 외 24인 지음 | 244쪽 | 값 15,000원

서울 신림동 아름다운교회는 각종 고시에 합격하는 청년들이 많은 교회로 알려졌다. 이미 고시에 합격한 청년들의 간증을 엮어 책을 출간하여 많은 주목을 받은 바 있다. 아름다운교회가 두 번째로 출간하는 이 책은 일반 장년 성도들의 간증을 엮은 책으로, 삶 속에서 경험한 은혜의 경험을 웅숭깊게 그려 낸다.

더불어 사는 사회

최태정 지음 | 256쪽 | 값 10,000원

『더불어 사는 사회』는 한 명의 낙오자도 없이, 구성원 모두가 행복한 삶을 성취하기 위해 무엇을 해야 할지를 저자의 경험을 바탕으로 풀어낸다. '열정, 섬김, 신의, 성찰, 지역, 희망'이라는 여섯 가지 주제를 통해 한 명의 인간으로서 진정으로 추구해야 할 가치와 삶의 태도에 대해 에세이 형식으로 전한다.

길에서 길을 묻다

문무일 지음 | 296쪽 | 값 18,000원

『길에서 길을 묻다』는 당대 최고의 문인, 김남조 시인과 김승옥 소설가가 추천하는 명상에세이다. 오직 앞만 보며 달려가는 현대의 삶 속에서 자기 자신의 존재 가치마저 잊어버린 독자들에게 '과연 생의 진정한 의미는 무엇이며 어떠한 삶을 살아야 하는가'에 대해 한 답을 오롯이 전하고 있다.

사과나무 일기

박경국, 국가기록원 지음 | 420쪽 | 값 18,000원

"소중한 나의 삶을 오롯이 한 권의 '자서전'에 담다!"
『사과나무 일기』는 국가기록원 박경국 원장이 공무원 직무발명에 의해 특허등록한 '인생기록 가이드북'이다. 독자 자신이 인생 전반을 간편한 방식으로 정리해 볼 수 있는 '일기장'으로서 자서전을 준비하는 노년은 물론, 인생 설계를 고민하는 청장년층에게도 뜻깊은 선물이 될 것이다.

긍정이 멘토다

김근화 외 35인 지음 | 364쪽 | 값 15,000원

여기 긍정을 통해 몸소 행복한 삶을 증명한 36인의 명사들이 있다. 각계각층의 내로라하는 대표 인물들은 이 책을 통해 '도전, 성공, 웃음, 행복, 희망'을 주제로 자신만의 '긍정론'을 펼치고 있다. 또한 책에 담긴 저자 개개인의 비전과 혜안은 동시대를 살아가는 이라면 누구나 느끼는 고민에 대한 다양한 해답을 제시한다.

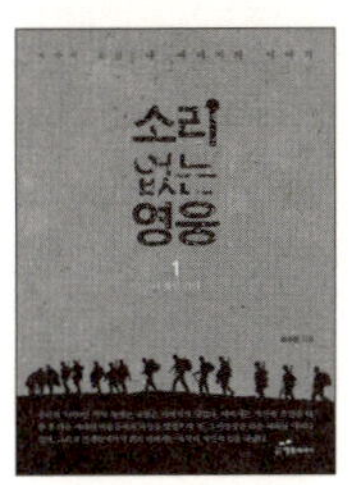

소리 없는 영웅

최수돈 지음 | 248쪽 | 값 15,000원

『소리 없는 영웅』은 온 힘을 다해 자신의 소임을 다했지만, 역사가 기억하지 못하는 그들의 이야기를 담고 있다. 저자는 이 책을 통해, 역사가 기억하는 위대한 인물의 업적을 말하려는 게 아니다. 그저 주어진 한 시대를 살아간 우리네 아버지의 이야기를 담고자 했다. 그리고 아버지의 모습을 통해 역사의 진정한 영웅은 묵묵히 자신의 자리에서 책임을 다한 아버지였음을 깨닫게 해준다.

마지막 통화는 모두가 "사랑해…"였다

정기환 지음 | 296쪽 | 값 15,000원

글로써 연결되는 인간관계가 역사를 새로이 쓰고 지탱하는 힘이다. 그래서 책 『마지막 통화는 모두가 "사랑해…"였다』는 가치가 있다. 인간다움이 점점 사라지는 현실 속에서도 '사람 냄새' 나는 아날로그적 감성을 고스란히 간직함은 물론 이 시대를 관통하는 함의가, 우리 시대의 생생한 민낯이 이 한 권에 모두 담겨 있기 때문이다.

생각을 벗어라

김창수 지음 | 188쪽 | 값 12,500원

저자는 일상 속에서 느끼고 깨달은 것을 자유로이 글로 적은 모든 게 '시'임을, 우리의 삶 자체가 하나의 놀랍고 아름다운 광경임을 독자에게 전하고 있다. 이 세상에는 잘난 인생도, 못난 인생도 없다. 잘난 삶을 살겠다는 생각마저 하나의 굴레임을 깨닫고 세상이 제시하는 틀 밖으로 고개를 내밀어 진정한 희망을 두 눈으로 확인해 보자.

올드맨쏭

이제락 | 264쪽 | 값 13,000원

배우에서 영화감독으로 이제는 작가로! 다양한 재주꾼, 이제락의 첫 소설! 거듭된 이별이 가져다준 상처투성이 삶을 끌어안고 살아가는 한 사내와 그 앞에 음악처럼 운명처럼 찾아온 아이의 감동적인 이야기. "이토록 위대한 만남을 위해 우리들의 이별은 거룩했다."

『긍정이 멘토다』 2탄 공저자를 모집합니다!

개요

1. 공동 저자: 총 36명

2. 책 전체 분량: 380쪽 내외(1인당 10쪽 내외)

3. 원고 분량: A4용지 5장(글자크기 10포인트, 줄 간격 160%)

4. 경력(프로필): 10줄 이내

5. 사진: 자료사진 3매, 사진 설명 20자 미만

6. 신청 마감일: 2014년 6월 30일

7. 원고 접수 마감일: 2014년 7월 31일

8. 출간 예정일: 2014년 10월 31일

긍정, 행복, 성공에 관한 이야기를 독자들에게 전하고 나눌 수 있는 내용의 원고를 자유로운 형식으로 작성하여 제출해 주시면 행복에너지 소속 전문작가가 독자들이 읽기 편하도록 전반적인 윤문과 교정교열을 할 예정입니다.(원고는 ksbdata@daum.net 으로 송부해 주시기 바랍니다.)

책 발행비용은 100만 원이며 저자에게 발행 즉시 100부를 증정합니다.
발행비용은 신청 시 50만 원, 편집완료 시 50만원을 '국민은행 884-21-0024-204 도서출판 행복에너지 권선복'으로 입금해 주시면 되겠습니다.

자세한 문의는 언제든지 하단의 전화, 이메일을 통해 연락을 주시면 성실히 답변을 드리오며 원고 내용이나 책에 관해 궁금하신 분들은 도서 『긍정이 멘토다』를 직접 참조해 주시기 바랍니다.

도서출판 행복에너지: www.happybook.or.kr
대표이사 권선복
HP: 010-8287-6277   Tel: 0505-613-6133   E-mail: ksbdata@daum.net